点字学習指導の手引

（令和5年 改訂版）

令和5年

文部科学省

ま　え　が　き

　我が国の近代的な視覚障害教育は、百四十年以上の歴史をもっている。なかでも明治 23 年にルイ・ブライユの点字が日本語に翻案され、明治 34 年に官報に「日本訓盲点字」として公表された点字が、特別支援学校（視覚障害）の充実・発展に果たしてきた役割は、極めて大きいものがある。点字は点字で学習する子供たちの基礎・基本であり、その習得は第一に考えられなければならないことである。

　このような観点から文部科学省では、特別支援学校（視覚障害）における点字指導の充実を図るために昭和 50 年に「点字学習指導の手引」を刊行し、平成 7 年、平成 15 年にその改訂版を刊行した。

　その後、Society5.0 の到来により、我が国は、これまでにない新たな価値の創造と展開が可能な時代を迎えている。

　教育においては急速に変化する社会状況の中で、新しい時代を担う子供たちが変化を前向きに受け止め、これからの社会の創り手となるに必要な資質・能力を育むことを目指すことができるよう、学習指導要領の改訂を行うとともに GIGA スクール構想*1 などを推進しているところである。

　また、共生社会の形成に向けて、障害者の権利に関する条約に基づくインクルーシブ教育システム*2 の理念を構築するため、全ての子供たちが適切な教育を受けられる環境を整備することなど一層推進している。

　このような中、特別支援学校の教師を目指す学生のみならず、小学校等の教師を目指す学生全てにおいて、特別支援教育に関する学びは重要であることから、教員養成の質保証を実現するために、「特別支援学校教諭免許状コアカリキュラム*3」を新たに策定した。その中で、視覚障害の状態や特性及び心身の発達の段階等を踏まえ、子供たちが効率的に学習に取り組むため、使用する文字を系統的に習得することができるよう指導を工夫することなどを示した。

　今後、教師の資質能力、ひいては我が国の学校における特別支援教育の質の向上に寄与するものと期待したい。

　一方、点字の表記についても様々な検討が加えられ、その統一と体系化が図られてきた。また、点字学習指導の方法についても実践的な研究が積み重ねられてきている。

そこで、このような点字を取り巻く状況の変化を踏まえて、点字で学習する子供たちの特性に応じた文字の系統的な指導を適切に行うようにするために先の「点字学習指導の手引（平成 15 年改訂版）」の改訂新版として本書を作成することにした。

　視覚障害教育に携わる方々が本書を十分に活用し、更に創意工夫を加えた指導を行うことによって特別支援学校（視覚障害）における点字指導の一層の充実・発展が図られることを願ってやまない。

　本書の作成に当たっては、別記の方々の御協力をいただいた。ここに心から感謝と敬意を表する次第である。

　令和 5 年 9 月

　　　　　　　文部科学省　初等中等教育局特別支援教育課長

　　　　　　　　　　　　　　　石　田　善　顕

編集協力者氏名 （五十音順）

青　柳　まゆみ　　愛知教育大学准教授

阿　部　真由美　　宮城県立視覚支援学校教諭

加　藤　俊　和　　元京都ライトハウス情報ステーション所長

坂　井　仁　美　　全国高等学校長協会入試点訳事業部

柴　田　直　人　　筑波大学附属視覚特別支援学校教諭

進　　　和　枝　　筑波大学附属視覚特別支援学校教諭

長　岡　英　司　　日本点字図書館理事長

平　松　智　子　　和歌山県立和歌山盲学校教諭

福　井　哲　也　　日本ライトハウス点字情報技術センター情報技術顧問

牟田口　辰　己　　元広島大学教授

山　岸　直　人　　東京都立文京盲学校校長

　なお、本書の企画と編集については、初等中等教育局特別支援教育課特別支援教育調査官　森田　浩司が担当し、次の者が企画に参加した。

石　田　善　顕　　初等中等教育局特別支援教育課長
嶋　田　孝　次　　初等中等教育局特別支援教育課課長補佐
山　田　知佳子　　初等中等教育局特別支援教育課指導係長

目　　次

第 1 編

第1章　「点字学習指導」の位置付け

第1節　点字学習指導の意義

1　点字学習の意義

　点字を必要とする幼児児童生徒（以下、本書では「盲幼児児童生徒」という。）に学ぶ者としての充実感や自信が顕著に表れるのは、点字による読み書きができるようになる頃からだといわれる。盲幼児児童生徒は、点字の学習を始めることによって、主体的にものに触れ、未知なものへの探求心や好奇心を満足させ、学ぶ楽しさを体験する。そして、点字を通して事物や自然現象、あるいは人とのかかわりや社会事象を認識するとともに、自己についての認識を確立していくのである。

　また、中途視覚障害者（学齢期の途中で視覚を活用することができなくなった盲児童生徒を含む。以下同じ。）の場合、視覚を活用することが難しいという現実を受容することは容易なことではないが、それを受容する上で欠くことのできないのが点字の習得である。特に成人期以降に失明した中途視覚障害者の点字学習は、困難を伴うことが多い。以前は、見えることが当たり前であり、自由に本を読むことができたのに比べると、点字学習をすることは、じれったさやいらだたしさを感じることもあるが、点字学習が進むにつれて心の平静を取り戻すことができるようになる。これは、点字の読み書きができるようになることによって新たな自信が生まれ、学習意欲が高まるからであると考えられる。

　このように点字を学習することは、障害による学習上又は生活上の困難を改善・克服し、自ら学ぶ意欲や主体的な思考力、判断力、表現力を培うことに結び付くといえる。

2　点字の機能と言語活動

　点字の学習は、能動的な運動と受動的な感覚の二つの関係を媒介として行われる。触覚的な探索を通して点字学習への興味と関心が高まり、次いで点字を媒体として言語活動が盛んに行われるようになる。

　点字には、二つの主要な機能があると言われる。その一つは、互いに伝達しあう対人間の伝達であり、他の一つは、個人の思考や動作を助ける個人内における伝達である。したがって、点字学習指導は、言語記号の習得とともに、盲児童生徒の言語記号の基盤となっている情報収集、思考などを深めることに留意して行う必要がある。そのためには、読書や作文の指導を通して、複雑多岐な情報の中から自分に必要な情報を的確に選択・処理できるような点字能力を身に付けることが大切である。そのことが、障害による学習上又は生活上の困難を改善・克服し、自己を充実させ、自立し、社会参加することにつながるのである。

3　点字の学習と言語能力

　人間は、言語を媒介として意思や感情を伝達したり、知識を拡充したり、認識や思考を深めたりする。このように、言語は人間にとって極めて重要である。しかし、障害がある場合は、この言語の理解・表出に影響を受けやすいので指導上十分な配慮が必要である。

　視覚障害のある幼児児童生徒の場合は、視覚によって読んだり書いたりする言語活動には制約を受けるが、話したり聞いたりする言語活動には視覚障害による影響をそれほど受けないと考えられる。それでも、視覚障害のために相手の顔の表情、身振り、態度などの理解が困難なこともある。また、行動や運動の面で制約を受けるために経験が不足したりする。そのため、視覚障害のある幼児児童生徒は、自分で体を動かし、自分の感覚でとらえて事物・事象や動作と言葉とを結び付けて認識することが困難な面がある。そこで、導入期の点字指導に際しては、事物・事象や動作と言葉とを対応させながら的確な概念の形成を図ることに十分留意する必要がある。人間の発達過程で獲得していく諸機能の中で言語ほど環境からの影響を受けやすいものはないといわれている。例えば、保護者が子供の動作や表情からその要求をすぐにくみ取って対応してしまうと、子供が自分の要求を適切に表現する力が身に付かないといわれる。その逆に、子供に話し掛けることや子供の話を聞いてやらない場合には、話すことに対する動機付けや言葉を身に付ける機会が不十分となり、言語発達の遅滞の原因になることがある。また、視覚からの刺激や情報が得られないことは、言語活動への動機付けや強化の面で影響を受けることがある。したがって、点字学習の導入期並びに展開期を通じて、言語能力の発達に影響を与えるさま

ざまな要因との関係を考慮に入れた指導計画の作成が必要である。さらに、点字学習の指導に当たっては、単に文字言語としての指導にとどまることなく、話し言葉との関連や言語の理解・表出をも含めた総合的な言語能力の向上を図るようにすることが大切である。

4　点字と墨字との共通性

　点字が視覚障害者の教育や文化の発展に果たしてきた役割は、極めて大きいものがある。視覚障害教育の歴史は、視覚障害者のための文字の開発や改善の歴史でもある。その流れは、洋の東西を問わず、当初は墨字（以下、本書では、視覚障害者の使用する「点字」に対して、点字ではない文字のことを「墨字」という。）との共通性の確保に向けられ、墨字を凸字化するための努力がなされた。しかし、この方法は、文字の共通性は確保できるが、読み書きの点で非効率的、非実用的であった。そこで、視覚障害者の読み書きの効率性を高めるための工夫・改善が行われ、「触読専用の文字」として点字の世界が確立されたのである。その結果、点字の効率性を保持しながら墨字との共通性を確保することが課題となった。例えば、オプタコン（図 1-1）による墨字へのアクセスや「六点漢字」「漢点字」による漢字仮名交じり文の表記は、点字と墨字との共通性を確保するための重要な実践であった。特に、日本語における表意文字としての多様な漢字・漢語と表音文字としての点字との接点を見いだすことが課題解決のポイントであった。現在では ICT*4 機器等の進歩により、不完全ながらも点字と墨字との自動変換が可能になり、コミュニケーション手段としての点字の位置付けに新たな進展がみられるようになった。したがって、これからの点字学習指導は、このような点字使用環境の電子化との関連を考慮して行う必要がある。また、点字学習指導の発展としてこれらに関する指導を位置付けることが大切である（第 11 章参照）。

図 1-1　オプタコン

第2節　教育課程と点字学習指導

1　教育課程と点字学習指導計画

　一般に教育課程とは、学校教育の目的や目標を達成するために、教育の内容を児童生徒の心身の発達に応じ、授業時数との関連において総合的に組織した学校の教育計画のことである。また、特別支援学校においては、小・中学校等と同様の各教科等に加えて、特に自立活動の領域を設定し、幼児児童生徒の個々の障害による学習上又は生活上の困難を改善・克服するための指導によって、幼児児童生徒の人間として調和のとれた育成を目指している。すなわち、自立活動は、特別支援学校の教育課程において特別に設けられた指導領域である。この自立活動は、授業時間を特設して行う自立活動の時間における指導を中心とし、各教科等の指導においても、自立活動の指導と密接な関連を図って行われなければならない。

　また、視覚障害者である幼児児童生徒に対する教育を行う特別支援学校においては、各教科の指導に当たって必要とされる指導上の配慮事項として、特に点字を常用する児童生徒には、点字表記法の系統的な指導や点字の読み書きを速くする指導は大切であり、適切に指導する必要がある。したがって、本書の各章に記載されている点字学習指導を適切に行うためには、点字学習指導計画をこの教育課程に明確に位置付けることが大切である。

　点字学習指導計画の作成に当たっては、盲幼児児童生徒の発達や障害の状態及び学習上の環境条件などを十分に考慮した上で、指導目標、指導内容、指導時数等を設定する必要がある。その際、特に、次の観点から具体的に検討することが重要である。

（1）　情緒の安定及び身体的健康の状態
（2）　触運動の統制能力の発達水準
（3）　触覚的認知能力の発達水準
（4）　言語行動の発達水準
（5）　適切な教材・教具の活用と指導法

　これらの観点から盲幼児児童生徒の実態が正しく把握され、よく準備されている場合には、的確な学習指導計画の作成が可能であり、その指導においても盲幼児児童生徒が意欲をもって学習に取り組むことができる。以

下、盲幼児児童生徒の発達の段階や障害の状態に即した点字学習指導の在り方について主な配慮事項を述べることにする。

2　幼児期における点字学習指導

　幼児教育においては、生きる力の基礎を育むために、さまざまな資質・能力を一体的に育むことが必要とされている。視覚に障害のある乳幼児の場合には、日常生活において、さまざまな物を認知したり、区別したり、空間を整理したり、移動したりするための力を身に付けるための指導事項を取り上げることが大切である。

　視覚に障害のある乳幼児が身に付ける力の中で点字学習のレディネスとして大切なのは、能動的探索や手指の操作技能や触覚的認知能力の発達を促すことである。したがって、点字学習の基礎指導として、人との関わりや自発的探索を促すこと、適切な教材・教具を用いて触運動の巧ち性を高めることを通して触運動の統制や触空間の形成、さまざまな物の弁別や形の認知を促すための個別指導が系統的に行われるようにする必要がある。

　なお、盲幼児の場合、音声言語の発達に比べ、触覚による事物の認知の発達に遅れがみられることがあり、音声言語を使用しているのに、発達の初期的なレディネスが定着していないことがよく見受けられる。したがって、指導計画の作成に当たっては、このことに留意してレディネスの発達水準を的確に把握することが大切である。

　触運動の統制を学習する際に必要な教材・教具としては、基本的に刺激の位置、方向、順序を、上肢や手指の操作を通して認知できるものが望ましい。これらは、学習段階に応じて選択されるわけであるが、この目的にかなった教材・教具は一部を除いてあまり市販されていないので、教師が自作するなどの創意工夫が必要である。

　就学前の盲幼児の場合、文字としての点字記号の読み書きができなければならないわけではないが、日用品等に点字ラベルを貼るなど、生活環境に点字を導入し、関心がある場合には、部分的に指導することは可能である。例えば、点字によって表記された自分の名前を覚えることによって、点字への興味・関心が高まり、言葉が音で成り立ち、文字と音が対応する関係にあることに気付くなどして、日常生活の中で部分的に点字を活用することは言語活動を拡充させるのに役立つ。

　幼稚部の教育要領では、「遊びや生活の中で、数量や図形、標識や文字

などに親しむ体験を重ねたり、標識や文字の役割に気付いたりし、自らの必要感に基づきこれらを活用し、興味や関心、感覚をもつようになる。」「先生や友達と心を通わせる中で、絵本や物語などに親しみながら、豊かな言葉や表現を身に付け、経験したことや考えたことなどを言葉で伝えたり、相手の話を注意して聞いたりし、言葉による伝え合いを楽しむようになる。」（平成 29 年 4 月告示　特別支援学校幼稚部教育要領第 1 章総則第 3 の 3 （8）（9）、平成 29 年 3 月幼稚園教育要領第 1 章総則第 2 の 3 （8）（9））及び「数量や文字などに関しては、日常生活の中で幼児自身の必要感に基づく体験を大切にし、数量や文字などに関する興味や関心、感覚が養われるようにすること。」「幼児が日常生活の中で、文字などを使いながら思ったことや考えたことを伝える喜びや楽しさを味わい、文字に対する興味や関心をもつようにすること。」（幼稚園教育要領総則第 2 章ねらい及び内容の環境 3 の（5）、言葉 3 の（5））としている趣旨を踏まえて、この段階では、点字学習指導の重点を点字学習のレディネスの形成の充実に置くようにする。点字が必要であるから、できるだけ早く点字を指導するというような発想で、実態を無視した指導を行うことがないようにしなければならない。

3　小学部・中学部・高等部における点字学習指導

　小学部・中学部においては、既に幼稚部などにおいて形成された点字学習のための基礎能力を踏まえ、言語指導としての点字指導を行うが、その指導の中心は国語科である。国語科では、点字指導の全体的な課題のうち、読み書きの能力を養うことが主なねらいとなっている。弱視の児童生徒と同時に学習する形態の場合は、点字特有の仮名遣いや分かち書き（第 4 章第 5 節参照）などの系統的な指導が実施しにくいことがあるので、指導方法の工夫・改善に留意する必要がある。

　従来の調査研究等によれば、読指の操作の基本的な習慣はおおむね小学部第 3 学年で完成し、正確に読む態度は小学部第 6 学年で完成するとされている。また、触読の発達は小学部第 1 学年から第 2 学年、中学部第 1 学年から第 2 学年にかけての段階で飛躍的な伸びがみられ、学習開始後ほぼ 10 年間は継続的な発達を示すといわれている。さらに、言葉の表記については小学部第 3 学年から第 4 学年にかけての発達が、基礎的な分かち書きでは小学部第 3 学年段階までの発達が顕著であるとの報告もある。しか

し、最近の盲児童生徒の実態は必ずしもこのような傾向を示すとはいえない。盲児童生徒一人一人の点字の読み書きの能力の発達は多様であり、学習期間によって到達度を予測することは困難である。

点字学習指導において、特に注意しなければならないのは、小学部低学年での点字学習により一応の点字の読み書きができるようになると、その後の指導が不十分になる傾向があるということである。点字の読み書きの基礎・基本の指導が終了した後も、望ましい両手読みの指導や正確な分かち書きができる表記能力を養うなど、繰り返しと確認による系統的な指導が大切である。そのためには、教師が盲児童生徒一人一人の点字を読む手の使い方や作文などを常に点検して必要な指導事項を確認し、それぞれの実態に応じた指導計画を作成することが必要である。また、それを裏付けるための教師の点字学習指導に関する知識が求められるのである。

なお、国語科以外の教科での点字学習指導の内容としては、小学部では算数、理科、音楽等の記号、中学部、高等部では数学記号、理科記号、点字楽譜、外国語（縮約を含む。）および情報処理用記号を挙げることができる。これらの各種の記号や符号等の指導は、それぞれの教科での学習指導において重要な位置を占めるが、他の教科又は日常生活においても発展や応用ができるように留意する必要がある。

次に、点字学習指導に関連して留意すべきことは、語の書き表し方や語句の区切り方を指導する際に、漢字・漢語との対応や墨字の表記法との関係などについて盲児童生徒の実態を考慮して適切に扱うようにすることである。このような指導を行うことは、点字特有の表記法をより深く理解することに結び付くとともに、点字と墨字との表記の知識を身に付けることにもなるのである。

また、最近は読書の方法が多様化し点字図書を読む機会が少なくなり、点字を読む速さに伸び悩みがみられるのではないかという指摘がある。読むことは情緒の安定をもたらし、思考力の発達などを促すものである。したがって、点字の触読の機会を増やし、点字を読む速さを増すような工夫と配慮が必要である。

4　中途視覚障害者の点字学習指導

視覚障害者である児童生徒に対する教育を行う特別支援学校（以下、「特別支援学校（視覚障害）」という。）には学齢期に視覚活用ができなく

なった盲児童生徒から、専攻科には壮年期に失明した生徒も在学しており、その年齢幅は極めて大きい。さらに、学年の進行とともに中途視覚障害による入学者が多くなる傾向がみられる。中途視覚障害の盲児童生徒が視覚を活用することができなくなったショックから立ち直り、再び学業に取り組むためには、一日も早く点字に習熟することが有効である。そのための指導計画としては、まず、自立活動の時間を中心としてできるだけ早期に集中的、継続的な点字学習指導の基礎ができるようにすることである。しかし、視覚障害の原因や時期などによって盲児童生徒の心身の状態が不安定な場合は、単に机上の学習活動のみに注意するだけではなく、生活全般を見通して心理的な安定や身体的な健康の状態を慎重に見極めながら点字指導を進めることが大切である。

　実際の指導に際して、特に留意すべきことは、盲児童生徒の精神発達や言語発達に即した教材を選択し、導入することである。例えば、高等部の生徒に対して、容易に入手できるからといって小学部低学年向けの用語例を教材に使ったりすると、その内容が易しすぎるために学習意欲を阻害する場合がある。また、専攻科で学ぶ生徒には学齢期を大きく越えた者も在学している。例えば、糖尿病性網膜症などの場合には、触覚機能が低下していることが多いので、マス間や行間を広げたり、点の直径や高さ、点間などを大きくするなどして、それぞれの実態に応じた教材を活用して点字の触読の導入期の指導を行うことが重要である。

5　重複障害児の点字学習指導

　盲幼児児童生徒が視覚以外の障害を併せ有する場合については、第2節1「教育課程と点字学習指導計画」で述べた通り自立活動を取り扱うことを前提とすることを踏まえ、各学校の特色や盲幼児児童生徒の実態に応じて、弾力的な教育課程を組むことができる。（以下、本書では、知的障害を併せ有する者を「重複障害児*5」という。）その上で、例えば、生活において、さまざまな物を認知したり、区別したり、空間を整理したり、移動したりするなどのために資質・能力を育む必要がある。その内容は、人間としての発達過程における初期行動から言語行動の確立を目指した触運動の統制、触空間の形成、記号操作の基礎など、それぞれの指導を挙げることができる。これらの指導の展開に当たっては、自立活動の内容の特定領域に偏らないように留意し、点字学習に必要な内容を有機的、総合的に

関連付けて系統的な指導計画を作成することが大切である。これらの指導の中で、点字学習のレディネスが形成され、点字への興味・関心が高まった盲児童生徒に対して指導をすることが望ましい。

　重複障害児に対する点字学習指導においては、点字学習のレディネスの形成を促す指導から実際に点字学習を始める過程において、教師や保護者の判断や考え方が一致しない場合がある。これは、盲児童生徒の点字学習のレディネスが整っているのか、学習の到達度をどこまでとするのかなどについての判断や考え方の相違によることが多い。重複障害児の場合、その実態によって学習の到達度や点字の活用内容が異なる。到達度としては、点字模型、シートにかかれている点字、清音の文字などが読める場合や、マスあけに注意して文章が読める場合もある。活用内容も、物の弁別に役立てるラベルとしての点字から文章を読む場合まで幅広くある。したがって、重複障害児に対する点字学習指導については、盲児童生徒の多様な実態に応じて慎重に対処することが重要である。特に学習や行動のレディネスや心身の発達の状況を見極めて指導目標や指導内容を設定し、指導方法を工夫しながら、長期的な見通しの中で無理のない指導を展開する必要がある。

6　指導方法の弾力的な取扱いと指導事例の蓄積・共有

　点字学習指導の方法には、唯一絶対というものはなく、盲児童生徒の発達の段階や実態に応じて適切な指導方法を検討することが大切である。特に、言語能力や触覚的な認知能力などの心理的な特性、点字学習への意欲や態度などの個人的要因によって、指導の順序、開始時期、教材の内容・程度の取扱いなどを工夫・改善する必要がある。本書に示した指導方法は、基本的、原則的なものであるので、実際の指導に当たっては、その修正や別の展開が必要な場合も考えられる。したがって、本書の内容を出発点としながら、個に応じた適切な指導方法等の開発に努めることが重要である。

　また、近年の特別支援学校（視覚障害）では幼児児童生徒の在籍数は減少傾向で推移している。このため、点字学習指導を必要とする対象児が減少し、その指導経験を有する教師も少なくなっている現状である。加えて学びの場が多様化する中、各圏域において特別支援学校（視覚障害）に求められる「センター的機能」を発揮するには、指導事例を蓄積・共有して、今後の視覚障害教育に活かす工夫が求められている。

第2章　点字の読み書きの学習*6

　点字は、視覚を用いることができない人のコミュニケーションや思考の手段として極めて優れている。特に、読み書きの効率性が極めて高く、ICT機器を活用して、精度は不完全であるものの墨字から点字への自動変換が可能になり、点字を介して墨字の情報を読むことも可能である。そのため、点字を正確に速く読み書きできる盲児童生徒を育てることが、一層重要になってきている。

　本章では、点字の読み書きの前提としてどのような能力を身に付けておかなければならないかということ、点字の読み書きの学習内容、点字の読み書きを指導するための計画と評価について述べる。なお、具体的な指導方法については、第3章以降の個別の課題ごとに取り上げることにする。

第1節　点字学習のレディネスと動機付け

　視覚に障害のない幼児が6歳前後で読み書きの学習をするように、盲幼児も6歳前後で点字の読み書きの学習を始める。点字の読み書きをするためには、①6点（六つの場所）の定位、②6点の組み合わせの弁別、③6点の組み合わせと信号（記号、音）を結び付けられる力が必要であり、そのレディネスは乳幼児期に形成される必要がある。

　しかし、盲幼児児童の経験や発達によっては、レディネスが十分に形成されていなかったり、一個人でも発達のバランスが偏っていたりすることもある。点字の学習をするに当たっては、レディネスが形成されているかを把握し、実態に応じた指導を行う必要がある。また、このレディネスは点字の読み書きに必要な力であるとともに、日常生活において、さまざまな物を認知したり、区別したり、空間を整理したり、移動したりするためにも必要な力であるので、一人一人の実態を把握して、点字学習としてだけでなく、生活する力を身に付けるためにも指導事項として取り上げることが大切である。

　本節では、自発的な探索、手指の運動の分化、点字の読み書きに必要な両手の円滑な動作、形や位置、点の弁別ができる能力、概念学習を通して触空間の形成を図り、点の位置付けができる能力、話し言葉を音のレベル

で分解・構成できる能力、象徴機能の学習を通して記号としての点字学習を行うための動機付けについて取り上げる。

1　自発的な探索及び触運動の統制と触空間の形成
(1)　能動的な探索

　点字は、両手で読んだり書いたりするものであるから、手指の触覚[*7]で外界の情報を得るということになる。触覚は接触感覚であるので、自主的・能動的に探そうとすることで多くの情報を得ることができる。そのため、能動的に手を出して探そうとする態度がきわめて重要になる。

　初めに、能動的に手を伸ばし外界を知ろうとすること（探索）、手指の運動の分化、触運動の統制の育ちを促していく。

　触覚は人間が持っている感覚の一つであるが、盲幼児が見えないからといって外界の物をすぐに触覚で捉えられる（認知できる）ものではない。盲幼児児童が触覚を使って外界を知ることができるようになるためには、触経験と言葉と事物・事象との対応関係などの学びが必要である。

　視覚が活用できると、周囲にある物の存在を知ることができるため、幼児児童が行動を起こすためのモチベーションとなる「なんだろう」が起こりやすいと考えられる。一方、触覚の場合は触れなければ周囲にある物の存在を知ることができない。存在を知らなければ「なんだろう」と手を伸ばすことも起こり難い。そのため、盲幼児児童が、「なんだろう、何かあるだろう」と能動的に手を動かし、探索する、つまり、外界にいろいろな物があることを触れて確かめ知ろうとする気持ちや動きを引き出すことが大切である。

　横になっていたり、座っていたりする盲幼児児童が手や足を少し動かしたときに偶然に触れる位置に親しい人がいたり、好きな玩具が置いてあったりすることで、盲幼児児童は自分が動いたことで「見つけた」という経験をすることができる。そして、対象との距離を少しずつ離すことで、盲幼児児童はより手、足、身体全体を大きく動かして能動的に探索しようとする。置く物の種類を増やしながら「何だろう」の気持ちを促し、自分からいろいろなものに触ることが、いろいろな物を知ることのできる触察[*8]につながる。このとき、触れた物の感触や音の印象が不快な場合、手を伸ばすことを嫌がってしまうことがあるので、感触や音などが盲幼児児童にとって心地よい物にするとよい。

(2)　触運動の統制

　触察としては、まず能動的な探索行動から物の操作を通して手指の運動の分化を促していく。たたく、握る、つかむ、はなす、つまむ、押す、引っ張る等の動作を日用品や玩具を探すことから、スイッチを押す、特定の場所に入れる、取り出す、棒などを指す、抜く等の操作を通して分化を促していく。このとき、スイッチを押したり玉を入れたり滑らせてはめたりすると音がする、あるいは振動が起きる等、盲幼児児童が自分の動きを音や感触などで感じる、確認することができるような玩具や教具を選んだり、作ったりすることでより能動的な探索行動や操作がみられるようになる。

　能動的な探索行動がみられるようになると、何がどこにあるのかという定位や空間の把握につながる。例えば、玩具など置く場所を固定することで、一定の場所に置いたり取ったりすることが1点の定位の理解につながる。また、身体遊びや手遊びは、ボディイメージの形成や自分を中心とした前後左右の身体座標軸の理解につながるので、楽しい雰囲気の中で十分に経験をさせたい。

　探索、物の操作、そして点字の読み書きでは、両手の分業と協応について考える必要がある。視覚が使える場合は目と手の協応をさせるように、視覚が活用できない場合は、両手がそれぞれ別の作業を行えることが必要である。例えば、ペグ差しの場合片手で穴の位置を探り、もう一方の手でペグを差し入れることになる。この場合、単に左右の手で別々の動作をしたり、両手で巧みに一つの仕事を完成させたりするだけではなく、一方の手が作業の進行状況などを確認することが必要である。それらの動作を行う場合の状況把握をすることをも意味するのである。

　ペグを順番に入れることは両手の分業だけでなく、空間における順序性の把握にもつながる。

(3)　触空間の形成

　触察には両手を巧みにある程度の力を入れて（圧をかけて）、滑らせるように動かす触運動が必要になる。物の形や様子を知るためには直線的な動きや曲がる動き、円運動などのさまざまな動きを活用してたどることが必要で、点字を読むためにも必要となる。そもそも、人の身体は、肩、ひじ、手首、手指などの複数の関節でつながっており、その動きは関節を起

点とした円運動の集合となる。両腕全体でさまざまな方向へ滑らかに動かすことができるようにするためには、これら円運動の集合となる手の動きをコントロールする経験を積み重ねることが大切になる。触運動を方向性のない運動から、目的のある運動へと変化させることで、触空間を形成する学びにつなげていくことができる。

　まず、探索するときにたたくように探すのか、滑らせるように探すのか、また、手を滑らせる様子は手のひら全体か、指が浮いているか、指先を滑らせているかなど手の動きを細かく観察することも大切である。初めは手の平でもよいが、上手に滑らせることができるようになったら次には指先を使って滑らせることができるようになることが望ましい。

　ある程度の圧を加えて滑らせるという動きを引き出すためには型はめやスライディングブロック等の教具を使うとよい。ここで使う型はめは形を捉えさせる教具としてではなく、滑らせて入れる物として使う。

　初めは、方向性の無い丸のような型はめのピースを好きなように滑らせて入れる。このとき力が入りすぎるとピースが滑らないため、力を加減する必要が出てくる。滑らせる動きが分からないときには教師が盲幼児児童の手に自分の手を添えて一緒に動かす。

　滑らせる動きがスムーズになってきたら、スライディングブロックを使って、直線の動きを学ばせ、さらに触空間の形成へとつなげていく。初めは、向こうから手前、手前から向こう、次に左から右、右から左と滑らせる、滑らせる距離も少し離れたところから、端から端へ滑らせるなど方向と距離を意識できるようにする。

　直線運動や円運動を円滑に行うことができるようにさせるこれらの学習は、運動の軌跡を直線や円の概念に置き換えることによって、図形や空間の概念形成にもつながる。また、点字触読の行たどり運動の学習の基礎としても極めて大切である。

2　事物の弁別、形の弁別、位置（空間軸）の学習

　点字を形として触覚的に捉えるためには、事物の属性、形の弁別、位置の弁別の学習が必要になる。また、先にも述べたように、この学習は点字の読み書きだけでなく、日常生活のさまざまな場面おいても必要となるため、点字学習は難しいと思われる盲幼児児童に対しても、実態に応じた指導が必要である。

(1) 事物の弁別

　事物の属性には長さ、大きさ、厚さ、荒さ、重さ、冷たさ、硬さなどがある。生活の場面では、まず身近にある事物を区別したり、仲間集めをしたり、その物の名前や用途を知るなどの事物の弁別学習が必要となる。その事物をより細かく区別をしたり、特徴を捉えたりするときに属性を使うことになる。

　事物の弁別学習は、日用品や玩具など身近に使っている物でコップとスプーンといった違いがはっきりと分かる物を選択することから始める。区別ができるようになってきたら、湯呑みとコップといった似た物から選択するようにさせる。

　事物の属性の学習では、例えば長さの学習をするときに、手触りの違う物の長さを比較させたりすると、何を比較しているのか混乱することもある。何の属性の学習をしているのかが分かりやすくなるよう情報を精選した教材を用意するとよい。

(2) 形の弁別

　形の弁別は、基本的な円形、正三角形、正四角形から類似図形である楕円、直角三角形、二等辺三角形、長方形、菱形などと進めていく。型はめ教材は「はまる、はまらない」ことで正誤を自分で確認できるので、初めはそれを使って弁別学習を行うとよい。

　形の弁別ができるようになったら、同型の大小（大中小）の弁別や類似の物を含めた形の弁別、輪郭の図形の弁別、形の分解、組み立ての学習を進める。属性や形の弁別学習では、いろいろなくくりでの弁別を取り上げることが大切である。

(3) 位置（空間）の学習

　位置の学習には生活空間のような広い空間での位置や机上などの狭い空間での位置を取り扱う物があるが、点字の読み書きではさらに狭くしていった空間を扱う。点字は狭い空間の中の形を捉えて読み、点の構成（位置）を考えて書くことから位置の学習は大切である。

　盲幼児児童にとって生活空間で方向や位置を理解することは難しいことではあるが、将来生活する上では必要な力となる。まずは身体座標軸を活用して空間を整理していくとよい。触空間の形成を促すときに、音が出た

り、触って確認できる物を、特定の場所においてそこから取ったり入れたりするなどさせ、自分の身体を中心に「〇〇の方（左右）」と名付けたり、立ったりしゃがんだりなどの動きとともに上下にあるものに触れながら身体座標軸を中心とした「上の方」などと名付けたりして方向の学びを促す。「左右」の言葉については混乱をすることが多いので、身体座標軸の「〇〇の方」が整理されてから「左右」の言葉を入れることが望ましい。

　身体座標軸の左右が理解できてきたら、より狭い範囲での左右上下の学習にもつなげていく。

　机上での位置の整理は、身体座標軸ではなく、教具の一部を基準点としての定位となるので、机上での上下（向こう手前）、身体座標軸での上下が混乱しないよう、言葉を変えたりするなどの配慮が必要である。

　その後、複数の点の定位の学習を促していく。複数点の位置の定位としては、1点、2点（左右、上下）、3点（右中左、上中下）4点（左下、左上、右上、右下）、6点、9点の定位がある。

　空間での位置と机上での位置が整理できてきたら机に置いた教材を 90度回転させて垂直に立てて、机上での向こう手前と身体座標軸の上下の同一化や机上でも上下というなどの言葉の使い方の整理を図ることが必要である。点字の6点は左上から1の点、2の点、3の点、4の点、5の点、6の点と表現することから、点の位置を数字で捉えての見本合わせや分解・構成などの学習は点字の書きにつながる。また、ペグなどを使っての直線や図形の学習は、順序性、空間の位置、基準点を持って触察すること、形の学習にもつながっていく。

点字の一マス（凸面）の六つの点の配列と各点の名称

3　音声言語の分解・構成の学習
(1) 言語発達の過程

　乳幼児期の言語の発達は、まず、身振りサイン、喃語の時期を経て、1歳前後に1語文を獲得する。この1語文は、1語であっても単語ではなく、まとまった意味を含む文である。やがて、多くの場合、主語と述語、あるいは修飾語と被修飾語を意味する2語文に分化する。3歳前後になると、

助詞や助動詞などを伴った日本語を話すようになる。その後、経験の広がりとともに語彙が飛躍的に増えてくる。４、５歳頃には、単語を構成する１音、１音が分離できるようになり、仮名文字に対応する準備が出来上がる。

　このように音声言語は、意味のまとまった文から最小の単位である音へと次第に分化していく。それに対して文字言語は、この音に対応する平仮名から学習し、平仮名を組み合わせて次第に文で表現できるようになっていく。このような言語発達の過程を踏まえて、点字学習のレディネスとして話し言葉の構成要素の分解・構成と、音による単語の分解・構成の学習をしておく必要がある。

(2) 話し言葉の構成要素の分解・構成の学習

　話し言葉の構成要素の分解・構成の学習の中では、教師や友達との会話を楽しみながら、計画的・具体的に、ゲーム感覚で楽しく学習できるように十分配慮することが大切である。その場合、「・・・は、・・・です。」、「・・・が、・・・を、・・・しました。」、「・・・の・・・」、「大きな・・・」「じょうずに・・・しました。」などのように、いくつかの言葉の組み合わせで詳しく話すことができるようにするとともに、文節分かち書きについても意識できるようにする。さらに、口頭作文などでは教師が児童の表現を整理しながら、実物と言葉の結び付きや、経験を言葉で表現する方法に気付くようにする。

(3) 音による単語の分解・構成の学習

　音による単語の分解・構成の学習は、点字の学習のレディネスとして極めて大切である。ここで「音」というのは、音声言語としての日本語を表す最小の単位のことである。

　音による単語の分解・構成の学習は、同音集め、しり取り遊びなどのようにゲーム感覚で楽しい雰囲気の中で取り組むことが大切である。音による単語の分解の学習に際しては、太鼓や手拍子などによるリズム打ちや、積み木、磁石などを１音ごとに一つずつ並べるモデリングなどで具体的に対応していくことが望ましい。この場合、例えば、「ぺ ッ ト」（３拍）、「し ん ぶ ん」（４拍）、「きゅ ー きゅ ー しゃ」（５拍）などのように、撥音、促音、長音を表す部分についても同じ長さの１拍のリズム

打ちを行ったり、積み木、磁石などを一つずつ置いたりすることに留意する必要がある。

　なお、促音の「っ」は、小文字であっても1拍と数えるが、拗音を表す「ゃ・ゅ・ょ」や特殊音（外来音）を表す「ァ・ィ・ゥ・ェ・ォ」などの小文字は、リズム打ちやモデリングなどに際しては、「ファ　イ　ル」（3拍）、「チュ　ー　リ　ッ　プ」（5拍）などのように、拗音や特殊音をそれぞれ1音で1拍であるとして取り扱う。

　これらの音による分解・構成の学習と関連して、正確に発音するように指導することも大切である。発音が明瞭でないとそれに対応して誤った点字を選択することになりかねない。特に、ダ行とラ行、ザ行、マ行とバ行との混同、サ行と「シャ・シュ・ショ」、あるいは「チャ・チュ・チョ」との混同、ザ行と「ジャ・ジュ・ジョ」との混同、マ行とバ行との混同などがよくみられる。これらの子音とともに、「ア・イ・ウ・エ・オ」の母音をはっきりと発音できるようにすることが大切である。

　なお、ここで取り上げる音声言語の分解・構成の学習は、点字学習のレディネスとして必要な範囲にとどめるようにする。それ以上のことについては、点字学習と併せて継続的に指導することが望ましい。（第3章参照）

4　象徴機能の学習と点字学習への動機付け
(1)　象徴機能の学習

　象徴機能は、事物・事象の意味や概念・イメージなどを記号によって表すことができる能力や働きである。音声言語や文字言語の記号体系は、高度で複雑な構造をもつものであるから、それらを学習する前提として単純な記号を用いた象徴機能の学習から始める必要がある。

　象徴機能の具体例として、盲児童生徒は、白杖や靴で感じる地面などの状態の変化でその場所を判断したり、車の通過音、動物の鳴き声、においなどで周囲の状況を理解し、予測したりする。また、模型やおもちゃを通して実物の構造や機能を理解することもできる。さらに、絵本や図面などのように平面に描かれたものによって立体である具体物の構造や機能などを読み取ることができる。

　このように、事物・事象の一部分やその状態の変化の一側面などを記号としたり、模型、おもちゃ、凸図などを記号としたりして、実際の事物・事象の存在や状態、あるいは構造や機能などを理解する能力は、視覚によ

る情報の収集が困難な盲児童生徒にとっては極めて大切なことである。そのため、特別支援学校（視覚障害）における自立活動の指導においては、予測・確かめの能力を身に付けさせることが重要であり、点字の読み書きの学習のレディネスとしてもこれらの象徴機能の学習が重要である。そこで、物の属性の一部分を触ったり聞いたりしてその物を当てる遊びやごっこ遊び、あるいは触る絵本と模型や実物との対応などの学習を、楽しい雰囲気の中で行うことによって象徴機能を十分に習得できるようにする必要がある。

(2) マークと事物・事象との対応関係の学習

　視覚を有する幼児児童生徒の場合は、幼児期のかなりの初期の段階から「ポスト」、「消防車」、「理髪店」、あるいは看板や広告などのシンボルマークを記号として理解している。視覚を通して日常頻繁にそれらと接している間に、本来は全く関係がなかった二つのものを、社会的約束ごととして関係付けて理解できるようになる。

　ところが、盲児童生徒の場合は、視覚によって情報を得ることが困難なために、このような学習の機会はそれほど多くない。したがって、象徴機能の発達を促すための学習の機会を意図的に設ける必要がある。例えば、乗り物や花の形のマークやシールを、名札の代わりとして持ち物、机、くつ箱などにはり付けるのもよい。また、マークとして、具体物ではなく単純な幾何図形を用いても差し支えない。それらのマークが自分を表していることを約束ごととして理解できればよいのである。これらの関係が十分に理解できた後に、シンボルマークとしての名札の上に点字で名前を書き添えておくと、自然にシンボルマークから点字で書かれた名札へと置き換えられていくのである。音声言語には、シンボルマークと同じような社会的約束ごととしての記号機能があるといってよい。そこで、日常生活や遊びの中で音声言語とそれによって表されている事物・事象の意味や概念・イメージなどとの対応関係を、明確に意識付けていく必要がある。

　盲児童生徒の場合、言葉だけを聞き覚えて、それによって表されている事物・事象や動作などとの対応関係がない、いわゆるバーバリズム（唯言語主義）の傾向がみられることがある。そのため、事物・事象を触覚や聴覚などで確かめながらその名称を覚えたり、自分の動作と言葉を関連付けて覚えたりする機会を設けるように常に配慮することが大切である。また、

逆に先に覚えた言葉にその概念・イメージを結び付けるなどして言葉と事物・事象との対応関係を学習できるようにすることも必要である。これらの学習は、点字の読み書きのレディネスを形成するための音声言語の分解・構成の学習や点字の読み書きの学習などと並行して取り上げていくことが大切である。盲児に対して記号の一種としての点字が、事物・事象の存在やその変化などを知るために役立つものであることを意識できるようにし、点字学習への動機付けを促すことが必要である。

(3) 点字を付加した記号とその意味付け

そこで、名札として用いていたシンボルマークに点字を書き添えたものを、自分以外の友達や先生などの分まで用意し、それぞれの人に配ったり、その人の机の上に置いたりしてシンボルマークから点字への置き換えができるようにするとよい。その場合、シンボルマークと点字と言葉とが全く同じで、その人の名前を表していることを意識できるようにすることが大切である。その上で、長方形のカードに名札として用いたシンボルマークの点字と同じ点字を書き、両者が同じ内容であることを意識できるようにする。そして点字カードとおもちゃ、日用品などとを対応させる遊びをしたり、教室内のいろいろな物に点字で単語を書いたテープをはったりして点字と具体物との対応関係を理解させるようにすることが大切である。この場合、点字カードの左上の角を切り落としたり、はじめに点字の「メ（⠿）」の字を「メメ（⠿⠿）」と二マス書いて一マスあけてから単語を書き、この「メメ（⠿⠿）」を基準にして読むことができるようにするなどの工夫が必要である。これは、点字の上下を逆さまに覚えて混乱を引き起こさないようにするための配慮である。なお、この段階では、点字を1字ずつ読むというよりは、単語全体として大まかに捉えることができれば十分である。また、音による単語の分解・構成の学習で用いたリズム打ちやモデリングなどとの対応関係も配慮することが大切である。このようにして点字学習への動機付けを促した後に、点字の読み書きの系統的な学習を行うようにすることが重要である。（第3章参照）

第2節　点字の読み書き学習の概要

早期に視覚を活用することができなくなった盲児童生徒は、「点字を学

ぶ」のではなく、「点字で日本語を学ぶ」ということができる。点字学習のレディネスと動機付けの学習を前提として、両手読みによる文字の読み取りの学習、仮名遣いや分かち書きの学習、読み取った段落や文章を自分の言葉で要約する学習、文の構造と点字表記法の学習などを着実に積み重ねていく必要がある。その上で、豊富な読み教材を用いて読書を楽しむ習慣を身に付けるようにすることが大切である。なお、重複障害児の場合は、個々の発達や障害の状態に応じて、点字学習のレディネスの形成の段階から、丁寧に指導することが重要である。

　そこで、本節では、①点字学習のレディネスの習得を前提とした入門期における点字の読み書きの学習の要点、②単語の意味や文の構造と点字表記法の学習との関係を取り上げる。

1　入門期における点字の読み書きの学習

　点字学習のレディネスが形成され動機付けが行われることを前提として、点字用のシール付きシートや点字の本による触読の学習と、点字タイプライターなどを用いた書きの基本的な学習に入ることになる。この入門期における点字の読み書きの学習は、早期に視覚を活用することができなくなった盲児童生徒の場合も、中途視覚障害者の場合も基本的には共通している。しかし、実際の学習においては、触読教材の語彙や内容の難易度、あるいは読みと書きの学習の順序や組合せ方などを配慮する必要がある。ここでは、入門期における点字の読み書きの学習の基本的な課題を取り上げることにする。

(1)　入門期における点字の読みの学習
　ア　両手読み

　点字を触読する場合、左手がよいか右手がよいかということが議論されることがある。触読の速さについては、左手読みと右手読みとでは、調査によって結果が異なっている。また、右手で点筆を持つ場合、左手読みができないと転写（触読写し書き）ができないという指摘がある。確かに、試験問題を読みながら解答する場合には、右手で書き、左手で読むことは重要である。しかし、点字タイプライターや点字ディスプレイ装置など ICT 機器を活用して書く場合には、左手読みや右手読みにこだわることは意味がなくなってくる。問題なのは、左手読みか右手読み

かではなく、両手読みか片手読みかである。

　片手読みの場合、どんなに速く読めても、次の行に移るときに0.5秒程度時間を要する。この時間は、蓄積すればかなりのロスタイムになり、読みの速度に大きく影響する。しかし、左手で行頭部分と次の行への移りを受け持ち、右手で行の後半を引き継いで受け持つような両手読みができるようになれば、次の行に移るために要する時間は全くなくなることになる。これが、得意な片手の読み速度よりも両手による読み速度が速くなるという両手読みの利得である。この場合、行の大部分の読みを得意な手が受け持てば、それが左手であろうと、右手であろうと問題はないのである。左手か右手のどちらか一方の手でしか読めない人が、後になって両手読みに移るのはかなり困難なことである。そこで、入門期から両手読みの学習を開始することが極めて大切なのである。

　両手読みによる点字触読の学習を開始する場合、文字としての点字触読をすぐに取り上げることは適切ではない。学習能率が上がらないだけではなく、手指の動きなどに不適切な癖を生じさせて、読みの速度を増すことを妨げる原因ともなりかねないのである。文字としての点字の学習以前に、相当な時間をかけて、点字触読の枠組みを習得させることが極めて大切である。そのためには、両手読みの基本である行たどりと行移しの動作が1行当たり数秒以内で滑らかにできるように繰り返し練習する必要がある。その結果、1ページにおける行と行間のイメージ、特に行の長さや幅、行間の感覚が点字触読の枠組みとして形成されるのである。さらに、この程度の読みの速さを保ちながら、一マスあけと二マスあけの区別、行の中における点の上・中・下の位置の区別、一マスの点字の領域と隣のマスとの間隔、一マスの点字の左半マス（点字の六つの点を縦に二分したときの左側の①、②、③の点の部分を指す。以下同じ。）と右半マス（同じく縦に二分したときの右側の④、⑤、⑥の点の部分を指す。以下同じ。）の位置の区別などができるように繰り返し練習する必要がある。

イ　点字触読の学習プログラム

　このような点字触読の枠組みが習得できれば、文字としての点字の触読学習を開始することができる。そこで問題になるのが、どのような考え方で点字を指導するかということである。

　最も多く行われてきたのが、点字を図形として捉えて、そのイメージ

を手掛かりとして点字を読み取らせようとする方法である。例えば「⠿」は「長四角」、「⠿」は「真四角」、「⠿」は「右向き三角」などである。

　他にも、一マスを①②③の左側の3点と④⑤⑥の右側の3点の半マスずつに分けて弁別の練習を行い、その半マス二つを合成して読み取れるようにしていく方法など、さまざまな方法がある。「点字学習指導の方法に唯一絶対はない」と第1章でも述べられているとおり、児童童生徒をよく観察し、よりよい方法を模索する必要がある。

（2）入門期における点字の読みと書きの学習の時期

　早期に視覚を活用することができなくなった盲児童生徒の場合は、点字触読から先に始める方が効果的である。書きは、少なくとも直音、促音、長音、撥音などの読みができるようになった段階で指導を始めるようにした方がよい。一方、中途視覚障害者の場合は、点字触読の学習にかなりの時間を要することもあるので、点字学習の意欲を喚起するためにも、点字タイプライターによる書きの指導を先行させた方が効果的である場合もある。（第4章参照）

（3）入門期における点字の書きの学習

　入門期における点字の書きの学習では、書いた点字を容易に読んで確認できること、文字と文字の間隔を大きくして容易に触覚による確認ができることなどに配慮する必要がある。このことは、早期に視覚を活用することができなくなった盲児童生徒の場合も、中途視覚障害者の場合も同様である。したがって、点字の書きの導入は、点字タイプライターを用いて行う方が効果的であると考えられる。しかし、その場合も、適切な時期に点字盤や携帯用点字器などの指導を行う必要がある。また、点字ディスプレイ装置による点字入力は、点字タイプライターの操作ができればそれを基礎にして習得が可能なので、必要に応じて活用させることが望ましい。

　点字タイプライターを用いて書きの指導を行う場合、点字模型を使用するなどして、点の位置とキーの場所との対応関係を理解できるようにする。そして、六つの点字キーの位置に置かれた手指の組合せと動作のイメージで、点字を書く指導を行うことが大切である。また、紙を挟んだり、行替えをしたりする動作なども、点字タイプライターの構造と機能に即して、基本的なものを最初から正確に習得できるようにすることが大切である。

　なお、点字盤や携帯用点字器による書きにおいては、触読とは逆に行の右から左への時間的な流れのイメージを生かすようにすることが効果的である。その場合、筆順としては点の位置の順番に書き、必要な点の位置を一つずつ押し出していくようなイメージで書きの動作をコントロールできるようにすることが大切である。点字盤や携帯用点字器の場合も、紙のセットの仕方や定規のずらし方、あるいは右手で書くときの左手のガイドの仕方などを正確に指導して、滑らかに動作ができるようにすることが重要である。（第 5 章参照）

2　単語の意味や文の構造と点字表記法の学習
(1)　単語の意味や文の構造の学習

　入門期において点字の読み書きの基本、特に点によって構成されている文字の読み書きの学習が終了した後は、単語や文の学習が指導の重点課題となる。まず、語彙を豊かにする学習が必要であるが、点字学習指導に当たっては、音声言語と文字言語を相互に結び付けることを常に配慮しなければならない。その場合、点字で読み取った言葉によって表されている意味や概念・イメージを確認することが大切である。例えば、点字で「ウメ」と読んだら、校庭の梅の木に梅の実が実っている様子を観察することが望ましい。「たがやす」、「とびのる」などの動作を表す言葉の意味や概念・イメージを具体的に理解していない場合は、一つ一つ動作化するなどして具体的に理解できるような学習が必要である。また、触ったり聞いたりすることができないために具体的な概念・イメージをもちにくい抽象的な言葉などでは、できるだけ早い時期から国語辞典などで調べる習慣を身に付けるようにすることが望ましい。

　また、幼児期から口頭作文などの形で、日常生活や遊びの中での出来事を、毎日まとめる学習を行うことは極めて大切である。このように話したり聞いたりする音声言語の活動の中で学習したことが、点字を読んだり書いたりする活動において生かすことができるのである。また、小学部の国語科の授業で、主人公の気持ちや動きなどをまとめさせる場合、口頭で答えるようにするだけではなく、書いて表現させることも大切である。そしてそれを基に、日記や作文、あるいはメモ書きやノートの要点筆記などへと発展させていくことが望ましい。

　したがって、これらは、単なる書きの学習だけではなく、自分の言葉で

まとめて書くことによって読解力を高めることにも結び付くのである。また逆に、文の大意をまとめながら読むことによって作文の能力を伸ばすこともできるのである。すなわち、聞くこと、話すこと、読むこと、書くこととの言語活動を総合的に、単語の意味や文の構造と関連付けながら、点字表記法の学習を行うことが大切である。

(2) 単語や文節レベルの点字表記法の学習

　点字仮名は、平仮名、片仮名、ローマ字などと同じように表音文字であるから、分かち書きをしなければ単語の区切り目が読み取れない。小学部低学年では、正確に分かち書きされた点字教材を触読することによって単語の区切り目を区別できるようになる。その場合でも、マスあけの部分に着目するようにして、単語の区切り目を意識できるようにすることが重要である。さらに、書きの学習においては、一層明確に単語の区切り目を意識できるようにする必要がある。これらの読みや書きにおける分かち書きの指導に当たっては、一つの言葉の前が一マスあいていることを明確に意識させることが大切である。

　初期の学習においては、短い自立語を並べた教材を用いて指導するのが効果的である。その上で、それらに助詞や助動詞を付け加えても区切らないで続けて書き表すことを意識するようにし、助詞や助動詞を含んだ一つの文節をひとまとまりの言葉として捉えることができるようにすることが重要である。また、間投助詞の「ね」や「さ」を入れても意味が変わらないところが文節と文節の区切り目であることを意識できるようにし、一マスあけることを指導することも便宜的な方法として有効である。

　自立語の中でも、拍数が多い複合語では、どこが意味のまとまりの区切り目であるかが分かりにくい場合が多い。そこで、複合語の構成要素で区切り、意味のまとまりを明確にするのが、分かち書きの第2原則である「切れ続き」の原則である。「切れ続き」の判断基準としては、「自立可能な意味の成分」と、「3拍以上」という拍数の二つの条件が満たされることが求められている。しかし、3拍以上で機械的に区切ったり、2拍以下で機械的に続けたりしてはならない。それでは、本来の目的である意味の理解を助けることにはならないのである。そこで、3拍以上の自立可能な意味の成分が二つ以上あれば区切ること、2拍以下の意味の成分は、副次的であれば続け、独立性が強ければ区切ることなど、意味と拍数が一緒に

なっていることを十分に理解できるようにすることが大切である。

　小学部の段階では、これらの原則を学習することはかなり困難である。そこで、正確に書き表されている豊富な点字教材を触読することによって、習慣的に身に付けるようにする必要がある。したがって、教師は常に間違いのない点字教材を提示しなければならない。日頃は一マスあけの部分を手掛かりとして意味を理解することに意識を集中するようにすることが大切である。例えば、国語科の授業で四字漢語の構成などのような複合語の成り立ちを説明する教材があれば、それと関連させて学習するのもよい。書きの指導においては、判断基準である意味と拍数を意識させながら、具体的な文例で添削指導を行うことが望ましい。

　仮名遣いについては、助詞の「ワ」、「エ」、「ヲ」の指導を文節分かち書きの学習と関連させて行うことが効果的である。また、促音や長音の書き表し方の指導は、豊富な教材の触読と書きの添削指導の中で丁寧に行うことが大切である。特にウ列とオ列の長音及び外来語や擬声語の長音などが長音符を用いるのに対して、そのほかは「ア」、「イ」、「エ」、「オ」を添えるということを明確に意識するようにする必要がある。オ列の長音で「オ」を添える言葉や連濁・連呼は、現代仮名遣いと同じであるから、国語科の学習の中で丁寧に指導することが重要である。

　点字の仮名遣いは、現代仮名遣いとほとんど同じであるから、その相違点と共通点を対比させるなどして、明確に意識付けることが必要である。その場合、平仮名、片仮名、漢字などの指導と関連付けるのもよい。このような点字の表記法と墨字の表記法との比較学習は、「切れ続き」の原則に関連した漢語、和語、外来語などの学習とともに、点字を使用する盲児童生徒が興味・関心を示す課題である。なお、これらの単語や文節レベルの点字表記法の学習の発展として、カッコ類（単語の説明をするときなどに用いる。）、カギ類や指示符類（強調や引用をするときなどに用いる。）、波線やつなぎ符類（単語と単語の関係を示すときなどに用いる。）などの表記符号の用い方を指導することが望ましい。

(3) 文の構造関係を表す点字表記法の学習

　次に、文の構造関係を表す点字表記法の課題を取り上げる。まず、文節と文節との関係であるが、主語・述語関係、連体修飾語と体言の関係、連用修飾語と用言の関係については、一マスあけの分かち書きで表している。

それに対して、対等関係については、中点か読点のどちらかが用いられている。また、独立関係については、読点か感嘆符などが用いられている。これらの文節と文節の関係よりも上の句や節のレベルでは、必要に応じて読点が用いられることが多い。これらの中点、読点、感嘆符の場合は、その後を一マスあける。その上の文のレベルでは、文末に句点、疑問符、感嘆符などを添えて、その後を二マスあける。文の上の段落（パラグラフ）のレベルでは、行替えして行頭を二マスあけてから書き始める。それ以上のレベルでは、多くの種類の見出し語やページ替えなどで書き表している。（第６章参照）

　以上本節では、点字の学習の基本的な課題を取り上げてきた。これらの学習の指導方法については、第４章から第 11 章までの各章で具体的に取り上げている。そこで、実際の指導に当たっては、本節で取り上げた点字学習の基本的な課題と、それらの点字学習相互の有機的な関連を踏まえて、指導の順序を総合的に位置付ける必要がある。

第３節　点字学習指導の計画と評価

　点字を学ぶ盲幼児児童生徒の実態はさまざまである。本節では、①点字学習のための盲幼児児童生徒の実態把握、個別の指導計画を作成する際に必要なアセスメントと配慮事項、②学習状況の点検や指導結果の評価とその改善、③点字学習の場や点字教材作成上の配慮事項などについて取り上げる。

１　点字学習のアセスメント

　盲幼児児童生徒の実態に応じた点字学習の指導計画を作成する前提として、行動観察や諸検査を通して一般的な発達や障害の状態を把握することが必要である。中でも、発達検査の下位領域の状況、視覚・聴覚・触覚・運動機能の状態、情緒の安定の様子などを把握しておくことが大切である。その上で、早期に視覚を活用することができなくなった盲児童生徒や重複障害児に対しては、第１節で取り上げた点字学習のレディネスと動機付けの課題と関連させて、次の点を確認する必要がある。

　　ア　机に正対していすに座った状態で両腕のコントロール、両手の分業と協応動作、両手指の分化と組合せ、タッピング、指先でビーズ玉を

数えることなどができるか。

イ　物の配列順序、前後・上下・左右などの方向付け、基準や枠組みを手掛かりとした位置決め、6点の配置関係を理解しているか。

ウ　話し言葉の発達状況、音による単語の分解・構成、ごっこ遊びなどの象徴機能の習得状況、模型・図・マークなどの記号としての理解、点字に対する興味・関心の程度などがどのようであるか。

なお、中途視覚障害者に対しても、点字学習のレディネスとしてこれらの項目について、一応確認しておく必要がある。特に、指先の触覚弁別力については、きめ細かく確認する必要がある。そのほかの項目として、墨字で読み書きしていた頃の状況を的確に把握しておくことが大切である。中でも、語彙の習得状況、話の大意を要約して整理する能力、話の先を予測する能力などについて確認しておくことが重要である。

2　指導計画作成上の配慮

点字学習の指導計画は、事前のアセスメントに基づいて、個別に作成する必要がある。それは、個々の盲幼児児童生徒の発達や障害の状態等によって、指導の目標や内容、方法などが異なるからである。しかし、生活年齢、発達の段階及び障害の状態や視覚障害の発生時期などが類似していれば、かなりの共通点がみられるともいえる。これらを踏まえて、個別の指導計画を作成する際に配慮すべき基本的な事項について取り上げる。

(1) 盲乳幼児

盲乳幼児の場合は、教育相談などを通してできるだけ早い時期から視覚障害に応じたかかわりや指導をしながらバランスのとれた発達を促すことが重要である。幼稚部の盲幼児の場合は、点字の読み書きの学習の前提となるレディネスの形成に焦点を当てた個別の指導計画を作成する必要がある。第3章「点字学習の基礎」で取り上げる内容がその中心となる。事前のアセスメントの結果、十分に習得されている内容は省略しても差し支えなく、まだ習得されていない内容に重点を置いて丁寧に指導することが大切である。また、点字学習のレディネスが十分に形成されており、点字学習への興味・関心も強く、他の領域の発達も順調であれば、遊びの一つとして点字学習の導入を考慮してもよい。

(2) 重複障害児

　重複障害児の場合は、併せ有する障害の状態を十分に配慮して個別の指導計画を作成する必要がある。まずは、点字学習のレディネスの形成に重点を置くことが大切である。しかしながら、レディネスが完全に身に付いていなければ点字指導を始められないと言うものではない。点字指導とレディネスの形成を並行して行うなど、柔軟な指導が必要である。なお、行たどりや点字の読みの指導の教材としては、教科書[*9]のほかに、点がつぶれにくい点字用のシール付きシートやカードに書いたものを用意しておくとよい。書きの指導を始める時期は、個々の障害の程度によって異なるが、視覚障害のみの児童生徒の指導方法を参考にしながら、点字タイプライターを使用し、メの字書きや清音の一文字書きから少しずつ始めていくことができる。なお、盲児童によっては点字模型での指導が有効な場合もある。しかしながら、点字模型を使用した読みの指導についてはさまざまな考え方があり、重複障害児だからといって安易に使用することは望ましくない。点字模型を利用した指導に当たっては、慎重に検討されたい。

　重度の聴覚障害を伴う場合も、指導の流れは、基本的には同じである。まず、触覚的な手の使い方などの初期行動に関する学習を行う。特に手を中心とする触覚や触運動[*10]の統制を図り、ものを上手に触ったり、たどったり、道具として取り扱ったりして、概念形成の芽生えを育てるようにすることが大切である。重度の聴覚障害を伴う場合は、点字の読み書きが有力なコミュニケーションの手段となるので、それぞれの段階において、一人一人の実態に合った学習方法や教材の工夫など、指導計画が必要となってくる。また、上肢の運動麻ひや触覚麻ひなどを伴っていて、保有する機能で対応できない場合は、音声、タッチサイン、オブジェクトサインなどによる情報収集に重点を置いたコミュニケーションを検討することが望ましい。

(3) 小学部低学年の盲児童に対する配慮

　小学部低学年で点字学習のレディネスが十分に形成されている盲児の場合には、第4章以降に取り上げられている内容を、系統的に指導する計画を作成する必要がある。これらの盲児童に対する点字学習の指導計画は、国語科を中心として、自立活動などとの関連を図りながら教育課程に位置付ける必要がある。

(4) 中途視覚障害者に対する配慮

中途視覚障害者の場合は、アセスメントの結果で個別的な対応が大きく異なってくるが、共通して配慮する必要がある事柄は、次のとおりである。

ア　心理的な安定

障害の受容ができていない場合には、白杖とともに、点字に対する拒否反応がみられる。そのようなときには、無理に点字学習の指導を行うことは適当ではない。日常生活の行動の一つ一つに自信をもつようにしていく中で、点字学習への動機付けを行うことが大切である。また、周囲の児童生徒の学習の状況や点字の有用性に関する情報を提供して、自発的に取り組む態度の形成を促す場を設定する必要がある。

イ　点字の書きと点字触読とを並行した学習

点字タイプライターの操作は、比較的容易であるから、学習意欲を喚起することに役立つ。歌詞など自分が興味をもっている短い文を書きの教材に選ぶのも効果的である。点字触読については、両手読みによる行たどりと触読の枠組みの形成、継時的な文字の読み取り、分かち書きや切れ続き（第4章第5節参照）による単語の区切り目の意識化に重点を置くことが大切である。また、点字表記法を正確に学習する必要がある。さらに、アセスメントの結果、文の大意の要約や先行予測の能力が十分でないことが分かった場合は、読解力を高める教材をも工夫する必要がある。そのほか、中途視覚障害者の中には、触覚麻ひを伴うことがある。その場合は、点字の書きだけを指導するようにして、点字で入力し、音声で確認するICT機器などを活用することも考慮する必要がある。

(5) 点字と墨字との関連学習に対する配慮

低視力の弱視児が点字を学習するか、墨字を学習するかが問題になることがある。その場合、単に視力だけで判断することは適当ではない。視力、視野、眼疾患やその進行の状態などはもとより、文字を拡大した場合の見えやすさの条件や学習の効率、本人の希望や意欲なども十分に考慮する必要がある。

また、点字を常用している児童生徒に対して墨字を指導したり、墨字を常用している低視力の弱視児に対して、将来に備えて点字を指導することも考えられる。特に点字触読の速さは、児童期を過ぎるとそれほど向上しないという指摘もあるので、将来、点字を必要とする可能性がある場合に

は、墨字と並行して点字を学習することについても十分検討する必要がある。弱視児に対する点字触読の指導に当たっては、目的や必要性を明確にした上で、主体的な取組を促すようにするなど心理的な面での配慮が大切である。（第9章参照）

(6) 点字ディスプレイ装置の活用に関する配慮

　盲児童生徒にとって、情報化社会で生きるための術を身に付けることは極めて重要である。令和元年より開始された施策の一つである GIGA スクール構想により、特別支援学校（視覚障害）にもさまざまな ICT 機器が整備されており、盲児童生徒ついては、入出力支援装置として点字ディスプレイ装置が導入されていることからその活用が有効である。なお、ICT機器の活用を開始するに当たっては、機器を丁寧に扱えること、紙での学習経験を積み重ね、口頭での指示に従って機器を操作できる力が身に付いていること等が前提となる。盲児童生徒にとって、点字ディスプレイ装置は初めて実用する ICT 機器になりうることから、活用への意欲が芽生えるような工夫と展開が大切である。例えば、点字ディスプレイ装置に組み込まれている国語辞典は、紙の辞書の仕組みを学習し、使い方を実際に経験して習得した小学部中学年程度からの使用が可能であり、これは各教科等の学習活動に有効なだけでなく、ICT 機器への児童の興味・関心を広げることにもつながる。その後は盲児童の発達の段階に応じて点字ディスプレイ装置の使用範囲を拡げ、ICT 端末などの他の情報機器の活用へと発展するように導く。（第11章参照）

3　点字の読み書きの評価

　学習評価は、指導の一環であって、指導と評価は一体のものである。すなわち、教師が幼児児童生徒の実態を的確に把握した上で個別の指導計画を作成して行われるが、計画は当初の仮説に基づいて立てた見通しであり、幼児児童生徒にとって適切な計画であるかどうかは、実際の指導を通して明らかになるものである。したがって、幼児児童生徒の学習状況や指導の結果に基づいて、適宜修正を図らなければならない。このように、評価は指導と密接に関連している。これは、指導と評価の一般的な関係であるが、点字学習の場合も同様である。その場合、比較的短い学習のステップごとに評価することによって、指導の改善をきめ細かく行うことが大切である。

その上で、次の点について点字の読み書きの基本的な能力の総合的な評価を行う必要がある。

(1) 点字触読 *[11] における意味の理解

　文字や表記符号などの正確な読み取り、単語の意味の読み取り、文の意味の読み取り、文章の要約、伏せ字や空欄部分の文脈による予測などを評価する必要がある。

(2) 点字タイプライターや点字盤の基本操作、文字や表記符号などの正確で、きれいな書き方

(3) 仮名遣い、数字やアルファベットを含む語の表記、分かち書きと切れ続き、表記符号の用法、書き方の形式など

(4) 点字の読み書きの速さ

　点字の読み書きの速さを向上させるためには、適切な到達目標を設定するとともに、適宜、到達度の評価を行うことが効果的である。例えば、特別支援学校（視覚障害）では「点字競技会」を開催したり、点字能力検定基準を設けたりするなどしてその取り組みを行っている。

　具体的には、点字触読については、文章読みで 1 分間の総マス数から誤読数を引いたマス数で評価してきた。しかし、マス数はマスあけを含めるか含めないかでその数値が異なることから、今回文字数（キャ、キュ、キョなどの拗音等も 1 文字とした数、拍数と同義）で示すこととした。

　一方、読みの到達度については、入門期に行う文字導入から簡単な文章読みまでの一連の触読学習を終了し、点字による学習が可能となる時点（以下、「入門期の学習終了時」という。）では 1 分間に 80〜100 文字（4〜5 行）程度読めることが目標となる。これは、点字本 1 ページを 4 分程度で読む速度である。また、教科学習を普通に行うためには 1 分間に 250 文字（12〜13 行）、すなわち 1 ページを 1 分半程度、効率的に行うためには 1 分間に 350 文字（17〜18 行）、これは 1 ページを 1 分で読み切る速度が必要であるといわれている。更に、一定時間内に大量の文章を読むことが求められる試験問題等に取り組むには、それ以上の速さが求められる。

　書きについては、全国盲学校長会主催の「全国盲学生点字競技大会」が隔年で開催されており、点字盤を用いた「五十音、転写、聴写（それぞれ 2 分間）」の 3 種目で行われている。また「メの字書き（2 分間）」も視覚特別支援学校で行われている種目である。例えば、学期末に「校内点字競

技会」等を開催し、児童生徒の意欲を喚起するなどして、「読み」と同様に「書き」の技能も向上させる日頃からの取り組みが大切である。

　なお、点字の読みに必要な速さの目安を、表 2-1 にまとめた。

表 2-1　点字の読みの速さの目安

到達度	読み（1 分間）	点字本 1 ページに要する時間
入門期の学習終了時 （点字による学習が可能となる時点）	80〜100文字（4 〜 5 行）	4 分程度
教科学習を普通に行う場合	250文字（12〜13行）	1 分半程度
教科学習を効果的に行う場合	350文字（17〜18行）	1 分で読み切る

（注1）　　1 行の文字数は、平均 20 文字として計算した。

　　　　　（例）100 文字は、100÷20　で 5 行となる。

（注2）　　点字本 1 ページは、点字教科書の 30 マス 17 行を想定した。

(5)　「読み」の評価方法

　全国盲学校長会主催の「全国盲学生点字競技大会」は、点字盤による五十音、転写、聴写の「書き」3 種目であり、「読み」は含まれていない。そこで独自に実施要項を作成して取り組む学校もある。ここでは、「読み」の評価方法の例を示した。

　①　「読み」は 1 分間に正しく読むことのできた文字数で示す。

　②　課題文は上手に読む「朗読」ではなく、速さを求めるので「説明文」が用いられることが多い。

　③　以下に課題文と文字数の数え方の具体例を示す。

行		字数 / 累計
1	ニュートンガ　ドー　シテ　バンユー　インリョクヲ	18 / 18
2	ハッケン　シタカト　イウト、　ソレニワ　イロイロナ	21 / 39
3	クシンガ　カサネラレタノデ、　リンゴノ　ミノ	19 / 58
4	オチルノヲ　ミタグライデ　スグニ　ソンナ　スバラシイ	22 / 80
5	ハッケンガ　デキル　モノデワ　アリマセン。	18 / 98
6	リンゴノ　ミニ　カギラズ、　ドンナ　モノデモ	18 / 116
7	チキュージョーデ　ササエル　モノガ　ナケレバ　オチルト	21 / 137
8	イウ　コトワ　ダレデモ　シッテ　イマス。　　コレヲ	19 / 156
9	ジュー　ラッカト　イイマスガ、　ソレニ　タイスル	20 / 176
10	ホーソクワ　ニュートンヨリモ　マエニ、　イタリヤノ	21 / 197
11	ガリレイト　イウ　ガクシャガ　スデニ　ハッケン	18 / 215
12	シマシタ。　　トコロデ　ミナサンワ、　ナニモ　ササエル	22 / 237
13	モノガ　ナイノニ　カカワラズ、　イツマデ　タッテモ	21 / 258
14	ジメンニ　オチテ　コナイ　モノノ　アルノヲ　シッテ	20 / 278
15	イマスカ。　　ナンダカ　ソー　イウト　ナゾミタイニ	20 / 298
16	キコエマスガ、　ソレワ　ツマリ　ソラニ　カガヤイテ　イル	23 / 321
17	ツキデス。　　ツキワ　チキューノ　マワリヲ　マワッテ	20 / 341
	平均	20.1 / 行

- 行末の数字は、各行の文字数の合計と 1 行目からの累計文字数を示す。
- 句読点等も字数に含めた。
- 課題文は、石原　純「ニュートン」（青空文庫）から引用した。
  https://www.aozora.gr.jp/cards/001429/files/58021_66541.html

4　点字学習の場と教材作成上の配慮

　点字学習に適した場の問題として室温の適正化がある。室温が、5 度以下では指先が痛くなって触読できなくなる。10 度以下でも読みの効率は上がらない。逆に、30 度以上では手指に汗をかいて触読できなくなる。点字学習に適した室温としては、15 度から 25 度程度までが望ましい。また、机の高さは、いすに座った場合に点字シートや点字の本の位置がへその高さ程度になるときに最も触読の効率がよい。この高さの机に点字タイプライターをのせた場合は、やや高めとなるが、読み書き兼用の机としては許容できる範囲である。なお、掲示板などのように壁面に沿って掲示す

る場合には、掲示物が脇の下から頭の高さまでの間になるようにして、腕を自然に曲げて触読できるように配慮する必要がある。

　点字教材作成上の配慮としては、内容や題材、あるいはそれらの配列順序が重要であり、その詳細は第 3 章以降に解説した。ここでは、点字教材を作成する際の物理的条件について述べることにする。まず、1 ページの大きさであるが、日本では B 5 の縦長が多いが、点字タイプライターの機種によっては、横長がよい場合がある。また、図表などでは、横幅が広い方がよい場合もある。目的と必要に応じて、ページの向きや大きさを変えることが望ましい。

　次に、行間については、入門期には最低 9 mm 程度は必要である。あまり広すぎても、行たどりが外れることがあるので留意する必要がある。両面印刷の場合、表面の行間に裏面の行を打ち出すのをインターラインといい、表面の点間に裏面の点を打ち出すのをインターポイントという。インターラインの行間はおおむね 9 mm 程度、インターポイントの行間はおおむね 5 mm 程度である。片面印刷で行間を詰めている場合は、インターポイントの場合とほぼ同じである。熟達者には行間が 5 mm 程度でもよいが、入門期の初心者には適当ではない。また、インターポイントは、目で見た場合、裏の点が見えて読みにくいが、熟達者には、全く問題はない。なお、中途視覚障害者に対する配慮については、第 9 章に詳述したので参照いただきたい。

　多くの点字の点間は、2.1〜2.3mm 程度でほとんど変わりがない。それに対してマス間はかなり異なっている。日本で作られている点字製版機で印刷されたもののマス間は 3.0mm 程度なのに対し、欧米の点字製版機で印刷されたものや点字タイプライターのマス間は 4.0mm 程度である。そのため、後者で作成した教材は、点字そのものが大きく感じられ読みやすいという指摘がある。なお、携帯用点字器などは、点間が 2.0mm、マス間が 3.0mm というように小さいものが多いが、自分で書いたものを、短時間読む場合がほとんどなのでそれほど問題はない。なお、点字の表示に関しては経済産業省が JIS 規格で詳細に規定しているので、参照いただきたい。

　次に、点字タイプライターや点字盤で書くときに、どのようなタッチで行えば点字用紙が破れないできれいな点が出るかという問題がある。一つの点の形は上から見るとほぼ円である。これを中心で垂直に切った断面で見ると、横長の長方形で角が丸くなった形となる。点字の底面の直径は約

1.4mm、高さは 0.3〜0.5mm 程度、表面は点字用紙の紙の繊維がゆるんだ摩擦の少ない手触りとなっている。そのため、ピアノのようにたたきつけるように打ち出すと、紙の繊維が切れて点字用紙が破れてしまう。軽いタッチで押し出すと、点字用紙の繊維がほぐれて受け枠に押し付けられるので、きれいな点字を書くことができる。点字タイプライターや点字盤の基本操作を指導する際にも、この点を十分配慮する必要がある。点字タイプライターや点字盤の基本操作を指導する際にも、この点を十分配慮する必要がある。

　点字用紙は、上質紙で表面に紙の繊維の凹凸があり、吸湿性があるので、長時間読んでいても指先に抵抗感がほとんどない。これに対して、プラスチック製のシートやテープは、表面が平滑で堅く吸湿性がないので、長時間触読するような教材には適していない。しかし、単語程度の短い内容を表示するのには適している。

　以上本章では、点字学習の指導に関連して必要な事柄を取り上げてきた。今後は、これらを踏まえて第3章以降の内容を参考にしながら幼児児童生徒一人一人の実態に応じたきめ細かな点字学習の指導を展開することが大切である。

第3章　点字学習の基礎

　点字学習の導入に当たって、まず考えなければならないのは、点字学習のレディネスや動機付けについてである。この点字学習のレディネスや動機付けが十分でないまま、第1学年になったからといってすぐに点字学習の導入を行っても、すぐに行き詰まってしまったり、かえって非能率であったりするものである。レディネスや動機付けの条件が整った上で点字学習の指導を始めることが大切である。レディネスの形成には個人差があるので、実態に応じて指導を行う必要がある。

　そこで、本章では、能動的な探索、触運動の統制、触空間の形成、様々なものの弁別、言語の発達などの点字学習のレディネス、点字という文字の存在とその便利さの理解などの点字学習の動機付けについて、その支援や指導内容、指導方法を具体的に述べることにする。なお、指導内容はここで提示する順序ではなく、第3章の中の指導内容を並行して行ったり、必要な内容を取り上げて行ったり、第4章の学習と並行して行うなど、盲幼児児童の実態や生活や学習の場面に応じて提示していくことが望ましい。

第1節　初期的な手の運動の学習

　人間の手は複雑な動きを行い、生活動作において必要不可欠な機能を有している。この手の機能には「たたく」、「押す」、「つかむ」、「投げる」、「はなす」、「引っ張る」、「つまむ」、「はめる」、「回す」、「積む」、「落とす」などがある。一般的にはおよそ1歳頃までにその基本的機能が備わるといわれている。視覚に障害のある幼児児童にとって日常生活動作の他にも、様々な事物を手で触れて確かめたり、点字を両手で触読したり、点字盤や点字タイプライターを用いて書いたりするため、手の機能の発達が非常に重要になってくる。

　一般的には、見えたものに「なんだろう」と手を伸ばし、様々なものを操作するなど外界に働きかけることで手の機能の発達が促されるように、手指の運動の発達には視覚が大きく関わっている。視覚に障害がある場合には、「なんだろう」と手を伸ばすこと、操作するなど外界への働きかけが発現しにくいことから、視覚障害が手の機能の発達に少なからず影響を

及ぼすことになる。そのため、乳幼児の時期から環境や関わり方に配慮をする必要がある。

　まず、能動的な探索が手指の運動の分化、触運動の統制、触空間の整理などを促していく。ここではそれらの発達を促す関わり方や学び方の具体的な例を挙げる。指導に当たっては、発達の順序性を踏まえながら、盲幼児児童の特性や興味・関心などを考慮し、主体的な活動を促すようにすることが大切である。なお、ここに紹介する教材は手作りのものが多く、視覚に障害のある幼児児童が操作をしたことを音や触覚で感じたり確認したりすることができるものである。

　最近では、市販されている玩具でも少し工夫をすると視覚に障害のある幼児児童も楽しめるものがかなりあるので、それらを利用するとよい。

1　能動的な探索と触察

　ここでは、乳幼児期に能動的な探索と初期的な手の動きを促すための関わりについて述べる。

〈ねらい〉

　　盲幼児がそこに物が存在していることを知り、自分から「なんだろう」「何かある」「何かあるかな」と外界に興味関心を持ち、自分から手を伸ばすなどの体の動きを促す。また、それをつかんだり振ったりするなどの初期的な手の動きを促す。

〈内容〉

・盲幼児の手や足に、少しの揺れや振動で音が出るような玩具などを触れさせて、盲幼児が確かめるように「なんだろう」と手や足を動かして確かめ、つかんだりすることを待つ。

・盲幼児の手や足に玩具を触れさせた後、数 cm 離し盲幼児が手を動かして玩具を見つけるのを待つ。

・触れさせた玩具を提示する位置を少しずつ離していく。徐々に、手に触れさせないで、手の届く範囲に置き、音を出して存在を知らせ、盲幼児が触れるのを待つ。

・ベビージムやベットの柵に盲幼児の好む玩具を吊り下げる。

【留意事項】

・ガラガラや鈴入りボールなど盲幼児が触れると簡単に音が出る物や感

触の良い物、つかみやすい大きさや形状の物など盲幼児が好む玩具を
使う。

・乳児の場合、物が手に触れと握る「掌握反射」がみられるので、それ
を意図的な握りにすることが大切である。

・一般的なベビージムは見えた物に手を伸ばす高さになっているので、
始めはすぐに手を動かすと触れる高さに玩具を吊り下げる。その後、
すぐに触れる位置から少し探す位置へと移動させていく。

・玩具だけでなく、人がそばにいて盲幼児が体に触れたら声を出したり、
体を少し動かしたりすることも人との関わりや人の身体の探索につな
がる。

・乳幼児の場合には、寝転がった状態や、抱っこされた姿勢で行い、手
だけでなく足などの動きも促す。また、座位のときに低めのテーブル
を前に置いて机の上を探索することを促す。

・手指の運動の発達を促す場合、動きを導く必要が出てくる。盲幼児に
よっては手を導かれること、体をゆだねることに抵抗を示す盲幼児も
少なくないことから、この時期に盲幼児が喜ぶ手遊び、身体遊びを多
くすることが望ましい。手遊びや身体遊びは手指の運動の発達やボ
ディイメージの発達を促すことにもつながる。

・ここでの関わりは、比較的すぐに次の段階に進む内容ではあるが、乳
児や重複障害児の場合には実態に応じて丁寧に関わる必要がある。

2　手指の運動の分化と触運動の統制

　ここでは、手指の運動の分化や身体の動きの統制を促す関わりについて
述べる。

(1)　腕を伸ばして、手で引っ張る、たたく、押す

〈ねらい〉

　一定の方向に手を伸ばして、引っ張る、たたく、押すなどの動きを促
す。

〈内容〉

・「音の鳴る玩具」

机などに置いたり吊るした音の出る玩具に手を伸ばして引っ張ったり、
押したり、たたいたりして前後左右に揺り動かし、快い音を出す。

・「スイッチ遊び（ボード型、ボール型、ボタン型）」
　　いろいろなスイッチをたたいたり、押したり、握ったり、引いたりしてチャイムや音楽を鳴らす。

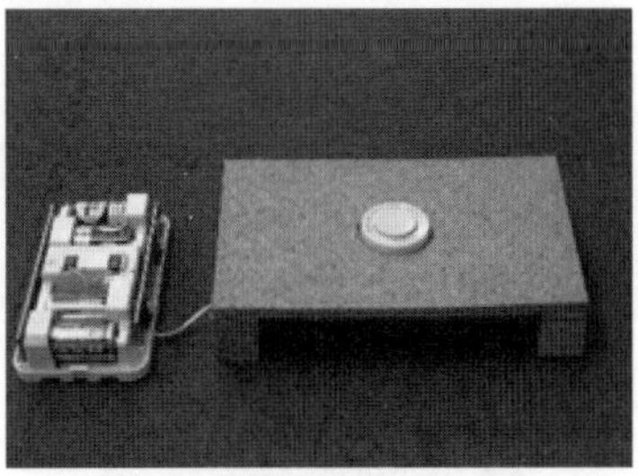

図 3-1

【留意事項】
・ガラガラや鈴等の盲幼児児童が好んで遊ぶ
　玩具を使う。その場合、音や振動など適切な反応があるもの、盲幼児児童がつかんで振ることができる大きさや重さのものを選ぶとよい。
・様々な形のスイッチと音や動きが組み合わさった玩具も市販されているので、盲幼児児童の好みに合った音などを選ぶことが大切である。
・スイッチの玩具は、置いたままで操作することを促すとよい。

(2) 持つ、つまむ、離す、押し入れる

〈ねらい〉
　　物をつかんだり、保持して一定の場所から取ったり、離したり、押し入れる動きを促す。1点の定位。

〈内容〉
・「玉ころがし」　（つかむ、つまむ、離す、入れる、押し入れる）
　　ビー玉や木玉などの玉をつかんで、溝や穴に落としてころがす。途中の段や終点でベルなどの音が鳴るものがよい。玉の大きさ、様々な音の出る玩具が市販されているので活用するとよい。
・「玉入れ」（つかむ、つまむ、離す、入れる、押し入れる）
　　持ちやすい丸い玉をつかんで箱に入れることから始め、次に図のような箱を使って穴を探して玉を入れる。玉はピンポン玉の大きさから始めて徐々に小さい玉も入れられるようにする。箱の中には落としたときに音がするように箱の素材を工夫したりベルやスイッチなどを取り付けたりするとよい。

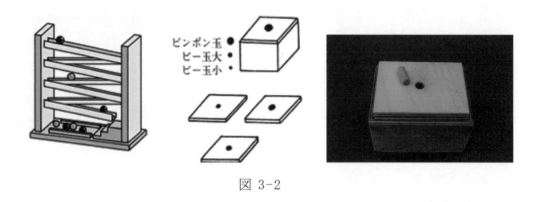

図 3-2

【留意事項】

・盲幼児児童によっては、物に触ったり、物を持ったりすることを拒否する場合がある。普段から遊びや生活の中でいろいろな素材に*触れた*りする経験を豊かにしておくことが大切である。

・つかみやすい大きさの玉、日常慣れ親しんでいる材質でできている玉などを用意する。玉を持つときには、初めは手のひら全体で握るように持つが、徐々に玉の大きさを小さくしていき、やがては 3 指あるいは 2 指でつまめるようにしていく。

・穴の端にテープなどを貼って穴を少し狭くして抵抗を感じるものを用意し、手のひらや指先で押し入れる動きを促す。

・盲幼児児童が玉を取る場所や入れる場所を固定することで、そこに直線的に手が伸ばせるという一点の定位を促す。

・一方の手で溝や穴の位置を探して、そこにもう一方の手で玉を持っていくという両手の協応につなげる。

(3)　滑らせる

〈ねらい〉

　適度な圧を加えながら、直線的に左右上下のなめらかな運動の統制を促す。始点と終点の 2 点の空間を整理する。 2 点の定位。

〈内容〉

・「丸の型はめ」

　丸のピースを、いろいろな方向から滑らせて入れる。

・スライディングブロック*12のブロックに手を添え、上下（教材を縦
　長に置く）、左右（教材を横長に置く）の溝に沿って滑らせる。手の
　添え方の順序としては、4〜5本の指で押さえてゆっくり滑らせるこ
　とから始め、指の数を減らしながら徐々に指先で滑らせる。横の動き
　などは両手の指先ですべらせることも提案してみるとよい。

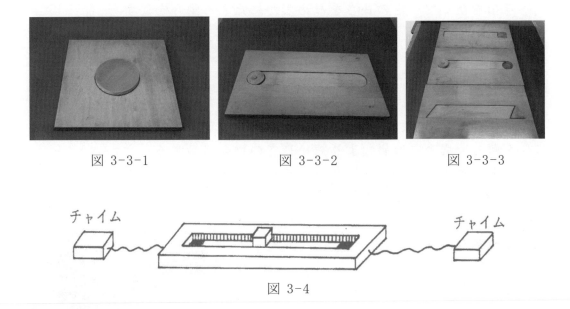

図 3-3-1　　　　　　図 3-3-2　　　　　　図 3-3-3

図 3-4

【留意事項】
・型はめを提示するときには、ピースが収まった状態（完成形）で提示
　し、盲幼児児童はそれを確認してから、取ったり入れたりする操作を
　するようにする。
・スライディングブロックでは、滑らせる距離は短い距離から始め、だ
　んだん距離を肩幅くらいの長さにしていく。
・指先で滑らせることが難しい場合には、握るように持ったり、持ち手
　のついた物を使ったりする方法もある。
・ブロックが穴に落ちた（端に着いた）ことを、実感することが難しい
　場合には、両端にはチャイムやブザー、音楽などが流れるような工夫
　をするとよい。
・滑らせずに持ち上げようとする盲幼児児童にはブロックが溝から取
　り外せないような工夫をする。
・スライディングブロックなどによる触運動の統制*13の学習で、両端

を意識させることは、2点の定位につながること、触空間*14や図形を学習するときの基礎であることを踏まえることが大切である。

(4) たどる

〈ねらい〉

　手指を使って一定の長さをなめらかにたどる動きを促す。

〈内容〉

　溝や凸線を指先でたどる。

【留意事項】

・指先で捉えやすい幅の溝や貼り付けた細い角材などを使う。

・肩幅から始めて、より長くたどるものを提示するが、肩幅でのたどりが難しい場合には肩幅より短い長さの物を提示する。

・たどる動きがなめらかになってきたら、滑りにくいものや上下縦横連続のたどりを提案する。

(5) 直線的な動き

〈ねらい〉

　空間における直線的な動きの統制を促す。

〈内容〉

・棒抜き

　穴から長さの違う棒を上下左右に引き抜く。

図 3-5

【留意事項】

・棒を抜くときに手前に引いてしまうことで、うまく抜けない場合があるので、短い棒から始める。

・棒の長さは15㎝位から、30㎝位までの長さを数本用意する。

(6) 手首の内外転、つかむ、つまむ

〈ねらい〉

　指先を使ってねじを取り外したり、はめたりすることによって指先の運動の分化、手首の関節のなめらかな動きを促す。

〈内容〉

・ペットボトルのふたや厚板に固定したねじ

図 3-6

を、まず指全休を使って取りはずすことから始め、段階的に指先へ移行し指先だけで回して取りはずしたり、はめたりする。

【留意事項】

・ねじの大きさは大中小の３種類用意して、指先の運動の分化を促す。

・手に持つ物から盤に固定されているものなど、様々なねじ回しの玩具も市販されているので活用するとよい。

(7) 両手の協応

〈ねらい〉

　様々な操作を行うことで、両手の協応、五指の運動の分化を促す。

〈内容〉

・「積み木並べ［横、縦］」

　一辺３cm程度の積み木を両手で順に並べる。初めは、２～３個の積み木を横一列に並べることから始める。それができるようになったら積み木の数を徐々に増やす。次に積み木を縦一列に並べるようにする。

・「積み木積み」

　両手を使い積み木を順に積み重ねる。初めは、２～３個の積み木を上に積み重ねることから始める。それができるようになったら積み木の数を徐々に増やす。

【留意事項】

・積み木並べでは、積み木をきちんと並べることができるように、置いてある積み木を片方の手指で押さえ、そこへ次の積み木をガイドしながら並べるようにする。また、そのとき「積み木を３個横に並べて電車を作ろうね。」、「長い道路を作ろうね。」など、盲幼児児童が興味を持ち意欲的に取り組めるよう見立て遊びのような声掛けをするとよい。

・積み木積みでは、積み木が崩れないように積み重ねた一番上の積み木を片方の手指で押さえ、そこへ次の積み木をガイドしながら積み重ねるようにする。また、そのときいくつ積んだかを数えながらやってもよいし、「２階建ての家を作ろうね。」、「今度は、３階建ての家を作ってみようか。」など、盲幼児児童が興味を持ち意欲的に取り組めるよう見立て遊びのような声掛けをするとよい。

〈内容〉
・「ペグボード」
　差してあるペグを抜き、次に片方の手で穴を探し、もう一方の手で円柱やペグを持ち、それを穴に差し込む。初めは、太めの円柱から始め、徐々に細くしていく。また、円柱やペグの数も初めは数本から始め、徐々に増やしていく。

【留意事項】
・ペグボードでは、左から右、上から下に順に差していったり、一つおきに差したりする。

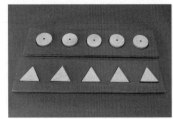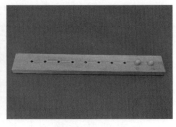

図 3-7-1　　　　　図 3-7-2　　　　　図 3-7-3

〈内容〉
・「リングさし（A）」
　板に固定した棒に、リングを入れたり取り外したりする。棒の直径とリングの内径を同じにし、直径の大きなものから始め、段階的に小さいリングしていく。左右の棒に交互に差し替えができるようにしたものである。棒の太さは2〜4段階程度にする。

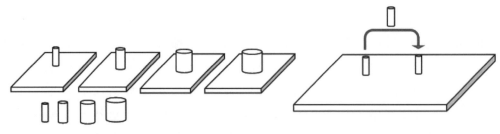

図 3-8

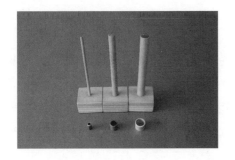

図 3-9-1

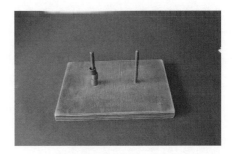

図 3-9-2

・「リングさし（B）」
　リングさし（B）はリングさし（A）
に方向を加えたものであり、同じ方
法で行う。棒抜きからつながるもの
で、どの方向でも自由に操作できる
ように、棒の板をいろいろな向きに
動かして提示する。

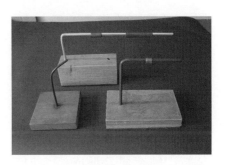

図 3-10

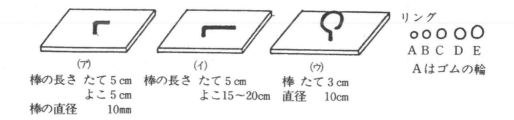

（ア）
棒の長さ　たて5cm
　　　　　よこ5cm
棒の直径　　　10mm

（イ）
棒の長さ　たて5cm
　　　　　よこ15〜20cm

（ウ）
棒　たて3cm
直径　　10cm

リング
○ ○ ○ ○ ○
A B C D E
Aはゴムの輪

図 3-11

・「円柱差し」
　リングさしで使ったリングを長さの5
cmくらいの筒に変えて抜き差しをする。
【留意事項】
・リングさし（A）では、リングを棒には
めるときには、片手で棒の位置を確認
し、もう一方の手でリングをはめるよ
うにする。リングを抜くときに、盲幼

図 3-12

　　児児童は手前方向に引っ張る傾向が強くうまく抜けないことがあるの
　で、始めは短い棒にした方がよい。
・リングさし（Ｂ）では、棒の方向をあらかじめよく調べてからリング
　を入れるようにする。
・両手の協応は、ここで挙げた指導内容だけでなく、スプーン、
　フォーク、ボタン、ファスナーなど日常生活の中において取り組め
　ることがたくさんあるので、普段からこのことに留意し、生活用具
　を上手に使えるように練習する必要がある。手指の運動の分化を図
　る方法は、この他にもいろいろと考えられる。例えば、教師が盲幼
　児児童の指先を順に触れ、触れたところを盲幼児児童が曲げたり、
　伸ばしたりする。また、手遊びやじゃんけんも指の運動の分化を図
　る方法としてよい。

3　触空間の形成

　ここでは、身体の定位や身体座標軸*15 の整理、方向性について述べる。
なお、触空間の形成については、日常生活の中や、本章第1節1、2で取
り上げた活動で促すことができる内容であるが、盲幼児児童の実態によっ
ては改めて取り上げて学びを促す必要がある。

(1) 身体の部位の位置
〈ねらい〉
　　自分の身体部位の位置と名前を結び付けることを促す。
〈内容〉
・「身体遊び、手遊び」
　身体遊びや手遊びを通して、身体の部位を意識したり、部位の名称を
　覚えたりする。
・「身体の部位を指さす」
　身体の様々な部位に触れる。自分で身体部位の名称を言いながら指を
　持っていったり、教師に言われた部位に指を持っていったりする。
【留意事項】
・身体の部位を意識するような身体遊びや手遊びがたくさんあるので、
　様々な種類を乳幼児期から楽しい雰囲気で行うとよい。
・身体の部位を指さす活動では、自分だけでなく相手の身体部位に触れ

る活動も取り入れる。

(2) 身体軸の形成

〈ねらい〉

　　自分を方向の原点とした前後左右上下の理解を促す。

〈内容〉

・「『左右』の弁別」

　机の左右に音の違うスイッチや手触りや形などが違う目印となる物を置く。盲幼児児童の身体の側面に触れながら「○○の方」と言い盲幼児児童がその方向に手を伸ばし、音を出したり、触れたりする。左右に箱を置き一方に玉などを教師が入れ、「○○の方」と言われた方の箱から玉などを取る。

・「『上下』の弁別」

　しゃがむ、立つ動きとともにそれぞれの方向にあるものに触れる。

・「『前後』の弁別」

　身体の前後にあるものに触れたり、180 度向きを変える遊びをしたりする。

【留意事項】

・身体遊びや手遊びの中で身体の側面や胸と背中など前後左右上下を意識しながら触れることで身体を中心とした対称の方向を整理することにつなげる。

・「前後」については、机上での「向こう手前」と混乱しないよう、言葉の使い方を区別する。

・「左右」は混乱する盲幼児児童も多いので、「○○の方」が理解できるようになってから「左右」の言葉を入れる。必要であれば常に机に「○○の方」の「○○」を置いて、いつでも確認できるようにする。

・確認できるものを手の届く範囲から、少しずつ離したり、離れたところにある目印を使ったりすることで空間の拡がりの気付きにつながるように促す。

(3) 方向性の整理

〈ねらい〉

　　縦横の方向性をスライディングブロックの動きや、ブロックを動かす

身体の動き、型はめのピースの向きで整理することを促す。

〈内容〉

・スライディングブロック

　スライディングブロックのブロックを縦や横の方向に動かす。

・棒状の型はめ

　棒状の型はめを縦、横の方向に置き、外したり入れたりする。

 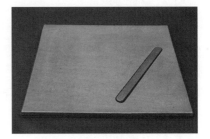

図 3-13　　　　　　　　　　　図 3-14

【留意事項】

・スライディングブロック、型はめともに、手をズムーズに動かせる向こうから手前、手前から向こう、次に左右にすべらせる。

・スライディングブロックは、スムーズな動きを促すために短い距離から始め、端から端へすべらせることができるようになったら方向を意識するようにさせる。

・型はめはピースを外すことから始める。

・型はめは、溝の向きと棒の向きを確認してから方向を意識して入れるようにする。

・スライディングブロックや型はめの向きを変えるときには、盲幼児児童と一緒に動かすことで盲幼児児童は向きが変わったことを意識することができる。

・机に向かって斜めに座った場合には、間違って判断することも考えられるので、盲幼児児童は体が正面を向くようにまっすぐ座ることが大切である。

・方向を整理・理解することは大変難しいことである。机上での方向を整理することは、身体座標軸での前後左右上下と座標軸が変わるため、混乱をすることがある。まず、自分を基準とした前後、左右、上下の身体座標軸の概念が形成され、その上で、机の上などに基準（座標）

を置いた縦、横、斜めなどの概念や定位を学習させることが大切である。

第2節　触覚による弁別学習

前節の初期的な手の運動の学習によって、手を伸ばす、探す、人や事物に触る、比べる、確かめるという行動が盛んに起こるようになる。このような行動により外界からの刺激を受容して自主的、能動的に外界へ働きかけることが可能となる。このような自主的活動において、触覚はもとより聴覚や味覚、嗅覚などを活用して多くの事物を弁別し、日常生活や遊びの中で事物の存在や状態を意味付け、理解することができるようになる。属性の弁別については、日常生活や遊びの他に系統的な教材を使いながら学びを促すことが大切である。

ここでは、学びの基盤づくりとしての事物の弁別、事物の属性（大きさ、長さ、太さ、厚さ、重さ、硬さなど）の弁別について述べることにする。

1　身辺の事物の弁別

ここでは、事物の特徴を捉えて区別することと、その事物の名称や用途などの観点で区別することについて述べる。

〈ねらい〉

　身の回りにあるものを、盲幼児児童が自主的に触れ、観察することを通して弁別すること促す。また、それらの事物とその名称や用途などを結び付ける。

〈内容〉

　身の回りにあるいろいろなものを識別したり、そのものの用途や名前を言い当てたりする。いろいろな観点での「同じと違う」の判別をする。身の回りにあるものとして、次のようなものを挙げることができる。

(1)　「食器類」

　スプーン、フォーク、皿、コップ、茶わん、はし、水筒など

(2)　「衣類」

　ズボン、スカート、シャツ、セーター、パンツ、靴下、靴、ベルト、帽子、タオル、寝具類など

(3)　「玩具類」

　　人形、自動車、ボール、ブロックなど

(4)　「日常使う物」

　　はさみ、歯ブラシ、くし、ハンカチ、タオル、カバンなど

(5)　その他

　　食べ物、楽器、家具

　これらのものを1種類ずつ、自主的に触ることを促す。盲幼児児童は何であるかを当てる。次に複数の種類のものの弁別をする。弁別するときには、次のような三つの方法を用いて学びを展開する。

　ア　選択法

　　この方法は、例えば、コップとスプーンを弁別する場合、まず、選択箱の左右にコップとスプーンを置き、それぞれの手を同時にコップとスプーンの上にのせ「コップを下さい。」、「スプーンを下さい。」と指示して弁別させる。

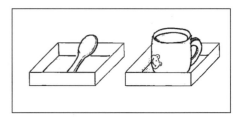

図 3-15

　イ　見本合わせ法

　　この方法は、まず見本箱（手前真ん中）のスプーンを初めに触り、次に選択箱（向こうの肩幅の左右）のコップとスプーンの上にそれぞれの手をのせ、見本と同じスプーンを選択して見本箱に入れる。さらに、コップとスプーンを左右入れ替えて見本と同じものを弁別・選択する。最後に任意に見本の実物を取り替えても弁別できるようにする。

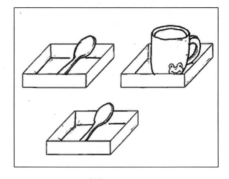

図 3-16

　ウ　分類法

　　この方法は、実物を単に一つ一つ弁別するのではなく、弁別を通して実物の仲間づくり（集合）をする方

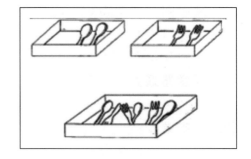

図 3-17

法である。例えば、フォークとスプーンがいくつか入った見本箱を用意し、フォークとスプーンに分けて、それぞれの箱に分類して入れるという方法である。

【留意事項】

・実物については、日常生活でよく使われる物や身近にある物、両手に収まる物がよい。学習としてではなく、普段から周囲にある物を触れるよう促すことが大切である。

・初めは、弁別の手掛かりとしては触覚的な違いがはっきりした物を選んで弁別させるようにする。例えば、茶わんと汁わんよりも、茶わんとスプーンの方が弁別をしやすいが、それでも難しい場合には、茶わんとタオルという具合に、違いの差が大きいものを提示する。

・自主的に両手を使って十分に触察をして弁別できるようにすることが大切である。

・見本や選択肢に手を導くときには盲幼児児童の手を上からつかむのではなく、腕や手首をすくい上げるようにして導くようにする。

・分類の学習は、単純な分類から段階的に高度な分類へと進める。例えば、2種類の弁別ができるようになってきたら選択群を2種類から3種類へと広げたり、マグカップと湯呑み茶碗、スプーンとフォークのように似ている物を分類したり、「飲むために使うもの」など用途で分類したりする課題を与えていくようにする。また、無理のない範囲で、盲幼児児童が違いや仲間集めの観点などを表現する機会を作るとよい。

2　属性の弁別

　事物にはすべて形や大きさ、長さ、太さ、厚さ、重さ、硬さなどの属性がある。ここでは、それらを区別することを通して概念形成の基礎的な能力を身に付けることについて述べる。

〈ねらい〉

　基本的な属性の弁別をする活動を通して、触覚や触運動感覚を中心とする感覚の統制を図り、事物・事象などの概念形成の基礎的な能力を身に付けることを促す。

〈内容〉

　「大きさの弁別」

・大きい円のピースと小さい円のピースを使って大小を弁別する。大小２種類の型はめを提示し、円のピースや型枠を自分で探索し、操作して入れる。触察での弁別ができるようになったときに「大きい、小さい」の言葉を添えるようにする。

・大小２種類の円のピースを提示し、「大きい丸を下さい。」、「今度は、小さい丸を下さい。」などと指示されたものを弁別する。

・大小の弁別ができるようになったら、大中小の３種類のピースを用意し、それぞれの大小を弁別したり、小さい順、大きい順に並べ変えたり、大きい順に下から積み上げていったりしてもよい。

・形を変えて三角形や四角形の板を使っても行う。

図 3-18

図 3-19

「長さの弁別」

　　大小の弁別と同じように操作での弁別ができるようになってから言葉を添える。長い棒や短い棒を使って、長短を弁別する。長短２種類の棒を提示し、「長い棒を下さい。」、「今度は、短い棒を下さい。」などと指示して弁別させる。また、長短の弁別ができるようになったら、長い棒、中ぐらいの長さの棒、短い棒の３種類を用意し、それぞれの長短を弁別したり、短い順、長い順に並べ変えたりする。さらに、棒の端をそろえて立てて比較することを教えるとよい。

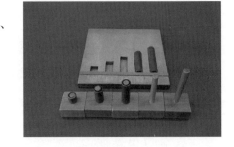

図 3-20

「太さの弁別」

　　太い円柱や筒（径 20mm 程度）と細い円柱や筒（径 10mm 程度）を用

意し、それぞれの太さに合う穴に入れる。二つの太さの弁別ができる
ようになったら、太さの異なる3種類の円柱を用意し、同様に弁別し
穴に入れるようにする。

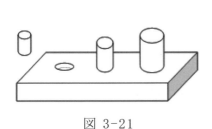

図 3-21　　　　　　　　　　　　　　図 3-22

「厚さの弁別」

　厚さの異なる2〜3種類の板を用意し、「厚い板」、「薄い板」の弁
別の学習をする。弁別は、手で持ったり、親指と人差し指で挟んだ
りして触覚的に弁別したり、同一平面に板を並べてその高低を比べ
たりする。

「重さの弁別」

　同じ入れ物を数個用意し、その中にそれぞれの重さが変わるよう
に物を入れる。持った感じが同じで重さだけ異なる教材を左右それ
ぞれの手で持って「重い」、「軽い」を弁別する。

「硬さの弁別」

　硬さの異なる粘土などを提示して「硬い」、「柔らかい」違いを指
先を使って弁別する。

「粒の大きさと種類の弁別」

　ア　穀物の弁別

　　大豆、小豆、米、ごまなどの粒の大きさと種類を弁別する。

　イ　ビーズ玉の弁別

　　大5mm程度から小1mm程度の直径の異なった数種類のビーズ玉
　　の粒の大きさを弁別する。

　ウ　砂粒の大きさの弁別

　　砂遊びなどの活動の中で、粒の大きさの違いを意識するよう促す。

「表面の粗滑（そかつ）の弁別」

　　サンドペーパーとつるつるした紙を、貼り付けたものをそれぞれ二つずつ作り、違いを弁別する。次に、粗さの違う3種類のサンドペーパーを貼り付けた物をそれぞれ二つずつ作り、見本合わせをしたり、目の粗い順に並べたりする。

【留意事項】

・初めは、生活の中で触り心地の良いものとそうでないものの違いや、ベタベタなどの触り心地のものに触れるなど感触の違いを意識するよう促す。

・弁別をさせる場合は、初めからいくつも提示せずに、まず、二つを比較させて、それぞれの属性について理解ができたら、徐々に弁別させる物の数を増やしていくようにする。

・大きさや長さ、太さなどの弁別では、型はめを使うと盲幼児児童が自分で正誤を確認することができる。

・興味のある盲幼児児童には、2〜3段階だけでなく、相対的な量の弁別につながる4段階を入れるとよい。（本章第3節3）。

・長さは立てる、横にする教材などを使うことで長さと高さの関係の学びを促すことができる。

・属性については、教材を使ってそれぞれの属性の弁別をする他に、日常の生活や遊びの中でも身の回りの事物に触れるときに属性を意識し比較や弁別をすることを促すことが望ましい。

・初めは、差が大きく十分に判別のつく物から始め、徐々に差が少ない物へと移行して提示するようにする。

・大きさについては、ここで例示した物のほかに、2〜3枚の皿や数種類の瓶、缶などの身の回りにある物での弁別を試みるようにするとよい。

・長さについては、棒のほかに、糸やひもなどを使って弁別させるのもよい。

・太さについては、他の円柱（棒）やひもを使って弁別させるのもよい。

・厚さについては、本等を使って弁別させるのもよい。

・重さについては、同じ大きさの瓶や缶などを工夫して重さを変えて弁別させるのもよい。

・硬さについてはボールなどを使って弁別させるのもよい。

第3節　図形の弁別、分解・構成の学習

　点字学習では、身体座標軸や空間を捉える基準や枠組みを手がかりにすること、図形を分解したり組み立てたりすることのできる操作技能が必要となる。前節までの学習によって、触覚を中心に、事物が何であるかを弁別すること、大きさ、長さなどの事物の属性について弁別することを行ってきた。

　ここでは、それらを更に発展させて属性の中でも最も基本的なものである図形の弁別学習を取り上げる。さらに、これらの図形の弁別学習を通して、空間を構成する要素を学習したり、位置付け、方向付け、順序付けなどの空間関係を学習したりする方法も取り上げることにする。

　ここでの学習は位置の学習や点字の読み書きの学習などと並行して行う場合もある内容である。

1　図形弁別の基礎

　ここでは、数を数えること、基準を決めて操作すること、方向概念の基礎について述べる。なお、形、位置、方向を学ぶときに基準を明確にすることが必要になるため、机に向かって体が正面になるようにまっすぐ座ることが大切である。

(1)　物を動かしながら数える

〈ねらい〉

　　物を動かしながら数を数えることを促す。

〈内容〉

　　玉そろばんやブロックなどを動かしながら数を数える。

【留意事項】

・3個からはじめ、できるようになったら5、10個と数を増やす。

・10を数えるときには、動きが一方向に動く玉そろばん、入れ物から入れ物、右から左へ動かしながら等、いろいろな数え方をするとよい。

・生活や遊びの中で数を数える機会を多く持たせることが望ましい。

(2) 順に数える

〈ねらい〉

　　指さし（ポインティング）をしながら数を数える。

〈内容〉

・ペグボードの穴に一列に差してあるペグ等の動かない物を端から手指で触れながら移動して順に数える。

【留意事項】

・3本のペグから始め、できるようになったらペグの数を増やしていく。

・ペグの配列は、横→縦→斜めに提示する。

・初めに両手でペグがどのように配列されているか、およそ何本ぐらいあるのかを触って確かめてから、端から順に数えるようにする。

・数えるものの大きさや間隔など変えたり、生活や遊びの中で数を数える機会を多く持たせることが望ましい。

(3)　基準を決めて数える

〈ねらい〉

　　平面に広がっているペグの一点を基準として数を数える。

〈内容〉

・三角形や四角形に並べたペグを数える。基準となるペグを決めてそれを片方の手指で押さえ、もう一方の手指でそのペグから順にペグとペグを結ぶ縁に沿って数えていく。

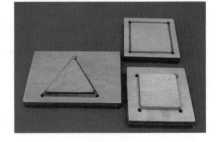

図 3-23

【留意事項】

・1周して基準となるペグの所に戻ってきたとき、基準となったペグを二重に数えないようにする。

・平面上に置かれたペグを数える以外にも、玉そろばんや玉にひもを通した物を使って数えたり、あえて端ではない玉を基準にしていくつあるかを数えたりする。

・2列に並んだものを数えることも提案するとよい。点字の構成を左上から1の点、左中を2の点等と点の位置の置き換えの理解にもつながる。

(4) 縦と横、斜めの弁別

〈ねらい〉

　縦横斜めの方向を理解する。

〈内容〉

・(ア)〜(シ)の型はめをする。型はめは縦横に提示し、盲幼児児童がピースを自由に取ったり入れたりした後に「縦」「横」「長い」「短い」の言葉を確認し、その後教師が「縦」「横」「長い」「短い」と指定したピースを取ったり入れたりする。

【留意事項】

・両手で型わくにピースが入った状態のもの（完成形）に触った後にピースを取ることから始める。次に溝を確認してピースを入れるようにする。

・(ア)(イ)は斜めの方向でも行う。

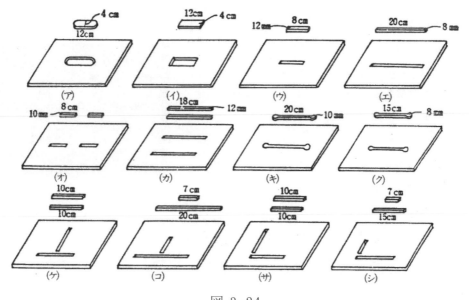

図 3-24

・指先でたどるとき、初めと終わりの両端が理解しにくい場合があるので、左右の端を強調するために形を工夫した(キ)(ク)を使用したり、シールなどの目印をつけたものを使用したりする。

・ピースがきちんと入ったら一方の端から他方の端へ指先でたどって「縦」、「横」の方向を弁別する。

・溝の方向が分かり、その方向に棒の向きを合わせてスムーズに入れら

れるようになることが大切である。

(5) 線図形の理解と構成

〈ねらい〉

　　縦横の線図形の弁別と線図形の構成を行う。

〈内容〉

・細い角材等を縦横に貼った物の見本合わせをする。

・棒磁石で作った見本図形と同じ図形を棒磁石で作る。

図 3-25

【留意事項】

・方向や位置を学ぶときには、座標の中心を移動させて考えるため、自分を基準とした前後、左右、上下の身体座標軸の概念が形成されていることが大切である。その上で、机の上などに基準を移動させて縦、横、斜めなどの概念の理解を促す。

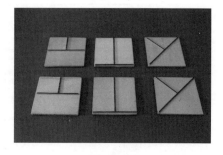

図 3-26

・見本合わせの教材では角材以外を使うときには線を認識しやすいものを用意する。

・棒磁石で構成するときには、「縦棒」、「横棒」と言葉で表現しながら作るようにする。

・棒磁石の見本で構成ができるようになったら、見本合わせで使った角材を貼った物を見本にして棒磁石で構成する。

・棒磁石による形の構成の学習では、棒磁石の方向や棒磁石同士の交点の位置はどこにあるのかなどを意識して構成するよう促す。

・縦や横などの方向の弁別学習は、位置、方向、順序を確かめながら、学習の基礎として両手を上手に使って左→右、上→下の運動を引き起こすように丁寧に指導する方がよい。どこの端からどちらの方向にど

ういう順序でたどるかを理解させることが大切である。

・教師は、できるだけ盲幼児児童が両手の運動を自主的に起こすような
　方法を工夫する。例えば、指先で溝をたどる場合でも、教師が盲幼児
　児童の指や手を上から持つのではなく、ひじや腕にそっと手を添えて、
　盲幼児児童の自主的な運動を引き起こすようにするとよい。また、盲
　幼児児童が指先で、右の穴の位置を確認する場合、教師が軽く盲幼児
　児童の指先をつついて、盲幼児児童の指先が穴に入った瞬間を見計
　らってタイミングよく「右」と言うようにするなど工夫する。

2　図形の弁別

　ここでは、円形、正三角形、正四角形を触覚的に弁別することについて
述べる。

(1) 基本図形の弁別

〈ねらい〉

　基本図形の弁別をする。

〈内容〉

・円形、正三角、正四角それぞれの型はめをする。触察での区別ができ
　るようになったら、それぞれの名称を使う。

・円形、正三角、正四角の見本合わせをする。その後教師が言った形を
　盲幼児児童が選ぶ。

【留意事項】

・手で握り込める大きさのピースの型はめを提示し、持った感覚で形の
　弁別ができるようにする。形の弁別ができるようになったら形と「丸」
　「三角」「四角」の名称を結び付けるようにする。

・見本合わせは、円形と正三角、円形と正四角、正三角と正四角の順で
　行う。

・見本合わせは、ピースのみ、ピースと型枠を使っていろいろな組み合
　わせで行う。

・正三角形と正四角の弁別は、盲幼児児童によっては混乱することがあ
　るのでそのようなときには、重ねるなどして違いを確認する。

・「基準を決めて数える」と結び付けて、頂点を意識させたり、頂点や
　辺の数を数えてもよい。

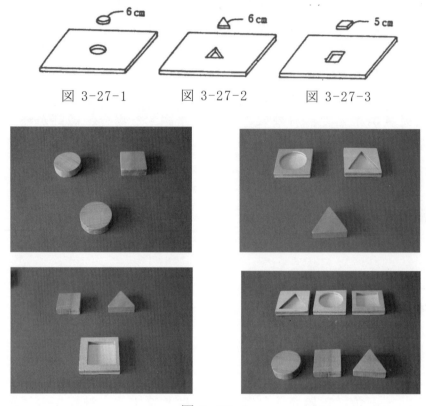

図 3-27-1　　　　図 3-27-2　　　　図 3-27-3

図 3-27-4

(2) 類似図形の弁別

〈ねらい〉

　　いろいろな円形や三角形、四角形の弁別
をする。

〈内容〉

　・円形、三角形、四角形の類似図形の型は
　　めをしたり、見本合わせをしたりする。

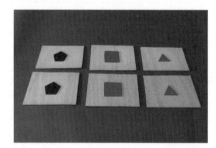

図 3-28

　・厚紙や薄い板で作った、いろいろな丸や
　　三角形や四角形の見本合わせや仲間集めをする。

【留意事項】

　・いろいろな円形、三角形、四角形の見本合わせを通して、円形、三角
　　形、四角形の仲間分けにつなぐ。

　・提示する形の厚みが大きいと、面として捉えることが難しくなるので
　　注意をする。

・それぞれの形の弁別をした後、いろいろな形であるが、同じ円形、三角形、四角形の仲間として弁別する。例えば、見本は正三角形で選択項には四角形と正三角形ではない類似の三角形を用意し、見本合わせを行うことで「三角形」の概念が理解できているか確かめるとよい。

・ここでは、正三角形、直角三角形、長方形などの言葉は小学校の算数で扱うため、幼児期の場合にはあえて取り扱わなくてもよい。

(3) 輪郭図形の弁別

〈ねらい〉

　輪郭図形の弁別をする。

〈内容〉

　厚めの台紙や板に線幅 1.5～2 mm の円形、三角形、四角形の輪郭を切り抜いた厚さ 0.5 mm 程度の厚紙や板を貼り付けた円形、三角形、四角形の輪郭図形を触って弁別する。

【留意事項】

・輪郭を意識することが難しい場合には、貼った図形、（2）の類似図形で使用した図形との見本合わせをしたり、輪郭図形と（2）の図形を重ねたりして確認をする。

・たどり方は手のひらでなでるような動きから始めて、少しずつ指先でたどるような運動に移行していく。最終的には両手の人差し指を図形の一部に添えておき、片手はその位置に置いたまま、他方の手の指先で角などの位置や順序を確かめながらたどり、最初の基準点に戻って形を理解するよう促す。

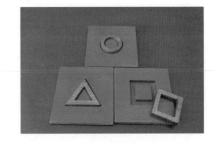

図 3-29

・輪郭図形の弁別ができるようになったら、線図形や立体模型の弁別につなげていくことが望ましい。

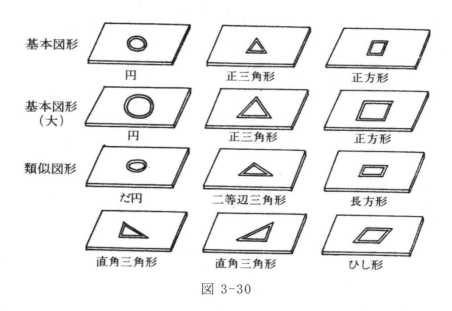

基本図形　　円　　正三角形　　正方形

基本図形（大）　　円　　正三角形　　正方形

類似図形　　だ円　　二等辺三角形　　長方形

直角三角形　　直角三角形　　ひし形

図 3-30

3　基本的な相似図形の大きさの弁別

　ここでは、図形の大きさの弁別を通して図形の拡大縮小の関係の理解について述べる。

（1）基本的な図形の大小の弁別（第 2 節　属性の弁別）

〈ねらい〉

　　基本的な相似図形の大小の弁別をすることによって、大きさが変わっても形が変わらないことを理解する。

〈内容〉

　・円形、正三角形、正四角形のそれぞれの型はめをし、大小の弁別をする。

　・大小のピースを分類箱の中にそれぞれ入れたものを渡し、「大きい丸」、「小さい丸」など指示して、その箱からピースを取り出すようにさせる。

【留意事項】

　・同様に正三角形や正四角形についても学習する。

　・幼児の場合、大きさの弁別のときに、ごっこ遊びのように「大きなせんべいを 2 枚下さい」などと言うようにすると興味を持って取り組める。

(2) 基本的な相似図形の大・中・小の弁別（第2節　属性の弁別）

〈ねらい〉

　　基本的な相似図形の大・中・小の弁別をすることで、大きさが変わっても形が変わらないこと、大きさの順序性の理解をする。

〈内容〉

・（1）と同じ方法で型はめを行う。「一番大きい丸」、「中ぐらいの丸」、「一番小さい丸」と教師が指示したものを弁別する。円形、三角形、四角形で行う。

【留意事項】

・それぞれのピースを大きい順、小さい順に並べたり、並べ替えたりして大きさの順序付けをする。順に積み重ねるようにしてもよい。

・大・中・小の円形、三角形、四角形を一緒に提示し、円形や三角形、四角形の仲間分けをする。

(3) 基本的な相似図形の4つの弁別

〈ねらい〉

　　基本的な相似図形の大小4つの弁別をし、相対的な大きさの整理をする。

〈内容〉

・円形、三角形、四角形をそれぞれ4つの大きさの型はめをし、弁別する。

・「〜より大きい」「〜より小さい」を言葉で表現させることで大きさは相対的なものであることへの理解を促す。

【留意事項】

・4つの大小が理解できたら、5つに増やしていく。

・4、5つの大小は重ねたり、入れ子を使ったりするとよい。

・発展として、直角三角形や長方形、あるいはだ円などの相似図形を用いて、大きさが変わっても形が同じであることの理解を促す。

図 3-31　　　　　　　　　　　　図 3-32

4　図形の分解・構成

　ここでは、図形の位置、方向、順序などを確かめながら、円形、三角形、四角形などの図形の構成や分解について述べる。

(1)　形の分解・構成

〈ねらい〉

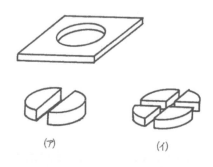

　半円形や4分の1のピースを組み合わせて円形を作ることで、図形が分解・構成できることの理解を促す。

〈内容〉

　・(ア)のような半円形の板2枚と円形の型枠を用意する。まず、半円のピースを、上、右、下、左などに位置を変えてはめ、残りの部分にもう一つの半円形のピースをはめて円形を構成したり、はめ込んだ状態から半円形のピースを一つずつはずして円形を分解したりする。

　・(イ)のような教材を準備し、同じように方向を変えて円形と半円形の分解・構成を行う。

図 3-33

【留意事項】

　・型はめは、ピースを外すことから始め、次に図形の一部分だけをはめ込めば図形を完成できるようにして行うようにする。それができるようになったら、自分で初めから順にはめ込み図形を完成させる

ようにするとよい。

・三角形や四角形の分解・構成を行う。

(2) 線図型の分解・構成 1

〈ねらい〉

　図形の角、頂点を意識する。3本の棒で三角形が構成されていることの理解を促す。

〈内容〉

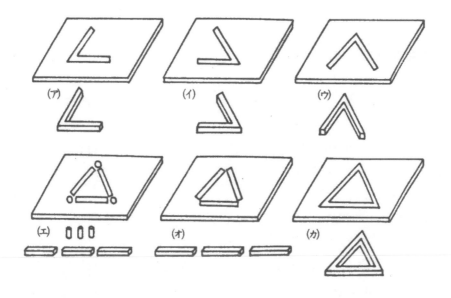

図 3-34

・(ア)～(ウ)は、三角形の斜めの方向や角を意識しながら型はめをする。溝を両手でたどり、次に、それぞれの輪郭部分をはめ込んでからたどるようにする。

・(エ)は、先に頂点となる3点を棒で定位して、その間を輪郭を表す棒でつなぎ三角形を順序よく組み立てたり、それを次々に分解したり

する。

- （ｵ）は、頂点の棒を抜いて輪郭を表す棒だけで、三角形の分解・構成を行う教材で、（ｴ）と同じ方法で学習する。
- 正方形を、三角形（ｱ）〜（ｶ）と同じ方法によって分解・構成ができるようにする。

【留意事項】

- 内側に一回り小さい図形を置くことで、線図形と板図形が同じ形であることに気がつくよう促す。

（3）線図型の分解・構成2

〈ねらい〉

　　見本と同じ図形を枠のないところで線図の分解・構成の理解を促す。

〈内容〉

　　提示された三角形と同じ形を作る。逆に一辺ずつはずして残りの棒磁石の位置、方向を確かめながら分解する。正四角形も同じ方法で分解・構成する。

【留意事項】

- 棒磁石による形の分解・構成は、初めに丸磁石を使って頂点となるところを定位し、丸磁石と丸磁石の間を棒磁石で結んで分解・構成をする方がよい。
- 板磁石をより細く切ったもので分解・構成を行うことで、線図の弁別につながるよう促す。
- 定位ができているときには、角の位置を右手前、左向こうと言葉で表現する。

第4節　点の位置付けと6点の弁別

　ここまで、点字学習のレディネスや動機付けについて、初期的な手の運動の学習、触覚による弁別学習、図形の弁別、構成・分解の学習と、三つの節に分けて述べてきた。このような点字を読むためのレディネスが整ったら、第4章の触読の学習に進むことになる。触読の学習は、実際の点字を指で触りながら学習するのが基本である。

　しかし、児童等の実態によっては、実際の点字での触読が難しい場合も

ある。視覚以外の障害や発達の特性を有していたり、中途失明であったりする場合などである。以下に、そのような場合の工夫、手立てとしての教材・教具を紹介する。

1　点の定位

　ここでは、一定の平面上に1点、2点（左右、上下、向こう手前）、3点（左・中・右、上・中・下）、4点（左上、左下、右上、右下）、6点（左上、左中、左下、右上、右中、右下）、9点の位置、方向、順序を確かめながら点の定位の理解を促すことについて述べる。

(1)　1点の定位

〈ねらい〉

　　空間の中の1点の定位を促す。

〈内容〉

・玉落としや玉入れ、一つの穴にペグの抜き差しをする。

・一つの箱に玉などを入れたり出したりする。

・本章第1節を参照

(2)　2点の定位

〈ねらい〉

　　空間の中の2点の定位を促す。

　　上下と向こう手前が同じであることの理解を促す。

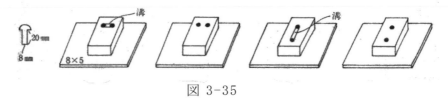

図 3-35

〈内容〉

・2点の穴にペグやリベットを抜き差しする。スライディングブロックを端から端に動かす。

・2点の穴が空いたものを二つ用意し、教師が入れたペグの位置と同じ位置にペグを入れる。縦（向こう、手前）横（左右）に提示する。

・教師が入れたペグが、左右向こう手前のどちらに入っているか言葉で

　表現した後、自分のペグを入れる。
・教材を3つ用意して、見本合わせをする。
・盲幼児児童と一緒に教材を垂直に立てたり、横に動かしたりすることで、「上」「下」と「向こう」「手前」の位置関係を確認し、向こう手前を上下とも表現することを知る。

【留意事項】
・点の定位の学習を行う場合、教材の縦方向と身体座標軸の前後方向を一致させるために、体が正面を向くようにまっすぐ座ることが大切である。
・左右上下については、本章第2節を参照。
・身体座標軸の前後や上下が混乱しないように、始めは机上での「上下」を「向こう、手前」と表現する。
・空間（図形）の拡大縮小の理解を促すためペグ差しの教材は肩幅から、幅 10cm 位までの大きさをいくつか準備し、実態に合わせて教材を段階的に提示する工夫をするとよい。
・教材の提示の仕方は、向こう手前から左右の順、縦並びから横並びの順にする。教材を横に並べることは横並びは軸が移動するので軸が同じになる縦並びから行う。

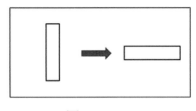

図 3-36-1

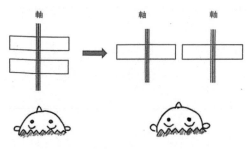

図 3-36-2

・見本と同じ位置に入れる学習では、教材を並べるときには、始めは隙間なく並べ、少しずつ離すようにする。離すことで、「右」「左」と言葉で記憶することにつながる。

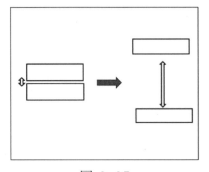

図 3-37

・穴と穴の間にガイドとなる溝のあるものから溝のないものを使うようにする。

・左右上下の見本合わせの学習は、鏡字の誤読を防ぐことにつながる。

・向こう、手前と上下の言葉の関係の理解が難しい場合には、盲幼児児童が分かる「向こう」「手前」の言葉だけを使うようにする。

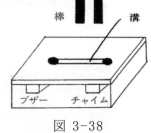

図 3-38

・ペグの位置で定位が難しいときには、左右異なる音が出ることでフィードバックしやすい教具などを用いて左右を意識できるようにする。

・教材の大きさや点の間隔を変えても、点の位置、方向、順序及び点の位置の名称は変わらないことを意識させる。

・操作性や触察しやすい物等、盲幼児児童の実態に合わせて、教材を工夫するとよい。

（3）　3点の定位

〈ねらい〉

空間の中の3点の定位を促す。

〈内容〉

・3点の穴が空いたものを二つ用意し、教師が入れたペグの位置と同じ位置にペグを入れる。縦（向こう真ん中手前）横（右真ん中左）の順に提示する。

・教師が入れたペグが、どこに入っているか言葉で表現した後、自分のペグを入れる。それぞれが入れるペグを1本から3本に増やす。

・教材を3つ用意し、見本合わせをする。

図 3-39-1

図 3-39-2

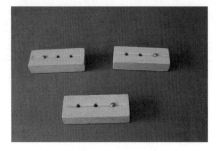

図 3-39-3

図 3-39-4

【留意事項】

・空間（図形）の拡大縮小の理解を促すため、教材は肩幅から、幅の狭い、ペグやリベットの教材を段階を分けて提示する。

・縦（向こう真ん中手前）から横（左真ん中右）の順に提示、縦並びから横並びにする。教材を横に並べることは軸が移動するので軸が同じになる縦並びから行う。

・見本と同じ位置にペグを入れるとき、初め隙間なく並べ、少しずつ離すようにする。

・教材の大きさや点の間隔を変えても、点の位置、方向、順序及び点の位置の名称は変わらないことを意識させる。

(4) 4点の定位

〈ねらい〉

　空間の中の4点の定位を促す。

〈内容〉

・4点の穴が空いたものを二つ用意し、教師が入れた見本となるペグやリベットの位置と同じ位置にペグやリベットを入れる。

・教師が入れたリベットが、どこに入っているか言葉で表現した後、自分のリベットを入れる。リベットを1本から順に4本に増やす。
・教師が指示した位置から取ったり、指示した位置に入れたりする。

図 3-40-1

図 3-40-2

【留意事項】
・教材は縦並び横並びの順番で提示する。

(5) 6点の定位

〈ねらい〉

　空間の中の6点の定位を促す。

〈内容〉

・縦3点、横2点の6つの穴の教材を用意し、ペグやリベットを抜き差しする。
・左上、左中、左下、右上、右中、右下の位置と言葉を理解する。
・教師が入れた位置を言葉で表現した後に、自分のリベットを同じ位置に入れる。リベットの数を1本から順に6本に増やす。
・教師が示した位置に入れる。
・教材を3つ用意し、見本合わせをする。

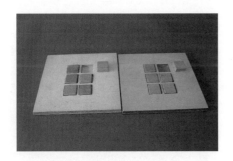
図 3-41

図 3-42

【留意事項】

・6点の教材で定位の学習をするときには、点字の音とは結び付けないようにする。

(6)　9点の定位

〈ねらい〉

空間の中の9点の定位を促す。

〈内容〉

・縦3、横3に並べた箱に、位置と名称を確認しながら、玉などを出し入れする。

【留意事項】

・9点の定位は、点字には直接関係はないが、空間の把握などに必要となるので取り上げるとよい。

図 3-43

2　6点の弁別

　ここでは、点字模型を用いた6点の弁別と、6点の名称の置き換えについて述べる。

(1)　点字模型の6点の定位と弁別

〈ねらい〉

・様々な大きさの点字模型の6点の定位をする。

・様々な大きさの点字模型の6点の組み合わせの弁別をする。

〈内容〉

・大きさの違うリベット等の点字模型を用いて、縦3点、横2列の6点の位置を正確に定位できるようにする。

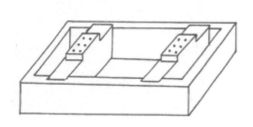

図 3-44

・点字模型の見本合わせをする。

【留意事項】

・紙の点字の弁別学習にスムーズに入るために、6点の点字模型を段階的に小さくしながら弁別をする。点字模型の大きさを変える段階については、実態に応じて考えるとよい。

・点と点の間隔が小さくなっても、点の位置、方向、順序などが変わらないことを意識させる。

・重複障害のある児童生徒の中には位置の理解、音との結び付けはできるが、通常の大きさの点字の弁別が難しい場合がある。そのときには、大きな点字やシールに書いた点字、点字模型の点字などを活用し読む活動を行うことが望ましい。

・両手で触察する大きさの点字模型の弁別をするときには、点字の読みと結び付けないようにする。

(2) 点の位置の名称の置き換え

〈ねらい〉

　6点の位置の名称を1の点、2の点、3の点、4の点、5の点、6の点と置き換えるようにする。

〈内容〉

・点字模型を組み立てる。そのときに、6点の位置の名称を「左上」を1の点、「左中」を2の点、「左下」を3の点、「右上」を4の点、「右中」を5の点、「右下」を6の点と置き換えるようにする。

・リベットが何の点にあるかを言う。

・見本の点字模型を触って、もう一つの点字模型に見本と同じ位置にリベットを差すようにする。指示された点の位置のリベットを抜いたり、指示された位置にリベットを差したりできるようにする。

【留意事項】

・既に学んでいる「左上」、「左中」、「左下」、「右上」、「右中」、「右下」という点の位置の名称を、具体的な操作を通して1の点、2の点、3の点、4の点、5の点、6の点に置き換えることが大切である。

・名称の置き換えをするとき、6点の模型を123と456で分けて縦に並べ、1～6の点を確認してから横2列に並べたり2列あることが意識できるよう点字模型の123と456の高さを変えたりする等の工

夫をすると左下の3の点から右上の4の点への移動がスムーズになる。

第5節　点字学習の基礎としての話し言葉の学習

　点字を学ぶ前の盲幼児児童にとっても、話すことに意欲や興味を持ち、経験したことを楽しみながら言語化する方法を学習することは、その後の点字の読みや書きの学習の基礎となる。文、文節、単語、音（拍）というひとつながりの概念を、言語活動（聞く・話す）を通して学習することによって、言葉だけでなく、思考や認識も育てていくことにつながる。

　そこで本節では、話し言葉の要素を分解・構成して、これらの関係を明確に意識付けることを取り上げる。さらに、点字の読み書きの学習のレディネスとして、音による単語の分解・構成の学習を取り上げる。

1　話し言葉の要素の分解・構成

　いろいろな言葉遊びを通し、楽しい雰囲気の中で、単語を使って文を作る練習を行っていく。そして、日常の会話は関係性のあるいくつかの言葉の組み合わせで成り立っていることに気付き、言葉を組み立てて、自分が経験したことを詳しく話すことができるようにする。

(1)　「どうしたかな」

〈ねらい〉

　「だれが・何を・どうした」の文の形で、いろいろな動作を言い表す練習をする。

〈内容〉

　教師は、例えば「ボール」を用意して盲幼児児童が触った後、「先生がこのボールを使って何をしたか当てて下さい。」と言って動作をする。「先生がボールを」まで言ってボールを転がすと、盲幼児児童は「転がしました。」と言い、もう一度初めから「先生が　ボールを　転がしました。」と言って正しい言い方に気付くようにする。

　同様に、教師が「○○さんがりんごを持っています。どうするのでしょうか。」と言って盲幼児児童は動作を考える。「食べた」、「かじった」など言い、動作化するように促す。次にそれを正しい言い方で話すようにする。一番初めは、動作をしている人の名前、2番目は、物の名前、

　3番目は、したこと、と確認した上で「○○さんが　りんごを　食べました。」、「○○さんが　りんごを　かじりました。」など、それぞれの動作に対応させて言うようにする。

　「○○さんが　ピアノを　弾きました。」、「○○さんが　たいこをたたきました。」、「○○さんが　ろうかを　歩きました。」など、それぞれの動作を行いながら、正しい言い方で言うように促す。

(2)　「だれが（何が）したかな」

〈ねらい〉

　・2文節の文を作る。

　・「だれが」「どうした」を意識する。

〈内容〉

　教師は、人形を盲幼児児童に渡し、「この人形の名前は、○○さんです。」と言う。そして人形を使って、「○○さんが　立った。」、「○○さんが　座った。」、「○○さん　が寝た。」と言うよう促す。また、盲幼児児童の中の一人が動作をして同じように「△△さんが　立った。」、「△△さんが座った。」、「△△さんが　寝た。」などと言うように促す。

　次に、教師が前半を言って、盲幼児児童に後半を言うように促すゲームをする。例えば、「せみが」→「鳴いた」とか、「金魚が」→「泳いだ」などのように行う。

　今度は、「○○さんが　立った。」、「○○さんが　座った。」、「○○さんが　寝た。」の三つの文を比べ、どの文にも「○○さんが」という同じ部分があることに気付くようにする。また、「○○さんが　寝た。」「△△さんが　寝た。」、「ねこが　寝た。」の三つの文の中には、「寝た」という同じ部分があることに気付くようにする。

(3)　「どんなかな」

〈ねらい〉

　具体物を詳しく説明している言葉と、されている言葉を用いて、詳しく話す力を育てる。

〈内容〉

　大きさの違う2種類のボールを触り、「大きい　ボール」、「小さいボール」と言うように促す。ボールを交互に渡し、「○○さんは　大きい　ボールを　持っている。」、「△△さんは　小さい　ボールを　持っている。」と言うように促す。同様に、「厚い　本」・「薄い　本」、「長い

棒」・「短い　棒」など、できるだけ実物に即して言語化していく。

(4)　「何をしたかな」

〈ねらい〉

　実際に経験したことを文の形にして話す力を育てる。

〈内容〉

　盲幼児児童と近くの公園や広場に出かけ、そこで触ったり、見たり、聞いたりしたことを「○○さんが　ぶらんこに　のりました。」、「△△さんが　転びました。」などのように、口頭作文の形で話すようにする。

　この時期の盲幼児児童には、「あのね、○○ちゃんがね、りんごをね、おいしいおいしいってね、食べちゃってる……」というような話し方がみられる。このような話し方は、自由に話す雰囲気をつくるという点では大切であるが、教師が話の内容を整理し、表現の仕方に気付くよう指導していく必要がある。

【留意事項】

(1)　盲幼児児童の心が動く場面を見逃さず取り上げ、自分が経験したことを伝えることに喜びを感じ、教師や友達との会話を楽しみながら言葉を育てる。

(2)　楽しい遊びの雰囲気の中で、実物と言葉との結び付きに気付き、経験したことを言葉で表現する力を育てる。

2　音による単語の分解・構成

　日本の点字は、日本語の音に一対一で対応している。点字学習の前提として一つ一つの音を意識するよう促し、音によって単語を分解したり、逆に音を組み合わせて単語を構成したりする。

(1)　「当てっこ」

〈ねらい〉

　単語を音に分解する力を育てる。また、逆に、音を組み合わせて言葉にする力を育てる。

〈内容〉

　盲幼児児童が日常親しんでいる物の中から2音で構成されている物を選ぶ。例えば、いすを選び、教師がゆっくり区切って、「い・す」と言い、「さあ、何でしょう。」と言って盲幼児児童が「いす」と当て、実物を触るようにする。次に、3音でできている単語（例えば、「つくえ」

など）についても同様に行う。今度は、盲幼児児童がつくえを触り、教師が「つ・く」まで言い、盲幼児児童に「え」と言うように促す。このとき、教師は「つ・く」と言いながら自分の手を二つたたき、三つ目は盲幼児児童が「え」と言うようにする。

(2)　「音数遊び」

〈ねらい〉

　音の数を意識する。

〈内容〉

　「いす」を触り「い・す」と言いながら手をたたき、音の数を確かめる。教師が「タタ」と言って2音の言葉を探すようにし、「タタタ」と言って3音の言葉を探すというような方法もある。タンブリンやカスタネットなど、楽器を使ってもよい。少ない音数から多い音数へと発展するようにする。また、言葉とともに具体物にも触るようにする。

(3)　「言葉集め」

〈ねらい〉

　単語の初めの音を意識する。

〈内容〉

　「『あ』の付く言葉には、どんなものがありますか。」の指示に従って「あし」、「あめ」、「あたま」などのように「あ」の付く言葉を集める。同様にして「い」の付く言葉、「さ」の付く言葉などを探す。次に、「先生が『さ』の付く言葉をたくさん言います。もし『さ』の付かない言葉を言ったら笛をピッと吹いて下さい。」と約束し、「さくら、さる、さんかく、たいこ」と言い「たいこ」の後に笛をピッと吹くようにする。

(4)　「しり取り遊び」

〈ねらい〉

・初めの音、終わりの音を意識する。

・同じ音、違う音の区別ができるようにする。

〈内容〉

　一般に行われている「しり取り遊び」であるが、盲幼児児童がルールを理解できるまでは、教師が適切な指示をする。

【留意事項】

(1) ここであげた4つの課題は、指導の順序を示すものではない。盲幼児

児童の様子を見ながら適宜取り上げる。

(2)　単語を構成している音ごとに区切ってゆっくり発音するよう促す。その場合、音と合わせて手や太鼓でリズム打ちをすると効果的である。

(3)　「ペ・ッ・ト」（3音）、「し・ん・ぶ・ん」（4音）、「しょ・ー・ぼ・ー・しゃ」（5音）などのように、撥音、促音、長音なども1音であることを、積み木や磁石などを音の数だけ並べるモデリングなどで理解するようにすることが必要である。この場合、リズム打ちを併せて用いてもよい。

(4)　1音1音を正しく発音するよう促す場合、発音があいまいになりやすい音を取り出して「口の体操」などとして発音練習をするのもよい。例えば、「アエイウエオアオ、カケキクケコカコ……」などと毎日少しずつ唱えたりするのもよい。また、口の前に手を置いたりして発音するよう促し、呼気を強く出させるのもよい。さらに発音があいまいになりやすいバ行やマ行や、サ行、タ行、ナ行、ラ行などを組み合わせた単語を分解・構成の教材として用いるとよい（例えば、バラ、ぶた、ばね、バナナ、たなばた等）。

第6節　象徴機能の学習と点字学習への動機付け

本節では、象徴機能の学習と記号としての点字の学習への動機付けの課題を取り上げる。

まず、物の一部分の属性を手掛かりとして、それが何であるかを予測できることを前提に、「ごっこ遊び」や触る絵本などを用いて、象徴機能の遊びができることを確かめる課題を取り上げる。

次に、名札の役割を果たすマークを用いて、自分や友達の名前が分かるようにした上で、それに点字を重ねて、自然な形でマークから点字への移行ができるようにする。さらに、身の回りの物の名前と点字カードとを結び付け、点字が有用なものであることを実感できるようにすることによって、点字学習への動機付けを図る指導方法を取り上げる。

1　象徴機能の学習

言葉は象徴機能の一つであるから記号と実体との対応関係を意識できるようにすることが大切である。まず、実体の一部が全体を代表するという

記号の機能に慣れるようにする。また、実体と似た物（代替物）で実体を表すことができるようにする。さらに、平面図形で表現したものを触って、その立体や具体物を思い浮かべることができるようにする。

(1) 「楽器当て遊び」

〈ねらい〉

　　事物と言葉の結び付きをスムーズにするため、音を聞いて楽器を当てる。

〈内容〉

　　カスタネット、タンブリン、鈴などの楽器の音を出す。音だけ聞いて楽器の名前を当て、後で触って確かめる。

(2) 「これは何でしょう」

〈ねらい〉

　　部分を触って全体を連想し、それが何であるかを当てることができるようにする。

〈内容〉

　　段ボールの箱に穴をあけ、そこから「かさ」の持ち手など物の一部だけを出して触わるよう促し、何であるかを当てるようにする。その後、全体を触って確かめる。

(3) 「触って当てよう」

〈ねらい〉

　　物に触ってそれが何であるかを当てる。その場合、言葉で与えられたヒントからいろいろな物を連想できるようにする。

〈内容〉

　　物に布をかぶせ、上から触ってそれが何であるかを当てるようにする。答えがすぐに出ないときは、「丸い物です。」、「赤い色です。」、「食べられます。」、「すっぱい味がします。」などというように、その物の形状、色、用途、味などのヒントを出して連想できるようにする。形状は触れば分かるが、もう一度「細長い物です。」とか「平らな物です。」などと言うことにより、実体と言葉を結び付けるようにする。

(4) 「お店屋さんごっこをしよう」

〈ねらい〉

　　実物と似た形をしているものを実物の代わりに用いて遊ぶことができる。

〈内容〉

　　・果物の模型を触り、バナナ、りんご、みかんなどを当て、実物と比べ

第3章　点字学習の基礎

て確かめる。模型を使って「お店屋さんごっこ」をし、「バナナを下さい。」と言われたら、模型のバナナを渡すようにする。

・「おもちゃ屋さんごっこ」、ままごと、縫いぐるみの人形で遊ぶことなどもよい方法である。

(5)　「この図は何でしょう」

〈ねらい〉

　平面図形として表現したものを触って具体物と結び付ける。

〈内容〉

・盲幼児児童が日頃親しんでいる物、例えば、スプーンの形を触図にしたものや、触る絵本を触り、それが何であるかを当てた後、実物を触って確かめる。

・スプーンなどの実物とその触図を比べて確かめる。

・触図のスプーンを使って話をする。

【留意事項】

(1) ここであげた5つの課題は、指導の順序を示すものではない。盲幼児児童の様子を見ながら適宜取り上げる。

(2) 楽器の属性の一つである音色や、かさの形の一部である持ち手などの部分的な手掛かりで、その物が何であるかを当てたり、布などをかぶせて分かりにくくなったりんごなどを当てたりする学習活動を通して、その手掛かりが表している実体を予測できるようにする。この学習活動によって、記号と実体との対応関係を理解する学習へと発展させることができる。

(3) ごっこ遊びや触る絵本などによる学習活動は、記号と実体との対応関係を意識するよう促すのに有効である。

(4) 触る絵本などはいろいろと工夫されており、例えば、録音と触図を結び付けたり、においと触図を結び付けたりして、盲幼児児童が興味を持つようにしたものもある。このような教材を活用すれば、楽しく学習することができる。ただし、ここでの学習のねらいは、日常生活の中によく出てくる具体物が触図で表現できることを意識することにあるので、難しい図形指導にならないように留意する必要がある。

2　マークから点字への置き換え

　各種のマークは、記号の機能を最もよく表しているので、その意味を十

分理解した上で点字への興味付けに移行する。まず、触って分かるマークを作り、そのマークが何を表すかを決め、遊びや生活の中で使えるようにする。さらに、マークと点字とを結び付けるようにする。

(1)　「自分のマーク」

〈ねらい〉

　　自分のマークを決め、それを使っていろいろなことができる。

〈内容〉

　　「○○さんは◎」、「△△さんは▽」、「□□さんは◇」などのようにマークを決め、それぞれの盲幼児児童の机、いす、くつ箱、ロッカーなどに貼り付ける。そのマークを触って、自分の物と他人の物を区別したり、間違わずに自分の場所にしまったりできるようにする。

(2)　「マークと点字」

〈ねらい〉

　　マークを点字に置き換えていく。

〈内容〉

　　(1)のマークを活用していく中で、マークの上に点字を書いたものを貼り、マークと点字を結び付け、次第にマークを点字に置き換えていくように試みる。

【留意事項】

(1)　一般に視覚障害のない幼児児童は、郵便局や、店の看板や商標、交通標識など、かなり小さいときから各種のマークに慣れている。しかし、盲幼児児童の場合は、そのような経験に個人差がみられることがあるので、教室にいろいろなマークを用意するなどの配慮が必要である。

(2)　各種のマークが活用できるようになったら、そのそばに点字で書いた単語を貼り、それがマークと同じ意味を表すことに気付くようにする。その場合、マークを触って識別しようとしているときに偶然点字に触れたのがきっかけになって点字に対する興味を引くようにするのが望ましい。

3　点字カードでの遊び

　　点字カードと自分や友達の名前との対応を意識するようにする。また、身近な具体物と点字との対応を発見する喜びを味わうようにする。

(1)　「このマークは誰のものかな」

〈ねらい〉

　マークとともに点字で名前が書かれているカードと、自分や友達とを結び付ける。

〈内容〉

　マークの側に点字で名前を書いたカードをクラスの人数分用意する。箱の中からまず自分のマークを選び出す。次に、友達のマークを選び出し触って確かめる。さらに、みんなのマークを識別して、それぞれその人の所へ持っていく。それができたら友達と交代する。

(2)　「この物の名前は何かな」

〈ねらい〉

　いろいろな物にはられた点字を読んでみる。

〈内容〉

　教室にあるいろいろな物、例えば、机、いす、水槽などに点字を書いたテープを貼り付ける。その場合、最初にメの字を二つ書き、一マスあけてその物の名称を書くようにする。そうすれば「メメ」を基準として読むことができ、上下、左右を間違えることがない（例えば、⠿⠿⠀⠿⠿など）。

　このように日頃慣れた教室の中で、自分の知っている物の名称と点字の単語とが対応していることを発見できるようにする。

【留意事項】

(1)　机などにそれぞれ自分や友達の名前を点字で書いてあるマークがはってある場合、例えば、その隣に「⠿⠿⠀⠿⠿⠿」などと書いたテープを並べてはって、「○○さん」の「机」というように組み合わせて言うのも、点字に対する興味を喚起することができる。

(2)　一般に視覚障害のない幼児児童は、テレビや絵本、看板など豊富な文字環境の中で自然に文字に慣れ親しんでいく。盲幼児児童の場合もいろいろな場所に点字で書いたものを用意して、点字に触れる機会を多く持つことができるようにし、タイミングよく指導することが大切である。

(3)　名札としてのマークや点字カードでは、点字で書き表された単語全体と、それによって表されている人や具体物とを対応付けることが主な課

顕である。単語を構成する音と点字との対応関係に興味を持ち始める頃を見計らってこれらの課題を取り上げることが必要である。

(4) これらの学習は、盲幼児児童が点字に興味を持ち、点字が何か役に立ちそうだということを意識できるようにすることが最も大切である。その意味で、楽しい遊びの雰囲気の中で自発的な活動を引き出すように配慮することが望ましい。

第4章　触読の学習の実際

　点字学習のレディネスが形成され、点字への興味・関心が高まれば、点字の読み書きの学習を開始することができる。点字の触読の学習には多くの時間を必要とするので、児童生徒の実態を十分に把握したうえで、絶えず観察を続けながら学習状況に応じた丁寧な指導を行うことが大切である。

　本章では、点字触読の導入段階における一般的な学習プログラムを取り上げる。その内容は、次のとおりである。

　(1)　両手読みの動作の習得

　(2)　点字の枠組み（行・マス）の意識化

　(3)　単位となる一マス6点の弁別

　(4)　点字の形と字音の結び付け

　(5)　マスあけ（分かち書き・切れ続き）の基礎的な理解

　プログラムとしては(1)から順に提示はするが、(1)の両手読みの動作の習得の題材を終えて(2)に入ったとしても、それで両手読みの動作を獲得したとみなすのではなく、(1)に加えて(2)のプログラム、次いで(1)(2)に加えて(3)のプログラムというように、習得した内容を積み上げていく意識をもって指導することが重要である。

　なお、ここで取り上げる内容は小学部低学年児童に対する点字触読の導入を想定した指導内容であるが、中途視覚障害者や重複障害の児童生徒への点字導入に際しても、提示する題材を工夫しながら同じ内容を用いることができる。

　また、文字の学習では、基本的には読みと書きが互いに補い合うものであることから並行して学習を進めることが一般的である。自分が書いたものを読んだり、周囲に読んでもらったりする活動は、学習の動機付けにもつながりやすい。しかし、点字の場合は点字タイプライターや点字盤の扱いを習得することも必要となり、「自分の文字を習得する」段階での過重負担は避ける必要がある。

　まずは、話し言葉における音と文字を結び付ける読みの学習を先行する。清音が読めるようになった程度で、書きの学習に入るとよい。ただし、児童の実態によっては、点字タイプライターや点字盤による書きの指導と並行して行うなど、弾力的な取り扱いも必要である。

第1節　両手読みの動作の習得

1　両手読みの動作習得の意義

　左手読みでも右手読みでも、片手読みの場合は、改行動作に時間を要する。また、最初に片手読みの習慣を身に付けてしまうと、両手読みに移行することが極めて困難となる。そこで、文字としての点字触読の学習に先立って、まずは両手読みの動作を身に付けることが大切である。

　望ましい両手読みとは、原則として左右両手の指先を使用して点字を読むことである。人差し指を主としつつ、中指・薬指を補助的に使用する。右手の3本の指先は主として行の後半をたどり、左手の3本の指先は行の前半を受けもつようにする。その場合、行末に近い部分を右手の指先で読んでいる間に、左手の指先は次の行の行頭へ移る準備に取り掛かるようにする。そして、右手で行末を読み終わると同時に左手で次の行を読み始める。右手はすぐにこの左手に添えてその行の誘導を行うようにする。この両手の分業の繰り返しによって点字の触読は進められるのである。このように、両手読みにおいては、右手でも左手でも点字が読めなければならない。この場合、左手は行の前半を、右手は行の後半を受けもって読むことになるが、左右の手が受けもつ割合は、読み手によって異なっても差し支えない。

　点字は、左から右へ指を移動させながら読むものであるから、先に行く右手の指で読むようにして、左手はそれを後から追随するという右手を主とした読みの方が自然ではないかという考え方がある。確かに左手で読むことを指導しないと、ほとんどの場合は、右手で読むようになる（利き手が左手の場合は、左手ばかりで読んでしまう）。手や腕の動かし方から考えても、右手で読む方が左手で読むよりも自然である。しかし、右手だけで点字を読むようにした後で、左手でも読めるようにするのはなかなか困難であり、左手で読めるようになったとしても読みの速度が伸びないことが多いといわれている。

　また、点字を使用して学習する場合、左手でメモを読みながら右手で作文の清書をしたり、左手で問題文を読みながら右手で解答を書いたり、一方の手で図形を読み取りながら他方の手でその証明を読んだり、というように両手を使って学習する機会は非常に多い。さらに、点字タイプライ

ターや点字キーボードを活用して学習する場合も、両手を使って右手でも左手でも点字を読むことができるようにしておくことが必要である。したがって、点字触読の初期の段階から両手で読めるように指導することが極めて重要なのである。

2　両手読みの動作習得についての留意事項

　両手読みの動作をスムーズに行うために、入門期には、平らで適度な堅さの面に置かれた点字用紙で学ぶことが最も望ましい。特に低学年の初学児童の場合は、Ｂ５変型判の通常の点字用紙全紙ではなく小さな手でも扱いやすいように半分に切った用紙を使用したり、必要に応じて行間やマスを空けたりして、対象児童の様子を十分観察しながら教材の工夫をすることが必要である。重複障害の児童生徒や中途視覚障害者への点字導入に際しても、同様の工夫を期待する。特に、上下の行の干渉を避けるためには行間は９㎜程度あけることが望ましいので、初期教材の作成では１行ずつあけてもよい。

　第2節以降にも関連するが、点字触読の動作習得のための一般的留意事項としては、以下のとおりである。
①当初から両手読みの指導を重視する。
②点字の上に両手指を置き、両手の人差し指を軽く接触させることを基本にする。
③指先を立てずに、指先の腹をつかう。その際、強く押しつけすぎないよう留意する。
④指先の腹で一マスの6点を同時に認識し、上下に探る指の動きをできるだけ排除して真横になめらかに指を移動できるような動きを確立する。
⑤行たどり、行替えの動作の指導を大切にし、両手の分業へとつなげられるようにする。
⑥両手読みの動作の習得に合わせて点の位置の弁別学習に入るが、点字の一マスの枠組みが十分に理解できるようにつとめ、安易に文字としての指導に進まないように留意する。
⑦点字の読み学習全体をとおして、「あったよ」「いっしょだね」「どっちかな」「これも同じ形だよ」などと教師や友達と楽しく会話しながら、言葉も育てていけるような支援を行っていく。

3　両手読みの動作習得のための題材例

　本節では、初学の児童の学習内容として両手読みの動作習得のための題材を掲載する。これらの題材を用いた学習をとおして、基本的な両手読みの動作の習得をねらい、次節以降の点字の枠組みのイメージ形成につなげていく。さらに、一マス 6 点を一つの単位として認識することを意図して指導し、点字の形と字音とを結び付けていくが、常に両手での行たどりの基本動作を確認しつつ、学習活動を展開してほしい。

　前章で述べたように、上肢の運動は、肩関節を中心とする円運動になりやすいため、行を直線的にたどれず、手指を弓なりに動かして、行の上にはみ出す場合もみられる。幼児期から「スライディングブロック」などを用いて、直線運動ができるように触運動の統制を行っておく必要がある。また、日常生活の中でも、引き戸の開閉などを経験することによって、ひじと手首の関節を微妙に調節できるようにしておくことも大切である。中途視覚障害者の場合でも、直線運動のための触運動の統制が十分にできていない場合がみられる。そこで、両手での行たどりや改行のための運動への導入を指導しておく必要がある。

　このような両手読みの最も初歩的な段階として、両手指によって行をたどったり、改行したりする動作の定着と習慣化を図る必要がある。そのためには、次のような学習を行うことが大切である。また、両手読みによる行たどりや改行動作の学習をとおして、1 ページにおける行と行間のイメージも形成していくことができる。

【題材 4 － 1 】
　「両手で正しくたどりましょう（1）」

⠿⠿⠿⠿⠿⠿⠿⠿⠿⠿⠿⠿⠿⠿⠿⠿⠿⠿⠿⠿⠿⠿⠿⠿⠿⠿⠿⠿⠿⠿⠿⠿⠿⠿⠿⠿
⠿⠿⠿⠿⠿⠿⠿⠿⠿⠿⠿⠿⠿⠿⠿⠿⠿⠿⠿⠿⠿⠿⠿⠿⠿⠿⠿⠿⠿⠿⠿⠿⠿⠿⠿⠿

「両手で正しくたどりましょう（2）」

⠒⠒⠒⠒⠒⠒⠒⠒⠒⠒⠒⠒⠒⠒⠒⠒⠒⠒⠒　⠒⠒⠒⠒⠒⠒⠒⠒⠒⠒⠒⠒⠒⠒⠒⠒⠒⠒
⠒⠒⠒⠒⠒⠒⠒⠒⠒⠒⠒⠒⠒⠒⠒⠒⠒⠒⠒　⠒⠒⠒⠒⠒⠒⠒⠒⠒⠒⠒⠒⠒⠒⠒⠒⠒⠒
⠒⠒⠒⠒⠒⠒⠒⠒⠒⠒⠒⠒⠒⠒⠒⠒⠒⠒⠒　⠒⠒⠒⠒⠒⠒⠒⠒⠒⠒⠒⠒⠒⠒⠒⠒⠒⠒
⠒⠒⠒⠒⠒⠒⠒⠒⠒⠒⠒⠒⠒⠒⠒⠒⠒⠒⠒　⠒⠒⠒⠒⠒⠒⠒⠒⠒⠒⠒⠒⠒⠒⠒⠒⠒⠒

⠤⠤⠤⠤⠤⠤⠤⠤⠤⠤⠤⠤⠤⠤⠤⠤⠤⠤⠤　⠤⠤⠤⠤⠤⠤⠤⠤⠤⠤⠤⠤⠤⠤⠤⠤⠤⠤
⠤⠤⠤⠤⠤⠤⠤⠤⠤⠤⠤⠤⠤⠤⠤⠤⠤⠤⠤　⠤⠤⠤⠤⠤⠤⠤⠤⠤⠤⠤⠤⠤⠤⠤⠤⠤⠤
⠤⠤⠤⠤⠤⠤⠤⠤⠤⠤⠤⠤⠤⠤⠤⠤⠤⠤⠤　⠤⠤⠤⠤⠤⠤⠤⠤⠤⠤⠤⠤⠤⠤⠤⠤⠤⠤
⠤⠤⠤⠤⠤⠤⠤⠤⠤⠤⠤⠤⠤⠤⠤⠤⠤⠤⠤　⠤⠤⠤⠤⠤⠤⠤⠤⠤⠤⠤⠤⠤⠤⠤⠤⠤⠤

⠿⠿⠿⠿⠿⠿⠿⠿⠿⠿⠿⠿⠿⠿⠿⠿⠿⠿⠿　⠿⠿⠿⠿⠿⠿⠿⠿⠿⠿⠿⠿⠿⠿⠿⠿⠿⠿
⠿⠿⠿⠿⠿⠿⠿⠿⠿⠿⠿⠿⠿⠿⠿⠿⠿⠿⠿　⠿⠿⠿⠿⠿⠿⠿⠿⠿⠿⠿⠿⠿⠿⠿⠿⠿⠿
⠿⠿⠿⠿⠿⠿⠿⠿⠿⠿⠿⠿⠿⠿⠿⠿⠿⠿⠿　⠿⠿⠿⠿⠿⠿⠿⠿⠿⠿⠿⠿⠿⠿⠿⠿⠿⠿
⠿⠿⠿⠿⠿⠿⠿⠿⠿⠿⠿⠿⠿⠿⠿⠿⠿⠿⠿　⠿⠿⠿⠿⠿⠿⠿⠿⠿⠿⠿⠿⠿⠿⠿⠿⠿⠿

（ねらい及び留意点）

　児童にとっては点の多い ⠿ の線よりも指に当たる刺激の少ない ⠒ の線、指の腹が落ちる ⠤ の線の方が負担が少なく、抵抗なくたどりやすい。また、行の中間に空きマスを設けて、一息つけるような工夫も有効である。たどり方としては以下のとおりである。

・両手指で行の終わりまで正しくたどる。
・両手指で行の終わりから戻り、行替えする。
・両手指で行をたどり、行の半ばを過ぎたら右手だけで残りをたどる。左手は先に改行し、右手が追随する。
・両手の指先は立てずに点字の上に置き、両手の人差し指を軽く接触さ

せてたどる。指先の腹でたどるが、押さえすぎないように注意する。

・両手指の行たどりに習熟したら、左右それぞれの指で別々にたどる。

【題材４－２】

「両手で左から右までたどりましょう（１）」

⠿⠿⠒⠒⠿⠿⠿⠒⠒⠿⠿

⠿⠿⠒⠒⠒⠒⠒⠒⠒⠒⠿⠿⠿

⠿⠿⠒⠒⠒⠒⠒⠒⠒⠒⠒⠒⠒⠒⠒⠒⠒⠒⠿⠿⠿

⠿⠿⠒⠒⠒⠒⠒⠒⠒⠒⠒⠒⠒⠒⠿⠿⠿

⠿⠿⠒⠒⠒⠒⠒⠒⠒⠒⠿⠿⠿

⠿⠿⠒⠒⠒⠒⠒⠒⠒⠒⠒⠒⠒⠒⠒⠒⠒⠒⠒⠒⠒⠒⠒⠒⠿⠿⠿

⠿⠿⠒⠒⠒⠒⠒⠒⠒⠒⠒⠒⠒⠒⠒⠒⠒⠒⠒⠒⠒⠒⠒⠒⠿⠿⠿

「両手で左から右までたどりましょう（２）」

⠇⠿⠿⠇⠒⠒⠒⠒⠒⠒⠇⠿⠿⠇

⠇⠿⠿⠇⠒⠒⠒⠒⠒⠒⠒⠒⠒⠒⠇⠿⠿⠇

⠇⠿⠿⠇⠒⠒⠒⠒⠒⠒⠒⠒⠒⠒⠒⠒⠒⠒⠇⠿⠿⠇

⠇⠿⠿⠇⠒⠒⠒⠒⠒⠒⠒⠒⠒⠒⠇⠿⠿⠇

⠇⠿⠿⠇⠒⠒⠒⠒⠒⠒⠒⠒⠒⠒⠇⠿⠿⠇

⠇⠿⠿⠇⠒⠒⠒⠒⠒⠒⠒⠒⠒⠒⠒⠒⠒⠒⠒⠒⠇⠿⠿⠇

⠇⠿⠿⠇⠒⠒⠒⠒⠒⠒⠒⠒⠇⠿⠿⠇

（ねらい及び留意点）

起点はすべて行頭であるが、終点は行の途中の場合もある。

⠿⠿や⠇⠿⠿⠇で示された終点まで指先を立てずに、指先の腹でできる

だけ滑らせるようにたどる。押さえつけるようにしない。

起点に両手指を正しく置き、終点までたどり、両手指で戻る。

起点に両手を置き、右手だけで終点までを往復する。さらに終点に両手を置き、起点までを左手だけで往復する。

両手指の行たどりに習熟したら、左右それぞれの指で別々にたどる。

「1本の線路」や「2本の線路」などの言葉で表現しながらたどったり、終点の形を触知できたら「ゴール」、行を移して「次のスタート」をすばやくしたりするなど、言葉と動作も関連付けられるとよい。

第2節　点字の枠組み（行・マス）の意識化

1　触読の特性と点字の枠組み

点字は、触覚によって読み取る文字である。点字の上に指先を置いて、左から右へ移動させることにより読むことができる。ただ置いただけでは点の弁別はできない。指の運動により、通過した部分の点を弁別して読み取っていく。点字熟読者であっても、指先が点字に接した部分の一字一字しか読み取ることはできない。そのため、視覚によって漢字仮名交じり文を読み取るような一覧性はなく、指先に触れた文字の短期記憶を積み重ねながら長い文章を読み取っているのである。

また、漢字仮名交じり文の墨字では文節の頭にくる言葉が漢字で表記される場合が多く、視覚によって意味の切れ目を認識しやすいが、表音仮名文字の点字では、文章を続けて書くと意味の切れ目が認識しづらい面がある。

こうした触読の特性[16]から、点字では、小学校低学年用の墨字の教科書にみられるような分かち書きを採用している。この分かち書きの切れ目に当たる部分を点字では一マスあけて表記する。この文字を書かないであけた部分を「マスあけ」という。

両手読みの動作の習得と同時に、一字一字をとらえるための点字の枠組みを十分に意識する必要がある。点字用紙は罫線のない白紙と同じであるから、ただ点があるだけではそれが何を表しているのかが分からない。行や行間あるいは隣のマスや隣の点との相対的な位置関係で、その点が何の点で、それが何の点字記号を表しているのかを判断することになる。その意味で、文字としての点字を習得する前に、点字の枠組み（行・マス）の

イメージを学習しておくことが重要である。

2　点字の枠組みを意識化するための題材例

　点字では通常、書き出し位置は二マス下げて3マス目からである。それに見出しなどが入る場合、さらに二マスずつ下げて、書き出しは5マス目、7マス目（文章の階層によっては9マス目）からとなる。書き出し位置の下がった行をみつけることも必要な課題となる。

　この節では、点字での書き出し位置のへこみや一マスあけ・二マスあけについて学習する題材を掲載し、点字の枠組み（行・マス）の意識化を図る。第1節の題材と同様に、上下の行の干渉を避けるために行間は9㎜程度あけることが望ましい。教材の作成では、1行ずつあけてもよい。

【題材4－3】

　「始まりがへこんだところを探しましょう（1）」

　「始まりがへこんだところを探しましょう（2）」

「始まりがへこんだところを数えましょう」

（ねらい及び留意点）

　文章を読む際に不可欠な、書き出し（段落）意識のレディネス教材である。点字の読みに熟練してくると行頭を縦に指で触れて段落の箇所を見つけるが、ここでは縦に触れることをねらいとせず、書き出し位置が上の行と違うということを意識できたらよい。

　書き出し位置がどのくらいへこんでいるか（2・4・6マス）、言葉に出せるとよい。声に出して数えたり、「2行目がへこんでる！」などと言葉にしたり、数える速さを友だちと競ったりなど、言葉も育てることを意識して扱ってほしい。

　提示する際には、最初の行と最後の行は、へこんでいない基準の形とする。

　片手だけによる弁別学習はここではしないが、両手指の行たどりに習熟したら、左右それぞれの指で別々にたどる。

【題材4—4】
　「一マスあけの切れ目を探しましょう」

　「一マスあけの切れ目を数えましょう」

「二マスあけの切れ目を探しましょう」

（ねらい及び留意点）

　学習のねらいは、一マスあけ（二マスあけ）の弁別と、マスあけがあっても逸脱しないで行をたどることができるようにすることによって、触読に際しての行中の一マスあけ（二マスあけ）のイメージを形成することにある。また、⠿の一マスによって、点字の一マスのイメージを形成させることも含まれている。

　声に出して数えたり、「ここ、あいてるよ」などと言葉にしたり、数える速さを友だちと競ったりして、言葉も育てることを意識して扱ってほしい。

　最初は一マスあけだけの教材で一マスあけに慣れるようにし、次いで二マスあけだけの教材で二マスあけに慣れさせる。一マスあけと二マスあけを最初から同時に出さないようにする。

　⠿のほかに、⠏や⠹の間にマスあけを入れた教材などを用意して、学習活動に変化をもたせるようにする。

　行たどりと改行動作は、1行当たり数秒以内の速さで行うことができるようにする。そうすることによって通過時間の差だけで一マスあけか二マスあけかを感覚的に弁別できるようになる。

　両手指の行たどりに習熟したら、左右それぞれの指で別々にたどる。

【題材4－5】

「一マスあけの数を数えましょう」

⠿⠿⠿⠿⠿⠒⠿⠿⠿⠒⠒⠿⠿⠿⠿⠿⠒⠿⠿⠿⠿⠿⠿

⠿⠿⠿⠒⠿⠿⠿⠿⠒⠿⠿⠿⠿⠿⠒⠒⠿⠿⠿⠿⠿⠿⠿

⠿⠿⠿⠿⠿⠒⠿⠿⠒⠿⠿⠿⠒⠿⠿⠿⠿⠿⠿⠿⠿⠿⠿

⠿⠿⠿⠿⠿⠒⠿⠿⠿⠿⠒⠿⠿⠿⠒⠿⠿⠿⠒⠿⠿⠿⠿

「二マスあけの数を数えましょう」

⠿⠿⠿⠒⠒⠿⠿⠿⠿⠿⠒⠒⠿⠿⠿⠿⠒⠒⠿⠿⠿⠿⠿

⠿⠿⠿⠿⠒⠒⠿⠿⠿⠿⠿⠿⠿⠿⠒⠒⠿⠿⠒⠒⠿⠿

⠿⠿⠒⠒⠿⠿⠿⠿⠿⠿⠿⠿⠿⠒⠒⠿⠿⠿⠒⠒⠿⠿⠿

⠿⠿⠿⠿⠿⠿⠿⠿⠿⠿⠿⠒⠒⠿⠿⠿⠒⠒⠿⠿⠿

（ねらい及び留意点）

　両手で行をたどり、一マスあけまたは二マスあけを弁別する。二マスあけの部分では、指を左右にかなり動かさないと識別することができない場合もある。そこで、できるだけ速く行たどりをすることによって、一マスあけと二マスあけの違いを逆行しなくても感じ取ることができるようにする。

　左手だけで行をたどり、一マスあけまたは二マスあけを弁別する活動、右手だけで行をたどり、一マスあけまたは二マスあけを弁別する活動もできるとよい。

　声に出して数えたり、「あった！」「これは二つあいているね。」などと言葉にしたり、数える速さを友だちと競ったりなど、言葉も育てることを意識して扱ってほしい。

【題材4－6】

「⠿の数を数えましょう（1）」

⠿⠒⠿

⠿⠒⠿⠒⠿

⠿⠒⠿⠒⠿⠒⠿⠒⠿⠒⠿

「⠿の数を数えましょう（2）」

（ねらい及び留意点）

⠿の数を数えながら、一マスの感覚を培う教材である。始まりが二マス下がった行も数え落としがないようにする。

でない点（　　　　　　　　　　　）が混ざり合ってきても、確実に一マスを意識できるようにしていきたい。

を探しながら行をたどるなかで、言葉も育てることを意識し、楽しみながら取り組めるように留意する。

両手指の行たどりに習熟したら、左右それぞれの指で別々にたどる。

【題材４－７】

「変わり目はどこでしょう（１）」

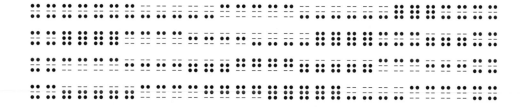

「変わり目はどこでしょう（２）」

（ねらい及び留意点）

　行途中における変化の弁別のための教材である。両手指で正しく行をた
どりながら、一マスの感覚（枠組み）を横の段（①④、②⑤、③⑥の点）
のイメージでとらえる。

　最初は変化のたびに⠿⠿や⠿⠿に戻ることにしてあるが、難易度を変え
て配列してある。

　⠿⠿⠿⠿⠿⠿⠿⠿であっても、指の上下の動きを排除して、常に指の
腹でなめらかにたどる動きを身に付けたい。

　行たどりと改行動作は、最初はゆっくり行って変わり目を確実に
弁別できるようにし、慣れるに従って次第に速く行っても弁別でき
るようにする。

　両手指の行たどりに習熟したら、左右それぞれの指で別々にたどる。

【題材4−8】

「上と下のどちらでしょう（1）」

「上　中　下のどれでしょう（1）」

（ねらい及び留意点）

　行途中における変化の弁別のための教材である。比較しやすい上下から行い、それを合わせた ⠿ をもとに、最初と最後は ⠿ ⠿ や ⠿ ⠿ で明確にしてある。

　「上、中、下」と声に出しながら行をたどるなど、興味を喚起しながら楽しんで取り組めるようにしてほしい。

　両手指の行たどりに習熟したら、左右それぞれの指で別々にたどる。

第3節　単位となる一マス6点の弁別

1　6点の弁別のための指導方法や工夫

　点字は六つの点の組み合わせによって構成されている。読み方向の凸面では、左上から左の中、左下と順に①の点、②の点、③の点で、右上、右の中、右下と順にそれぞれ④の点、⑤の点、⑥の点である。

　この六つの点の組み合わせである 63 通り（マスあけを入れて 64 通り）を、触覚的に読み取ることによって点字の読みが成立する。したがって、一マスにおける一つ一つの点の位置を正確に弁別できるようにならなければならない。

　点字触読の学習については、一マスを①②③の左側の3点と④⑤⑥の右側の3点との半マスずつに分けて弁別の練習を行い、その半マス二つを合

成して読み取れるようにしていく方法など、様々な指導方法がある。

　【題材4－11】【題材4－12】で挙げるように、①②③の点と④⑤⑥の点との間隔を広めにして弁別をしやすくしたりする工夫もある。

　点字学習指導の方法に唯一絶対はないと第1章で述べられているとおり、永年の研究・指導実践によって様々な指導方法が考えられている。

　「点字を学ぶ」児童生徒、ひいては「点字で学ぶ」児童生徒のために、ICT の効果的な活用も含めて、今後もより良い方法を模索するべきことは言うまでもない。

2　単位となる一マス6点の弁別のための題材例

　点の位置の弁別の指導方法について、本節では、当初から一マスを1単位として認識することを意図した題材を掲載する。

【題材4－9】

　「上と下のどちらでしょう（2）」

　「上　中　下のどれでしょう（2）」

（ねらい及び留意点）

　一マス横段（①④と②⑤と③⑥の点）の意識化教材である。比較しやすい上下から行い、それを合わせた⠿をもとに、最初と最後は基準となる⠿⠿や⠿⠿で明確にしてある。次に、⠿　⠿の後に続けて示してある。

　基準が左右両側にある場合には、左側を手掛かりにしても、右側を手掛かりにしても弁別できるように、両側の基準を使用する。

　両側のマスも含めて一マスの感覚（イメージ）を触知できるようにする。

　「上、中、下」と声に出しながら触知するなど、興味を喚起しながら楽しんで取り組めるようにしてほしい。

　また、点字記号がない部分（記号間の二マスあけ）でも行たどり動作の定着を図るようにする。

　上・中・下の位置の弁別が確実にできるようになったら、行たどりと改行動作の速さを増すようにする。

　両手指の行たどりに習熟したら、左右それぞれの指で別々にたどる。

【題材 4 － 10】

　「左と右のどちらでしょう（1）」

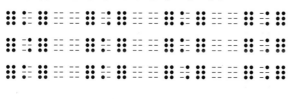

⠿⠒⠿⠿⠿⠿⠿⠿⠒⠒⠿⠒⠿⠿⠒⠿⠒⠿

⠿⠒⠿⠒⠿⠿⠿⠒⠿⠿⠒⠿⠒⠿⠿⠿⠒⠿

⠿⠒⠿⠒⠿⠿⠿⠿⠒⠿⠒⠿⠒⠿⠒⠿⠿⠿

⠿⠒⠒⠿⠒⠿⠒⠒⠿⠿⠒⠒⠿⠿⠒

⠿⠒⠒⠿⠿⠒⠿⠒⠒⠿⠒⠒⠿⠿⠒

⠿⠒⠒⠿⠿⠒⠿⠒⠒⠿⠒⠒⠿⠿⠒

「左と右のどちらでしょう（2）」

⠿⠒⠿⠿⠿⠿⠿⠿⠒⠒⠿⠒⠿⠿⠒⠿⠒⠿

⠿⠒⠿⠒⠿⠿⠿⠒⠿⠿⠒⠿⠒⠿⠿⠿⠒⠿

⠿⠒⠿⠒⠿⠿⠿⠿⠒⠿⠒⠿⠒⠿⠒⠿⠿⠿

⠿⠒⠿⠒⠿⠿⠿⠒⠿⠿⠒⠒⠿⠿⠒

⠿⠒⠒⠿⠿⠒⠿⠒⠿⠿⠒⠒⠿⠿⠒

⠿⠒⠒⠿⠿⠒⠿⠒⠒⠿⠿⠒⠿⠿⠒

⠿⠒⠿⠒⠿⠒⠒⠿⠒⠒⠿⠒⠿⠿⠒⠿⠒⠿

⠿⠒⠿⠒⠿⠿⠿⠒⠿⠒⠒⠿⠒⠿⠿⠿⠒⠿

⠿⠒⠿⠒⠿⠿⠿⠒⠿⠒⠒⠿⠒⠿⠒⠿⠿⠿

⠿⠒⠿⠒⠿⠒⠒⠒⠿⠒⠒⠿⠿⠒

⠿⠒⠒⠿⠿⠒⠒⠒⠿⠒⠒⠿⠿⠒

⠿⠒⠒⠿⠿⠒⠒⠒⠿⠒⠒⠿⠿⠒

「左と右のどちらでしょう（3）」

⠿⠒⠿⠒⠒⠿⠿⠒⠿⠒⠒⠿⠒⠿⠒⠒⠿⠒⠿

⠿⠒⠿⠒⠒⠿⠿⠒⠿⠒⠒⠿⠒⠒⠿⠒⠿⠒⠿

⠿⠒⠒⠒⠿⠒⠒⠒⠿⠒⠒⠒⠿⠒

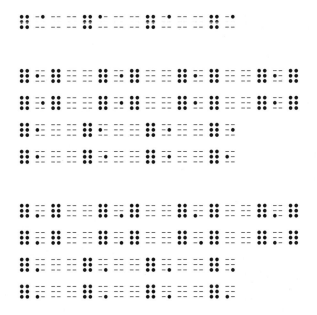

（ねらい及び留意点）

　一マス縦行（①②③と④⑤⑥の点）の意識化教材である。比較しやすい⠿と⠿から行い、最初と最後は基準となる⠿⠿で明確にしてある。次に、基準となる⠿の後に続けて示してある。

　基準が左右両側にある場合には、左側を手掛かりにしても、右側を手掛かりにしても弁別できるように、両側の基準を使用する。

　両側の基準マスも含めて一マスの感覚（イメージ）を触知できるようにする。

　「右、左」と声に出しながら触知するなど、興味を喚起しながら楽しんで取り組めるようにしてほしい。

【題材４－11】
　「同じものはどちらでしょう（１）」

「同じものはどちらでしょう（2）」

「同じものはどれでしょう（1）」

「同じものはどれでしょう（２）」

（ねらい及び留意点）

　一マスの６点の弁別のための教材である。「どちらでしょう」は、⣿で囲まれた二つから同じものをみつける。「どれでしょう」は、⣿で囲まれた三つから同じものをみつける。

　一マスの感覚（枠組み）を意識づけるために、基準となる⣿で囲んである。

　左指を行頭の⣿で囲まれた箇所に固定し、右指で右側の二つ（三つ）を比べながら触る。左右の逆転した形（鏡字）を意図的に盛り込んではあるが、初学の児童にとって左右の逆転した形（鏡字）は、とりわけ弁別が難しく時間がかかるものである。児童によっては混乱してしまうこともある。児童の様子を十分に観察しながら、確実にできるようになった題材や線たどりの練習に戻ってもよいので、急ぐことなく進めればよい。

　弁別しやすくするための工夫の一つとして、次のような教材も有効である。二マスを使い、一マス目の④⑤⑥の点と二マス目の①②③の点を一マスに見立てる。そうすると、通常の一マスよりも①②③の点と④⑤⑥の点の間が若干広くなる。⣿ ⣿ ⣿ ⣿ ⣿など、弁別が難しい場合は、以下のような形で提示して学習を進めるとよい。

　　　　⣿⣿⣿　　　⣿⣿⣿　　　⣿⣿⣿　　　⣿⣿⣿　　　⣿⣿⣿

　ただし、この場合も点字に触れる指先が同時に一マスの枠組み全体に触れることができるように留意する。低学年児童の小さな指に大きめの点字を与えてしまうと、マス全体に触れようとして上下に探る指の動きが出てしまうのでよくないからである。

　確実に弁別できるようになったら、弁別の速さを増すようにする。

　同じものを探す際に、「右（左）のが同じ」「まん中のだ」「右端のが同じ」「一つ目かな」「２番目は違うよ」など、言葉を表出させながら探せるようにし、言葉も一緒に育てる意識をもって指導に当たってほしい。

【題材４－12】

　「違うものを探しましょう（１）」

　　　⣿⣿⣿⣿　⣿⣿⣿⣿　⣿⣿⣿⣿　⣿⣿⣿⣿　⣿⣿⣿⣿

　　　⣿⣿⣿⣿　⣿⣿⣿⣿　⣿⣿⣿⣿　⣿⣿⣿⣿　⣿⣿⣿⣿

　　　⣿⣿⣿⣿　⣿⣿⣿⣿　⣿⣿⣿⣿　⣿⣿⣿⣿　⣿⣿⣿⣿

「違うものを探しましょう（2）」

（ねらい及び留意点）

　一マスの6点の弁別のための教材である。基準となる⠿で囲まれた、あるいは⠿に続く四つから違うもの一つをみつける。左右の逆転した形（鏡字）を意図的に盛り込んではあるが、【題材4－11】と同様に、児童の様子を十分に観察しながら、確実にできるようになった題材で確認するなど工夫して支援する。

　【題材4－11】と同様に、弁別しやすくするための工夫の一つとして、次のような教材も有効である。二マスを使い、一マス目の④⑤⑥の点と二マス目の①②③の点を一マスに見立てる。そうすると、通常の一マスよりも①②③の点と④⑤⑥の点の間が若干広くなる。⠿⠿⠿⠿⠿など、点の数の多い字の弁別は難しいので、以下のような形で提示して学習を進めるとよい。

　　　　　　⠿⠿⠿　　　⠿⠿⠿　　　⠿⠿⠿　　　⠿⠿⠿　　　⠿⠿⠿

　ただし、この場合も点字に触れる指先が同時に一マスの枠組み全体に触れることができるように留意する。低学年児童の小さな指に大きめの点字を与えてしまうと、マス全体に触れようとして上下に探る指の動きが出てしまうのでよくないからである。

　両指で一つずつ触知しながら、ゲーム感覚で取り組めるとよい。

　確実に弁別できるようになったら、弁別の速さを増すようにする。

　違うものを探す際に、「右のだよ、だって下に点がないよ。」「二つ目のだ」「左端のが違う」など、言葉を表出させながら探せるようにし、言葉も一緒に育てる意識をもって指導に当たってほしい。

第4節　点字の形と字音の結び付け

1　点字の形と字音を結び付ける意義

　両手読みの動作の習得、行とマスという点字の枠組みの意識化、一マス6点を一つの単位とした6点の組み合わせの弁別の学習が進めば、いよいよ点字の形と字音の結び付けに入る。

　点字は、ひらがなやカタカナなどと同じで、表音文字である。また、墨字を目で読み取るように一度に何文字かを言葉として読み取ることは難しく、指先に触知される一マス一マスの字を組み立てて言葉として理解して

いかなければならない。ここに、一字一字を明確に字音に対応させて指導する必要性がある。

　そのようにみてくると、文字の学習に入るためには音声（話し言葉）の基礎学習がなされなければならない。第3節までの題材の（ねらい及び留意点）において、「言葉も一緒に育てる意識をもって指導に当たってほしい。」と繰り返されているのは、この理由からでもある。

2　点字の形と字音を結び付けるための題材例

　この節における点字の形と字音の結び付けについては、国語の教科学習に基づいて五十音の順序での提示順とし、点字の点の数や字形による提示順はとらない。これにより、国語科の学習とも連携を密にする。

　点の位置の弁別学習を十分に行い、点字の一マスの枠組みが理解できるようにつとめ、安易に文字としての指導に進まないようにすることは前述したとおりだが、児童の状況によっては線たどりの時点で「れれれれ」「ふふふふ」と覚えてしまうことは少なくない。それを否定することはないが、直音（清音・濁音・半濁音）・拗音・拗濁音・促音・撥音・長音など、国語科の学習の進度に合わせて改めて確認させたい。

【点字の形と字音】

（ねらい及び留意点）

　点字の形と字音を結び付ける最初の教材として、半世紀以上にわたり本手引きや点字教科書に掲載されている、触れてわかりやすい字形のみで構成した題材である。

　読みやすさを考慮し、初めに音ごとにマスあけした言葉を提示し、次にマスあけしない言葉を提示する。

　言葉を読むという新しい段階に進むことを意識づけ、「読めた！」とい

う気持ちを喚起して動機づけをするために、五十音の学習に先立って提示する意味は大きい。

【清音の提示の仕方と語例】

　以下のように、各音は基準である⠿で囲んで⠿⠒⠿の形で提示する。これは、⠒の点だけでは基準がないため、どの点であるかがわからないからである。

　字形と字音とを結び付けながら読んでいくが、その際も指先を立てることなく指の腹を使い、指の上下動を排除して横に滑らせるような読み方ができるよう支援する。

（ア行の字形と該当音から始まる語例）

⠿あ⠿	あか	あお
⠿い⠿	いう	いえ
⠿う⠿	うえ	うお
⠿え⠿	えき	
⠿お⠿	おか	おけ

　以下、それぞれの行ごとに、該当音から始まる語例を紹介するが、児童が可愛がっているペットの名前や好きな食べ物などの身近な言葉に置き換えるなどして、興味を喚起する言葉集めをしてもよい。その際でも、点字の形と字音はくり返し発音するなどして丁寧に結び付ける。

　　【カ行】かお　かき　きく　きかい　くき　くい
　　　　　　けいこ　こい　こえ
　　【サ行】さい　さか　した　しお　すし　すいか
　　　　　　せき　そと　そこ
　　【タ行】たこ　たて　ちか　ちち　つち　つき
　　　　　　て　てつ　とし　とけい
　　【ナ行】なす　なつ　にく　にし　ぬう　ぬの
　　　　　　ねこ　ねつ　のこす

【ハ行】はな　はこ　ひと　ひなた　ふく　ふね
　　　　へい　へそ　ほね　ほし
【マ行】まえ　まち　みち　みせ　むし　むね
　　　　め　めし　もも　もち
【ヤ行】やね　やさい　ゆめ　ゆき　よむ　よこ

【ラ行】らいと　らむね　りす　りか　るす
　　　　れつ　れい　ろく
【ワ行】わに　わたし　めを　さます　てを　あらう

【五十音表】
　日本語の音節は、促音と撥音とを除けば行と段という体系で五十音表に整理することができる。これまで個別に学習してきた清音45字を五十音表として提示しその体系を学習する。もちろん、第1学年国語の教科書にも掲載されているので関連付けられるとよい。
　また、五十音表の学習は、音と対応させながら字形の学習を進めてきたまとめとしてだけではなく、濁音や長音、拗音の学習に進むためにも五十音表の理解を確かなものにしておくことが大切である。

　（五十音表を用いた学習例）
①　声に出して読みましょう
　五十音表を声に出して読む。全ての点字音を間違いなく読めるようにすることをねらいとせずに、五十音表を指と耳で覚えるような感じで読み進める。教師に続いて読むのもよい。暗唱できるとよい。
②　五十音表をたどりましょう
　①で覚えた五十音表を丁寧に指で確認しながら、声に出してたどる。
③　横に読んでみましょう
　あ　い　う　え　お　　か　き　く　け　こ　……
　行の意識を形成する。大きな声で楽しみながら読めるとよい。
④　縦に読んでみましょう
　あ　か　さ　た　な　は　ま　や　ら　わ　……
　段の意識を形成する。大きな声で楽しみながら読めるとよい。縦に読むことは初めての学習活動であるので、両手の協応動作を大事にする。教師

が手を添えたりして丁寧に指導する。

⑤　長く伸ばしてみましょう

　　あー　　かー　　さー　　たー　　なー　　はー　　まー　　やー　　らー　　わー

　　いー　　きー　　しー　　ちー　　にー　　ひー　　みー　　いー　　りー　　いー　　……

　　重視したい学習内容である。長く伸ばして発音すると、同じ段なら同じ母音が出てくることに気付かせたい。

⑥　同じ部分を探しましょう

　　五十音表をたどりながら、同じ行には子音の③⑤⑥の一部または全部の点、同じ段には母音の①②④の一部または全部の点があることに気付かせたい。

【撥音「ん」】

　　撥音の「ん」は、マ行の子音と同じ③⑤⑥の点で表記する。撥音は1拍と数えるので、「ほん」は2拍、「きりん」は3拍、「おんせん」は4拍である。

　　声に出しながら、字音と字形を結び付ける。「ん」のつく言葉集めをしてもよい。

【濁音・半濁音】

　　点字では、濁音は濁音符（⑤の点）を清音に前置して表記する。半濁音は半濁音符（⑥の点）を清音に前置して表記する。つまり、二マスで1字を表すことになる。前置するのは、触読の特性からで、清音を先に読んだ後に濁音符があることに気付くのでは正しく読めない。点字の場合、拗音を表す④の点や数字を表す数符など、どれも前置することによって正しい読みを成立させている。

　　濁る音の言葉も、ア行の言葉と同様に、まずは基準となる ⠿ で囲んで示し身近な語例を挙げる。語例については、児童の興味・関心を引き出すものを用いたい。

　　（ガ行の字形と該当音の語例）

```
⠿⠒⠿⠐⠿⠐⠿⠐⠿    ⠿ぐ⠿　ぐらす　ながぐつ
⠿⠐⠿⠐⠿⠐⠿⠐⠿    ⠿げ⠿　げーむ　げんき
⠿⠐⠿⠐⠿⠐⠿        ⠿ご⠿　ごま　ごはん
```

　以下、それぞれの行ごとに、該当音から始まる語例を紹介するが、児童の興味・関心を引くような言葉集めをしてもよい。また、濁音符が付いているかどうかで違ってくる言葉を読み比べてもよい。その際でも、点字の形と字音はくり返し発音するなどして丁寧に結び付ける。

　なお、連濁・連呼である「はなぢ」「ちぢむ」の「ヂ」と、「てづくり」「つづき」の「ヅ」については、この時点では墨字を使用している児童同様に、語頭にはこないことなどの仮名遣いの詳しい指導はしなくてもよい。

【ザ行】ざる　かざり　じかん　ひつじ　ずきん　すず
　　　　ぜんいん　かぜ　ぞーきん　なぞなぞ
【ダ行】だんご　くだもの　ちぢむ　はなぢ　つづき　こづかい
　　　　でんわ　うで　どあ　のど
【バ行】ばす　ばった　びん　ゆび　ぶた　ぶどー　べんとー
　　　　なべ　ぼたん　りぼん
【パ行】ぱん　らっぱ　ぴあの　てんぴつ　ぷりん　こっぷ
　　　　ぺっと　ぺんぎん　ぽすと　たんぽぽ

（濁音符の有無による読み比べの語例）
　　　　ふた―ぶた　さる―ざる　かき―かぎ　こま―ごま
　　　　てんき―でんき　からす―がらす

【長音】
　点字では、長音の表記はかなり複雑である。五十音の列ごとにまとめると、以下のとおりである。
①　ア列の長音は、ア列の文字に「ア」を添える。
　　オカアサン　オバアサン
②　イ列の長音は、イ列の文字に「イ」を添える。
　　オニイサン　オジイサン

③　ウ列の長音は、ウ列の文字に②⑤の点の長音符を添える。

　　　クーキ　フーセン　ユーヒ　タイフー　ユーキ

　＊ただし、動詞の語尾など長音でない語には、長音符を用いない。

　　　ヌウ（縫う）　ユウ（結う）

④　エ列の長音は、エ列の文字に「エ」を添える。

　　　オネエサン　ネエ

　＊ただし、次のような語はエ列の長音として発音されることもあるが、
　　墨字の仮名遣いと同様に「イ」を添えて書き表す。

　　　トケイ（時計）　ケイタイ（携帯）　カテイカ（家庭科）

　　　テイネイ（丁寧）　センセイ（先生）

⑤　オ列の長音は、オ列の文字に原則として②⑤の点の長音符を添える。

　　　オトーサン　イモート　オーサマ　ガッコー

　＊ただし、次のような語はオ列の長音として発音されることもあるが、
　　墨字の現代仮名遣いと同様に「オ」を添えて書き表す。

　　　よく使う語を次のような文にして覚えておくとよい。

　　　トオクノ　オオキナ　コオリノ　ウエヲ　オオクノ

　　　オオカミガ　トオッタ

　初学の点字導入の段階で、長音符の使い方をすべて理解することは難しいため、日常的によく使う言葉を例として挙げ、それを読みながら正しい使い方を身に付けていくことが望ましい。その際、教師は正しいはっきりとした発音をするように心がけ、学習状況に応じて、上記の決まりを説明する。また、発音する際も、児童は漢字で確認できないので「トケエ」「１ネンセエ」ではなく「トケイ」「１ネンセイ」と、仮名遣いに準じた発音をする。

　また外来語や擬声語に関しては、上記の決まりには合わない。国語科の「カタカナで書く言葉」の題材と関連付けたり、自立活動の時間を含めた学校生活の様々な場面で、折に触れて指導していくことが望ましい。

　＊外来語や擬声語の長音符を用いる例

　　　カード　チーズ　プール　ケーキ　ゲーム　ボール

　　　カーカー　ブーブー　モーモー

【促音】

　点字での促音は、促音符である②の点を清音に続けて表記する。促音は1拍と数えるので、「きって」「まっと」「らっこ」等は3拍、「サンドイッチ」は6拍と数える。

　言葉に出しながら、字音と字形を結び付ける。墨字児童と一緒の学習の場合は、墨字ではちいさい「つ」を書くことをこの時点で知らせてもよい。

　「ねこ―ねっこ」など、読み比べさせてもよい。

【拗音・拗濁音・拗半濁音】

　点字では、拗音は拗音符（④の点）を前置して表記する。拗濁音は拗音符と同じマスに濁音符である5の点を追加する。拗半濁音は同様に⑥の点を追加する。中途障害者の場合は、ローマ字表記のyが④の点に対応することを説明すると理解が速いが、ローマ字表記の学習は小学中学年である。そのため、初学の児童の場合は、「きゃ」がカ行であり、伸ばして発音するとア段に属することを教師とともに発音して確認しながら、具体的な語例を挙げて指導する。また、拗濁音や拗半濁音の場合は、拗音を理解した後で濁点や半濁点を追加する方が理解しやすい。

（カ行の拗音の字形と該当音の語例）

（拗音の語例）
　しゃつ　でんしゃ　しゅくだい　うんてんしゅ
　しょくじ　きょーかしょ
　ちゃわん　おもちゃ　ちゅーしゃ　ちゅーりっぷ
　ちょきん　ちょこれーと
　にゃーにゃー　こんにゃく　にゅーす　にゅーよーく
　にょろにょろ

ひゃく　ひゅーひゅー　ひょーたん　ひょーし
みゃく　みゅーじっく　みょーじ　りゃくず
りゅっく　こーりゅー　りょこー　りょーて

ぎゃく　ぎゅーにく　ぎゅーにゅー　ぎょーざ　にんぎょー
じゃんぐる　じゃんけん　じゅーす　じゅぎょー
じょーず　てんじょー
ゆのみぢゃわん

びゃくや　びゅーびゅー　びょーいん　てびょーし
ぴゅーま　ぴょんぴょん　はっぴょー

　児童にとって身近な身体・学習に関するもの、食べ物、乗り物、動物などを掲載しているが、墨字ではカタカナで書く外来語や擬音語も含まれている。

【数字の読み方】
　数字は、数符（③④⑤⑥の点）を前置して表す。数字を表す言葉も児童の生活のなかではよく用いられるものである。数符に触れたら数字だなという意識をもって点字に触れるような、言葉かけが大切である。また、数字を表す言葉であっても「ひとつ」「ふたり」「みっか」などの和語は仮名で書いてあることを伝え、学級日誌などの書きの指導に関連付ける。
　題材例として次に挙げるが、適切な助数詞を付けて示してある。第1つなぎ符が必要なもの、助数詞によって読み方が異なるものも掲載したが、児童の実態に配慮して活用されたい。

⠼⠁	1ねんせい	1＿い
⠼⠃	2ばん	2かい
⠼⠉	3くみ	3かくけい
⠼⠙	4がつ	4にん
⠼⠑	5びょー	5＿えんだま
⠼⠋	6だい	6ぽん
⠼⠛	7じ	7だい

⠿⠿　8 ひき　　8 さい

⠿⠿　9 まい　　9 がつ

⠿⠿⠿　10 さつ　　10 こ

【特殊音】

　「よく使われる特殊音」として平成 3 年内閣告示『外来語の表記』及び『日本点字表記法』に掲載されている「国語化の程度の高い語」13 種を次に掲げる。

　ここまで学習を進めてきた児童にとっては、普段よく使う「ティッシュ」や「ファイル」等はすらすらと読める場合も多い。具体例とともに指導するが、児童にとってなじみのない語例も少なくない。児童それぞれの実態に合わせて、活用されたい。

よく使われる特殊音　13 種

⠿⠿　シェイク　ポシェット　　　　⠿⠿　ジェットキ

⠿⠿　チェンジ　チェリー　　　　　⠿⠿　ティッシュ　パーティー

⠿⠿　ビルディング　　　　　　　　⠿⠿　モーツァルト

⠿⠿　コンツェルン　　　　　　　　⠿⠿　カンツォーネ

⠿⠿　ファイト　ファイル　　　　　⠿⠿　フィールド　トロフィー

⠿⠿　パーフェクト　フェンス　　　⠿⠿　フォーク

⠿⠿　デュエット　フォンデュ

第5節　マスあけ（分かち書き・切れ続き）の基礎的な理解

1　触読導入の学習の最終段階にあたって

　前に述べたように、漢字仮名交じり文では、漢字が語の区切り目を表すことが多いため分かち書きをしていないが、表音文字である点字では、語の区切り目を明らかにするために分かち書きをする必要がある。

　点字の分かち書きは、文節で区切ることが第一の原則である。文節は、発音や意味のうえで不自然にならないように、文をできるだけ短く区切っ

たまとまりと定義される。「ね」や「さ」などの助詞を差し込んで区切れるかどうかを判断できる。サ変動詞などの例外を除けば、点字は原則的に文節の切れ目でマスあけをしている。なお、国語科の学習で文節という用語を学習するのは中学 1 年で、点字初学の児童の教科学習にはまだ出ていない。

　また、切れ続きは、複合語内部の意味の切れ目を明確にするために行うマスあけのことである。「自立活動」「総合学習」「小学部 1 年」「○○先生」「カレーライス」など、児童の生活の中での使用頻度は大きい。

　マスあけは、この分かち書きと切れ続きに分けられる。本節では、児童の理解のしやすさを考え、第 2 節から使用しているマスあけという用語で学習を進める。もちろん、中途障害の生徒等においては、文節の分かち書き・複合語の切れ続きについて用語を使用して説明することに差し支えはない。

　点字の触読導入の最終段階にあたっては、1 字 1 字の弁別ではなく、文節ごとを単位として、意味も理解しながら読めるように指導していくことが大切である。マスあけがあるから読みやすいということを、読みながら実感できるようにするとよい。

　また、1 字 1 字の正確な読みはもちろん大切であるが、それにとらわれ過ぎることなく、「読めた！」という気持ちを大切に、「もっと読みたい」「速く読めるようになりたい」という意欲を喚起できるような言葉かけや支援が必要になる。「もっと読みたい」気持ちになるには、「読めた」という確信が基盤になる。少々の誤読はあってもどんどん読む体験、読みたいと思う文例の提示、周囲の賞賛の言葉かけなど様々な工夫ができよう。また、読む際に、滑らかな両手読みの動きを支援できるように手を添えることも、この段階であっても行ってよい。

2　マスあけの基礎的な理解のための題材例

　以下は、点字触読練習のための児童の生活経験に沿った内容の文例である。句点・読点の導入、第 1 かぎを使用している。最初に与える文例としては、児童の感覚（触覚・聴覚・味覚・嗅覚）を活用させ、視経験がないとわかりづらい内容は避けるべきである。

　　　文を読んでみましょう(1)
ぶんの　くぎりわ　てん（⠰）
ぶんの　おわりわ　まる（⠲）

せんせい、　おはよー　ございます。
みなさん、　おはよー　ございます。
おひさま　ぽかぽか、　げんきに　あるく。

ばななが　すき。
かわわ　すべすべ。
まがった　かたち。
かわを　むくと、　いい　におい。
たべると　あまい、　おいしい　ばなな。

　　　文を読んでみましょう(2)
いぬが、　いる。
なまえわ、　なにかな。
さわると、　けわ　ふさふさ。
いぬが、　てを　なめる。
ぺろぺろぺろ。
あったかいね。

かぜが　ふく。
まどを、　がたがた。
どあを、　ぎーぎー。
ほんを　めくって、　にげて　いった。

　　　文を読んでみましょう(3)
はなし　ことばにわ、　かぎ　「・・・」を　つけます。

あさの　あいさつ、　「おはよー」。
ごはんの　まえにわ、　「いただきます」。
ごはんの　あとにわ、　「ごちそーさま」。

でかける　ときにわ、　「いってきます」。
かえった　ときにわ、　「ただいま」。
よるの　あいさつ、　「おやすみなさい」。
ああ、　ねむい。

　言葉遊びが好きな児童は多い。以下は教師と一緒に言葉遊びを楽しみながら、点字の表記、基本的な仮名遣い・分かち書きに慣れるための教材である。

　マ行など点の数が多い字、拗半濁音など読みにくい字、左右逆転した字（鏡字）、⠿⠿　　⠿⠿などの誤読しやすい字を意図的に入れ込んであるが、この時点でそれらを正確に読まなければならないということはない。六つの点の確実な触読によって正確に読むことは大切であるが、読めたという達成感を基盤に、声に出して読みながら音やリズムを楽しめるように工夫した活用を期待する。

　　　声に出して何度も読みましょう
　いぬも　あるけば　ぼーに　あたる
　はなより　だんご
　ちりも　つもれば　やまと　なる
　2かいから　めぐすり
　わらう　かどにわ　ふく　きたる
　えんの　したの　ちからもち
　ねこに　こばん

　むかし　むかし　ある　ところに、　おじいさんと　おばあさんが
すんで　おりました。　　おじいさんわ　やまえ　しばかりに、
おばあさんわ　かわえ　せんたくに　いきました。　　ある　ひ、
おばあさんが　せんたくを　して　いると、　むこーの　ほーから
おおきな　ももが、　どんぶらこ、　どんぶらこ、　と　ながれて
きました。

　こーちょー　せんせい
　しょーがく　1ねんせい

じりつ　かつどー
ぜんこー　しゅーかい
かれー　らいす
おれんじ　じゅーす
けいたい　でんわ
けいさん　どりる

　　声に出して何度も読みましょう
うらにわにわ　２わ、　にわにわ　２わ、　にわとりが　いる。

なまむぎ　なまごめ　なまたまご
あかまきがみ　あおまきがみ　きまきがみ
となりの　きゃくわ　よく　かき　くう　きゃくだ

かえる　ぴょこぴょこ　みぴょこぴょこ
あわせて　ぴょこぴょこ　むぴょこぴょこ

おどろき　ももの　き　さんしょの　き
けっこー　けだらけ　ねこ　はいだらけ
おっと　がってん　しょーちのすけ
なんか　よーか　ここのか　とおか

　　声に出して何度も読みましょう
たこ　たこ　たこ　たこ　わらった　こねこ
いか　いか　いか　いか　いっても　いいかな
かい　かい　かい　かい　てんじで　かいた

まつ　まつ　まつ　まつ　ばすを　まつよ
たけ　たけ　たけ　たけ　あれ　わすれたっけ
うめ　うめ　うめ　うめ　うなどん　うめえ

あわあわ　おふろで　あわだらけ
わくわく　こころが　はずんでる

> わいわい　みんなで　でかけよー
>
> てんてん　てんじは、　みんなの　ともだち！

3　触読の学習のための学習環境

　墨字で学んでいる児童は、絶えずその視野に墨字が入ってくる。教室にいても通学途上であっても、まわりに文字があふれている。日常的に、意識的にも無意識的にも墨字を目にしているので、そこからも文字を読む学習をしていると考えられる。

　しかし、点字使用児童の場合、点字の本やプリント以外には、意識的にも無意識的にも点字を読む機会は少ないと言わざるを得ない。様々な場所等での点字表示は増えてはきたが、積極的に触れに行かなくては触読の機会は限られてしまう。学習の場において、「何か書いてあるな、読んでみよう」と児童自身が積極的に手を出せる機会を増やすよう教室表示などを工夫し、「触ったところに点字がある」というような学習環境を整えてほしい。

第5章　書きの学習の実際

　一般に文字学習においては、読みと書きは互いに補い合うものであり、書くことによって記憶の正確さが増し、自己表現の手段も広がる。そのため、書きの導入を急ぐ考え方もあるが、レディネスの形成の状態は児童一人一人で異なる。レディネスの形成が十分でないと考えられるときは、手の運動の統制学習や形の概念の形成など、点字の特性を踏まえた基本的な学習から始めることが大切である。（第3章参照）

　本章では、点字の書きの学習の導入段階における一般的な学習プログラムを取り上げる。その内容は次のとおりである。

　(1)　点字タイプライターによる書きの学習
　(2)　点字盤・携帯用点字器による書きの学習
　(3)　字音と点字を結び付けて、語を書き表す学習
　(4)　分かち書きと切れ続きの学習
　(5)　表記符号の学習

　点字盤を用いて書きの学習を行う場合は、書いたものを裏返して読むために、読みと書きでは、点の位置が左右逆になる。また、点字盤の小さいマスに一点一点順を追って書いていくためには、手指の機能や巧ち性の発達が必要である。そのため、点字盤による書きの学習は、入門期の初期の学習段階の児童には負担が大きい。

　一方、凸面書きの点字タイプライターは、書いた点字を裏返さずにそのまま読むことができ、適当な力でキーを押せば一様な点字を書くことができる。したがって、入門期の点字学習の初期においては、児童の負担をできるだけ少なくすることを優先する観点から、凸面書きの点字タイプライターによる学習が効果的であると考えられる。

　しかし、必ずしも点字タイプライターの使用にのみ固執する必要はなく、児童の実態、学習能率、指導方法、用具の特徴などをよく検討したうえで、最も適したものを選ぶことが大切である。いずれにしても、点字盤は携帯に便利であること、故障が少ないこと、書いているときの音が静かであることなどの優れた点があり、その有用性は、学習が進むにつれて高くなるので、適切な時期に点字盤による書きの指導を行う必要がある。

　また、初期の段階において文字としての学習が完成しても、すぐに文を書くことが可能になるわけではない。墨字の場合でも同じことがいえるが、特に点字の場合は、文節分かち書きを習得しなければならないので、文、文節、単語の理解を深める様々な工夫が必要である。国語の教科指導等と連携することが望ましい。

　なお、ここで取り上げる内容は、小学部段階で指導すべきものであるが、中途視覚障害者や重複障害の児童生徒の場合も、語いや題材を工夫しながら基本的には同じ内容を用いることができる。

第1節　点字タイプライターによる書きの学習

1　点字タイプライターの使い方の学習

　点字タイプライターには様々な種類のものがあるが、初期の指導では、読むときと同じ配列で打つことができ、書いた字をすぐに確認することができるものがよい。

　ここでは、一般的に用いられることの多いパーキンスブレイラーを取り上げて説明することにする。（日本点字図書館の資料より）

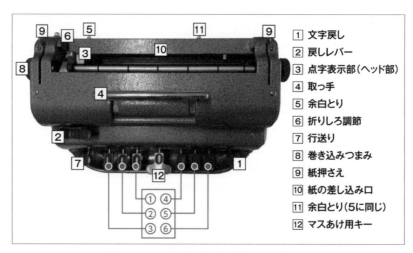

1 文字戻し
2 戻しレバー
3 点字表示部（ヘッド部）
4 取っ手
5 余白とり
6 折りしろ調節
7 行送り
8 巻き込みつまみ
9 紙押さえ
10 紙の差し込み口
11 余白とり（5に同じ）
12 マスあけ用キー

図 5-1　点字タイプライター

【題材 5 − 1 】

(1)　「点字タイプライターの動くところを確かめてみよう」

〈ねらい〉

　点字タイプライターの操作を覚え、一人で動かすことができる。

〈内容〉

　ア　両足裏を床につけ、両肩は水平に保ち、姿勢を正す。体は机にまっ
　　すぐに向け、机の高さは、腕をやや下げて、点字タイプライターの
　　キーの上に指が置けるように、低く調整する。

　イ　マスあけをするためのキー（以下、「マスあけ用キー」という。）を
　　押して指を戻すと、点字を打ち出す部分（以下、「ヘッド部」という。）
　　が一マス右へ移動することを知る。また、どの程度の力を入れたらよ
　　いかを理解する。

　ウ　手首を下げないようにして、マスあけ用キーを連続して押していく。
　　ヘッド部が動かなくなったら元に戻し、再びマスあけ用キーを押して
　　いく。

　エ　ベルが鳴った後、何回押すとヘッド部が移動しなくなるかを数える。

　オ　そのほかに動くところがないかを探す。

【留意事項】

　ア　教師がキーを操作する音を聞くことにより、指の力の強さを知らせ
　　る。

　イ　マスあけ用キーは原則として利き手親指を使うが、始めはどの指で
　　操作してもよい。キーを押して指を離すと、ヘッド部が一マス動くこ
　　とを理解する。

　ウ　正面中央がマスあけ用のキーで、その左は内側から順に、①の点、
　　②の点、③の点、右は、内側から順に、④の点、⑤の点、⑥の点の各
　　キーである。左端の丸いキーは行送り、右端の丸いキーは、一マス戻
　　しである。それぞれのキーにシールなどを貼って手掛かりとするなど
　　の工夫をするとよい。

　エ　ベルは、7マス打ったら行末となるようにセットし、行移しの手掛
　　かりとなるようにする。

　オ　パーキンスタイプライターには木製の点消し棒が付属されているが、
　　児童が使用するには難しく、使い方の指導は小学部の段階ではしなく
　　てもよい。

カ　タイプライターは、直射日光の当たらない、落下の危険のない場所
　に保管し、ほこりよけカバーをかぶせておく。ほこりが点字用紙の差
　込口などからタイプライターの内部に入ってしまうと、機械部品の故
　障につながりやすいからである。

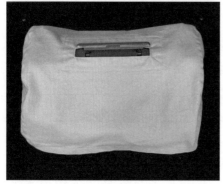

図 5-2

【ほこりよけのカバーをかけた例】
　写真は、パーキンス付属品の専用カ
バーと、手作りの布製のカバー。
　児童が学習で日常的に使用する場合に
は、児童の机の脚元横に専用の箱（底を
補強した段ボール箱など）を設けて、そ
の中にカバー（専用カバー・布カバーや
適当な大きさの布）をかけて保管すると
よい。タイプライターの置き場所につい
ては、学級の児童全員に周知し、みだり
に場所を変更することがないようにする。

(2)　「点字用紙をセットしてみよう」
〈ねらい〉
　　点字用紙を正しく差し込み、書き始めの状態にすることができる。
〈内容〉
ア　左右の巻き込みつまみを向こう側の方向へ止まるまで回し、紙押さ
　　えを手前に引く。
イ　差し込み口の台に紙を乗せ、紙の左側を折りしろ調節部分に触れる
　　まで左に寄せてから、まっすぐ奥に差し込む。
ウ　紙押さえを向こう側に倒し、巻き込みつまみを手前に回して紙を巻
　　き込む。紙の最後（上端）を差し込み口の端にそろえ、まっすぐ差し

込まれているか確かめる。

エ　さらに巻き込みつまみが動かなくなるまで巻き込んだところで、行送りをするためのキーを一回押す。

【留意事項】

ア　点字用紙を正しくセットすることが、点字タイプライターを使用する際の基本であることを理解する。教師は、点字用紙が正しくセットされているかを必ず確認する。

イ　最初のうちは点字用紙を差し込む方向がわかりにくく、上から突き刺すように入れようとする場合も多い。点字タイプライターの向こう側に同じ高さの台（例えば BOX ティッシュの箱など）を置くと、点字用紙を水平に滑らせるように入れられる。この台は、書いた点字を読んで確認する際にも、紙が安定するので便利である。

ウ　紙を外す場合は、紙押さえを手前に引いてから抜き取る。

2　点字タイプライターによる書き方の基本練習

点字タイプライターは、点字用紙に点を浮き出させて書くため、力が弱いと薄い点にしかならない。リズミカルにどの指も平均した力でキーを押せるようにする必要がある。そこで、ここでは、特にキーを押す指の形、手首の角度、姿勢、押す強さなど、点字を書く練習に移行できるための基本を指導するようにする。

【題材５－２】

(1)　「キーを押すときの指の動きを、机の上でやってみよう」

〈ねらい〉

①、②、③、④、⑤、⑥の点のキーを押す指を机の上で動かし、キーを押す指をスムーズに動かすことができる。

〈内容〉

ア　①の点、②の点、③の点は、それぞれ左手の人差し指、中指、薬指、④の点、⑤の点、⑥の点は、右手の人差し指、中指、薬指でキーを押す。点字タイプライターのキーを押すときのように、机の上で指を動かし、六つの点を押す動きを練習する。

イ　スムーズに指が動くようになるまで、次のような点のキーを押す練習する。

(ｱ)　①②③④⑤⑥の点（⠿）

(ｲ)　①③の点（⠅）

(ｳ)　①③④⑥の点（⠙）

(ｴ)　②の点（⠂）

(ｵ)　②④⑤⑥の点（⠺）

(ｶ)　②⑤の点（⠒）

(ｷ)　①②③⑤の点（⠗）

(ｸ)　①③⑤の点（⠕）

(ｹ)　②④⑥の点（⠪）

【留意事項】

ア　キーの配列に合わせて指を広げ、それぞれの指を自由に上下できる
　　ように指の分化を図る。点字導入の学習を始める小学部低学年の児童
　　は、指（特に薬指）の力が弱く、指を広げるのも難しいことが多いた
　　め、すぐに実際のキーを押す練習を行うと書くことに抵抗感をもつ場
　　合がある。そこで第1段階として指の分化を図り、点字を構成する点
　　をそれぞれの指の動きとして運動感覚でとらえることができるように
　　する。

イ　教師が順不同に点の番号を伝え、それを指で示すゲームをしたり、
　　そのスピードを徐々に上げたりしていくなど、練習に対して興味を引
　　き出す工夫も必要である。

(2)　「キーを押してみよう」

〈ねらい〉

　　　点字タイプライターのキーを押す指と、それによって書ける点との対
　　応を、実際に書いた点に触れることによって確認する。また、「メ（⠿）」
　　の6点を均等な点で書くことができる。

〈内容〉

ア　①の点、②の点、③の点、④の点、⑤の点、⑥の点のキーにそれぞ
　　れの指を置き、同時に押す。

イ　ヘッド部が動かなくなったら、行替えをして押す。

ウ　前の行にきれいに点が出ているか確認する。

エ　(1)の(ｱ)～(ｹ)の点を出す練習を行う。

【留意事項】
ア　キー配列と指との対応の練習なので、文字としての点字を教えることは避け、点字をタイプライターで書く場合の基本動作の練習にとどめる。

イ　それぞれのキーを押す際には、指をキーの上に乗せたままにせず、押したキーからいったん指を離して、あらためて次のキーを押すようにする練習をできるだけリズミカルにできるとよい。

ウ　書いた点字は、必ず児童自身が指で確認するようにする。その際、前述したように、タイプライターの向こう側に同じ高さの台を置くと、紙をタイプにセットしたままでも確認しやすくなる。

エ　書くことができたという達成感をもてるように支援するとよい。「①③④⑥の点がレールみたいだね」などの見立て遊びにつなげてもよい。

オ　(ｲ)の①③の点（⠃）、(ｴ)の②の点（⠂）のみ、(ｶ)の②⑤の点（⠒）は、基準がないので、この点のみでどの点か判断することはできないので注意する。

カ　(ｸ)の①③⑤の点（⠕）と、(ｹ)の②④⑥の点（⠪）を続けるなど様々な模様を書き出したりして、楽しみながら点に触れて、練習に対して興味を引き出す工夫をするとよい。

キ　初学の児童の場合は、触れて確認しやすいよう、1行空けで打つとよい。触読に慣れてきたら、通常の行にする。

ク　タイプライターの持ち運びについては、落下による破損や怪我に十分注意し、直射日光の当たらない場所にほこりよけのカバーなどをかけて保管する。

ケ　タイプライターのキーを押す音が気になるようであれば、タイプライターの下に折りたたんだタオルやマット状の物を敷くと防音対策になる。

第2節　点字盤・携帯用点字器による書きの学習

1　点字盤・携帯用点字器による学習の意義

点字を常用している児童生徒の筆記用具として現在広く使用されている

のが、点字盤や携帯用点字器である。これらには、前述したように多くの利点があり、携帯に便利であること、故障が少ないこと、書いているときの音が静かであることなどを挙げることができる。算数や数学などの教科の学習によっては、点字タイプライターを使用する方が効率的な場合もあるが、点字で学習するためには、まずは適切な時期に点字盤や携帯用点字器による書き方を習得し、ノート筆記や作文などの学習の基礎・基本にかかわる活動を点字盤を用いて円滑にできることが必須であると言える。

2　点字盤の構造と種類

　一般に点字盤というのは、プラスチック板の部分、定規、点筆の三つを合わせて指す。現在、一般に使用されている点字盤は、板の部分の大きさが縦 29 cm、横 18 cm、厚さ 1.2 cmであるが、携帯に便利なプラスチック製折り畳み点字盤もある。

　定規は下板と上板とからなり、下板には一マスごとに 6 点の位置を示すくぼみ（ツボ）があり、上板には一マスのツボの位置に合わせてわく（マス）があけてある。1 行のマス数は 30 マス、32 マス、37 マスなどがあるが、現在は 32 マスのものが最も多く使われており、2 行書けるものが最も多い。

　点筆は金属製の針の部分と柄の部分からなる。形は、丸型、平型などがあり、手の大きさに合わせて握りやすいものを選ぶ必要がある。転がりやすく、落としたりしやすいものなので、取扱いに慣れるまで、柄の部分の穴にタコ糸などの太めの糸を通して定規にある右端の小さな穴に結び付けておくと便利である。また、このときのひもの長さは、板の部分の対角線と同じ程度にするとよい。

3　携帯用点字器の構造と種類

　携帯用点字器は、プラスチック製で 6 行 32 マス、5 行 20 マス、やや点字が大きめで字間・マス間も広い 4 行 26 マスのほか、アルミニウム製の 4 行 26 マスと 32 マス、6 行 19 マスと 30 マス、真ちゅう製の 6 行 19 マスなどがある。そのほか、便利なものとして電話用の点字メモセットや葉書専用点字器などもあるが、通信手段が多様化している現在では使われることが少なくなっている。いずれも用途に応じて使い分けるものであるが、ノート筆記などの学習の場では、点字用紙 1 枚分を挟み込んで裏書きもし

やすい点字盤の方が携帯用点字器よりも効率的である。

4　点字用紙や点消し棒、一点打ち校正器について

　手書きに用いる点字用紙は、ほぼB5判の大きさで、90 kg（薄手）と110 kg（厚手）の2種類が一般的である。他に135 kg（特厚）があるが、これは葉書と同程度の厚さで日常の学習には用いない。90 kg（薄手）の用紙は、厚手よりも点がつぶれやすいために長期間の保存には適さないが、点筆で書く際には疲れにくいので、メモやノート、作文の下書き、試験の解答など日常的に書く場合に適している。厚手の用紙は、薄手よりも点がつぶれにくいので長期間保存したい場合に用いるが、点筆で書く際には疲れやすい。なお、90 kgというのは一連1000枚の重さのことで、実際の点字用紙はその紙（ほぼB判）を16等分したサイズ（ほぼB5判）である。

　点消し棒は、点筆の先端が平らになった形状のもので、木製や樹脂製のものがある。不要な点を消したい際に、点を上から押しつぶすようにして用いるが、消したい点をピンポイントに消すのは難しく、実際の児童の使用には適さない。訂正する際は、後述するように⠿⠿で消して書き直すように指導する。

　一点打ち校正器は、ピンセット状のもので、足したい点を追加するときに使用する。これも、足したい点を適切な箇所に打点するには技術が必要で、児童の使用には適さない。

5　点字盤・携帯用点字器の使い方の学習

　点字盤・携帯用点字器の操作は、準備の段階と点筆を使って点字を書く段階とに大別できる。それぞれの操作は、比較的高度な手指作業を要するので、特に書きの指導の場合は、指導内容を精選して児童生徒が書くことに抵抗感を抱かないように配慮する必要がある。

　点字盤・携帯用点字器で書く場合は、右から左へ点を打ち凹点を作っていき、読む場合は、紙を裏返し、凸点を左から右へ触読することになる。したがって、学習の初期の児童には、点の位置が左右逆になるので混乱が起きる場合がある。そのため、点字盤・携帯用点字器の導入の時期は、読みの学習が比較的進んでからにするなどの配慮が必要である。

　携帯用点字器は、点字盤の定規の機能と点字板の機能とが一体となったものであるということができる。携帯用点字器は、点字用紙に折り目

を付ける必要がないこと、行移しは点字器の上下に出ている針によって
つけられた点字用紙の穴に沿って行うことなど、点字盤と異なっている
点があるが、基本的には両者の使い方は共通しているので、ここでは、
点字での学習により効率的である点字盤の指導を中心に説明する。

【題材5－3】
(1)　「点字盤の各名称を覚え、押さえ金の開閉の仕方、定規のはめ方と
　　送り方を覚えよう」
〈ねらい〉
　　点字盤の各名称、押さえ金の開閉の仕方、定規のはめ方と送り方が理
　解できる。
〈内容〉
　ア　点字板、定規、点筆の名称を覚え、点字盤入れ（袋）などを利用し
　　て出し入れの練習をする。
　イ　点字板の表と裏を覚え、表の押さえ金が開閉できるように練習する。
　ウ　定規を、開閉部が右手の方にくるようにして両手で持ち、点字板
　　の押さえ金にぴったりとつけておく。
　エ　定規の左右を両手で軽く持ち、点字板の左右の溝の穴に合わせて
　　定規を順に送る練習をする。何行書けるか確かめる。
【留意事項】
　ア　名称を覚える際に、それぞれの用具を正しい方法で持っているかを
　　確認する。
　イ　点字盤は、点字板、定規、点筆の三つの用具を合わせて使うものな
　　ので、学習の初期の段階のうちに点字盤入れ（袋）などを使い、ひと
　　まとめにしておく習慣を付けるとよい。
　ウ　押さえ金には二組の針が出ているので、開けたままにせずに必ず閉
　　めること、開ける場合は中央部を持つようにすることなどに注意する。
　エ　定規を移動する場合は、定規の裏の突起部を点字板の溝に沿っ
　　てスライドさせ、溝の穴をとばさないように注意する。
　オ　点字盤を片付ける際には、定規と点筆をつなぐ糸を定規に巻き付け、
　　定規を点字板にセットした形で、輪にしたゴムを後ろから回して固定
　　するなどの工夫もよい。ゴムに小さな鈴をつけておくのもよい。（図
　　5-3参照）

カ　点字板にある二つの穴は、定規の裏側の突起を差し込むためのものである。使い終わった定規をこの穴に差し込むことにより、定規が点字盤の幅よりもはみ出すことがなくなるので、引き出しなどに収納する際に便利である。

【点字盤を入れる袋と、片付ける際の定規の固定の例】
　定規は、点字盤にセットした状態で、輪にしたゴムひもで裏側から固定するとよい。ゴムひもに鈴をつけておいてもよい。

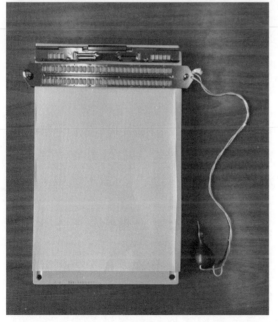

【点字用紙を正しくセットした状態の点字盤】
　製本やファイリングする際に必要な折りしろは、必ず手前側に折り返し、右側にくるようにする。

図 5-3

(2)　「点字用紙を板の部分にはさみ、定規を動かそう」

〈ねらい〉

　　点字用紙の折り方、挟み方を理解し、点字用紙を挟んだ定規を移動できる。

〈内容〉

　ア　折りしろを付けた点字用紙を紙押さえ（押さえ金）でとめて板の部分に固定したものを用意し、その状態から紙押さえ（押さえ金）を開けて点字用紙をはずす。

　イ　はずした点字用紙をよく確かめて、もう一度元通りに挟む。

　ウ　新しい点字用紙を板の部分にのせる。点字用紙の左側を点字板の左端にぴったり合わせ、右に出た部分は板の部分の右端角を使って人差し指と親指でなぞり、折り目を付ける。折り目を付けた点字用紙を裏返し、折り山に沿ってしっかりと折り、折りしろをつくる。

　エ　折りしろは手前側に折り返しがくるようにし、折りしろのある方を右側にして板の部分の上に置く。

　オ　紙押さえ（押さえ金）を開けて、板の部分の上の線と右端に点字用紙を合わせ、針の所を軽く押さえてから紙押さえ（押さえ金）を閉める。

　カ　定規を開いて、点字用紙の左側からはさみ（定規の開閉部が右側になるようにする。）、点字板の溝の一番上の穴に固定する。

　キ　定規に点字用紙をはさんだまま、順に定規を下げる。

【留意事項】

　ア　それぞれ一通りの練習をしたならば、完全に習得できるまで練習を繰り返す必要はない。教師が折って針穴をつけた点字用紙を用意するなどして、折り方、はさみ方の一部を補助してやり、点字盤による書きの指導を行うなかで習熟を図るようにするとよい。

　イ　折りしろは、一マス目に紙が重なって書きにくい場合もあるが、製本やファイリングの際に必要な余白部分である。

　ウ　学習が進めば、裏書きの仕方も教えられるとよい。片面を書き終わったら紙押さえを上げて紙を外し裏返す。紙押さえによって2段についた針の穴の、上段の穴の方に点字盤の下段の針をはめる。そうすると、点字1行分紙がずれることになり、裏面書きができる。

(3)　「点筆を使って点字を書こう」

〈ねらい〉

　　点筆の持ち方、使い方が正しく理解できる。

〈内容〉

　ア　点筆の柄の部分を右手の人差し指の内側に当て、親指、人差し指、中指の3本で包むように握る。

　イ　両足裏を床につけ、両肩は水平に保ち、姿勢を正し、体を机にまっすぐに向ける。腕は、ひじが机の上に直角に置けるように机の高さを調整し、右手に持った点筆の針先が定規のツボにまっすぐに入るように手首を机上すれすれに保つ。

　ウ　①・④の点を続けて書く。

　エ　左手の人差し指で点筆の近くのマスを押さえ、左に移動しながら点筆をガイドする。

　オ　きれいに書けているかを確認する。

【留意事項】

　ア　点筆の動きは、右から左になるが、読みの場合の手指の運動に慣れていると、左の行頭に手を置いてしまうので注意が必要である。

　イ　点筆を垂直に点字用紙に当ててまっすぐに押し出さないと、点字の凸部分がちぎれたり、一部分が穴になったりして、きれいな点字にならないので、点筆を持った手に教師が手を添えるなどして指導する。

　ウ　点筆の針先がまっすぐに定規のツボに入ると、快い音がする。反対にツボの周囲の金属にあたってしまうと、音もせずに点筆を落とし込んだ感触もはっきりと感じられない。「あれ？いい音がしないね。」など、児童自身が音や感触で、うまく書けているかどうかを確認できるような言葉かけをするとよい。

　エ　書いた点字を児童自身が確認する際にも、ちくちくした点字でなく、触り心地の良い点字になっているかどうか、自分で確認できるとよい。

　オ　点筆を堅く握りしめていると疲れやすいので、肩や腕の力の入れ方についても注意する。また、点筆の大きさは、大中小と3段階程度あるので、低学年のうちは手に合った小さめの点筆を使用するとよい。

　カ　力がないために点が押し出せないような場合には薄手の点字用紙を用意したり、書く量を考慮して半分の大きさの点字用紙を使用したりするなどの工夫も望ましい。

6　点字盤・携帯用点字器による書き方の基本練習

　点字盤や携帯用点字器の取扱いに慣れた後、点字を書く練習に入る。最初に、点字タイプライターの場合と同じように、六つの点を自由に書くことに慣れるための練習を行う。その上で、これまでに覚えた点字を使って単語を書き、点字学習への意欲を喚起する。

【題材5－4】「いろいろな点を書こう」
〈ねらい〉
　　六つの点の位置を意識しながら正しく書くことができる。
〈内容〉
　ア　①、③の順に点を書く。
　イ　1行書いたら後できれいに書けているかを確認する。
　ウ　次のような一マスの枠組みと点と点の間隔を意識できる点字を書く
　　練習をする。
　　(ｱ)　①③④⑥の点（ ⠛ ）
　　(ｲ)　①②④⑤の点（ ⠛ ）
　　(ｳ)　①②③④⑤⑥の点（ ⠿ ）
　　(ｴ)　②③⑤⑥の点（ ⠶ ）
　　(ｵ)　②の点（ ⠂ ）　　書く側からは（ ⠐ ）
　　(ｶ)　②⑤の点（ ⠒ ）
　　(ｷ)　①③⑤の点（ ⠕ ）書く側からは（ ⠜ ）
　　(ｸ)　②④⑥の点（ ⠪ ）書く側からは（ ⠣ ）
　　(ｹ)　①の点と③の点の連続（ ⠁ ⠄ ⠁ ⠄ ）　　書く側からは逆になる。
　　(ｺ)　①⑥の点と③④の点の連続（ ⠡ ⠌ ⠡ ⠌ ）書く側からは逆になる。

【留意事項】
　ア　点字盤で書く際には、凹側からであるので、行の右端から左方向書
　　き、書く点は左右逆になることに注意する。
　イ　一マスの点字の点の書き順は、手の筋肉運動における上から下、右
　　から左への動きを基本とすると、①の点から⑥の点まで順番に書くの
　　が望ましい。習熟した書き手が自分なりに能率的な書き順を工夫する
　　ことはよいことであるが、初期の学習段階の児童の場合は、基本に沿
　　うように指導する。
　ウ　点字の初期の書き練習では、「 ⠿ 」を1行分書くことは相当な作業

量であり、児童にとっては負担が大きい。絶えず児童の様子を観察しながら、点の数が少ないものにしたり1行すべて書かずに5個書くという課題にしたりするなどの配慮をする。

エ　(ケ)の①の点と③の点の連続（⠐⠂⠐⠂）書きと、(コ)の①⑥の点と③④の点の連続（⠃⠘⠃⠘）書きは、マスの中の六つの点の間隔を点筆の動きで感覚的に理解するとともに、点筆の動きをスムーズにして次のマスに移るための練習としても効果的である。六つの点を書く練習の中で、時間内にいくつ書けるか競争をするなどして意欲や興味をもたせ、単調な練習にならないように配慮する。

オ　書いた点は必ず触って確認するようにし、連続した模様のような点や均等の高さにそろった点に触れて、その心地よさを実感したり、レールなどに見立てたりするなど、児童自身や楽しさや面白さを感じられるようにするとよい。

カ　⠒を書いた際に②の点が薄く出てしまうような探り点、定規の外側に誤って打ってしまった行間打点などはできるだけないほうがよいが、初期の段階では完全になくすことをねらいとするよりも、六つの点の位置を理解して意図したところに点筆を落とせるようにすることをねらいとして優先する。

第3節　字音と点字を結び付けて、語を書き表す学習

点字を書くための道具の操作に慣れてきたら、文字言語としての点字の書きの練習に入る。点字は平仮名や片仮名などと同じように1音1文字を原則としている記号であるから、音の理解は不可欠である。したがって、最初に音を意識させ、そのうえで文字としての点字を指導する。

【題材5－5】
(1)　「同じ音はどれかな」
〈ねらい〉
　単語を作り上げている音を正確にとらえ、点字で書き表すことができる。

〈内容〉

ア　「あめ」「うめ」「こめ」など身近な単語を三つ提示し、同じ音はどれかを質問する。

イ　アで答えた音を、点字ではどのように書くのかを考えて書いてみる。

ウ　正しく書けたかの確かめを行う。

【留意事項】

ア　書きの導入指導では、指使いの練習順序に合わせて、点字タイプライターを使う場合は⠿から、点字盤を使う場合は⠣ ⠩などの点の少ない字から行う。

イ　文字の効果的な学習という点からも、読みの学習と常に関連付けながら行う。

ウ　字音と点字が結び付くように様々な単語を探し、書いたり読んだりすることを繰り返すが、「書けた」「読めた」という喜びを大切にする。

エ　単語は身近でよく知っているものを選ぶ。

(2)　「五十音を書いてみよう」

〈ねらい〉

五十音表を正しく書くことができる。

〈内容〉

ア　「か」を長くのばして発音し、どんな音が残るか調べる。

イ　「ア」の音が残ることが確認できたら、ア列の「か」以外の残りについても同様に確認する。

ウ　ア列の点字の記号を学ぶ。

エ　イ列からオ列も同様に学び、ア行の点字記号を書く。

オ　ア行と列を組み合わせ、点字記号で五十音表を書く。

【留意事項】

ア　読みの学習との関連から、行の知識が定着している場合は、行の指導から入ってもよい。

イ　「列」の知識は、今後の拗音や仮名遣いの指導に不可欠な内容なので、丁寧に指導する。

ウ　「ヤ行」と「ワ行」の点字記号は、他の行と規則性が異なるので、注意して指導する。

(3)　「濁音と半濁音の書き方を知ろう」

〈ねらい〉

　　濁音と半濁音を含んだ類似単語を、正しく書き分けることができる。

〈内容〉

　ア　「カラス」と「ガラス」、「ベンチ」と「ペンチ」の単語を並べて示す。

　イ　濁音の場合には「⠐」、半濁音の場合には「⠠」が付くことを見つける。

　ウ　次のような類似単語を正しく書き表し、濁音と半濁音の表記に　習熟する。

　　(ｱ)　「カ行」と「ガ行」

　　　　「かま」と「がま」、「つき」と「つぎ」、「ふく」と「ふぐ」、「けた」と「げた」、「こま」と「ごま」

　　(ｲ)　「サ行」と「ザ行」

　　　　「さる」と「ざる」、「にし」と「にじ」、「うす」と「うず」、「あせ」と「あぜ」、「そうり」と「ぞうり」

　　(ｳ)　「タ行」と「ダ行」

　　　　「たんご」と「だんご」、「ち」と「はなぢ」、「つつみ」と「こづつみ」、「てんき」と「でんき」、「まと」と「まど」

　　(ｴ)　「ハ行」と「バ行」、「パ行」

　　　　「はす」と「ばす」と「ぱす」、「ひりひり」と「びりびり」と「ぴりぴり」、「ふた」と「ぶた」、「ベンチ」と「ペンチ」、「ほん」と「ぼん」と「ぽん」

【留意事項】

　　濁音、半濁音を用いるいろいろな単語を挙げ、習熟を図る。

(4)　「促音の書き方を知ろう」

〈ねらい〉

　　促音を含んだ単語を、正しく書き表すことができる。

〈内容〉

　ア　「ねこ」と「ねっこ」の単語を示し、交互に発音して両者の違いに気付く。

　イ　「ねっこ」の場合には、「⠂」を用いて書き表すことを見つける。

ウ　促音を含む様々な単語を探し、発音をしながら書き写し、促音の表記に習熟する。

【留意事項】

ア　「ねこ」は2拍、「ねっこ」は3拍と、促音がある場合とない場合で音節数に違いが出るので、発音を繰り返して両者の違いをとらえるようにする。

イ　促音化いかんにかかわらず、意味の理解を容易にするために、促音符を用いない場合があることにも留意する。

　　　　例　本の冊数（さつすう）

(5)　「長音の書き方を知ろう」

〈ねらい〉

　　長音を含んだ単語を、正しく書き表すことができる。

〈内容〉

ア　ア列の長音を含む単語を挙げ、発音する。

イ　のばす部分に「ア」の音が出てくることを確認する。

ウ　挙げた単語を書き表して示し、文字を読みながら発音する。

エ　アからウの確認をし、ア列〜オ列の長音についての書き表し方を知る。

　(ｱ)　ア列、イ列、エ列の長音は、それぞれのばしたときに出てくる音を添えて書く。

　　　　例　ア列　オカアサン　オバアサン

　　　　　　イ列　オニイサン　オジイサン

　　　　　　エ列　オネエサン

　(ｲ)　ウ列の長音は、長音符を添えて書き表す。

　　　　例　キューショク　クーキ　ガッキュー

　(ｳ)　オ列の長音は、原則として長音符を添えて書き表す。

　　　　例　オトーサン　イモート　オーサマ　ガッコー

【留意事項】

ア　エ列の長音として発音される単語の中に、「イ」を添えて書き表すものがあることを説明する。

　　　　例　トケイ　センセイ　ケイタイ

　　　　　（トケエ　センセエ　ケエタイと聞こえる）

イ　オ列の長音の単語の中で、「オ」を添えて書き表す場合について説
明する。

例　トオクノ　オオキナ　コオリノ　ウエヲ　オオキナ

オオカミガ　トオッタ

（「かな文字の教え方」出版：むぎ書房　著：須田清）

ウ　ウ列の長音と間違えやすい語については、丁寧に説明する。

例　オモウ（思う）　ヌウ（縫う）　スウ（吸う）

(6)　「拗音の書き方を知ろう」

〈ねらい〉

拗音を含んだ単語を、正しく書き表すことができる。

〈内容〉

ア　「きゃ」「きゅ」「きょ」の付く単語を挙げる。

イ　アで挙げた単語の書き表し方を学び、「⠈」が付くことに気付く。

ウ　発音をしながら書き写し、カ行を用いた拗音の表記に習熟する。

エ　他の行の拗音、拗濁音、拗半濁音、拗長音、拗促音についても、上
記アからウ及びこれまでの題材の確認をしながら学ぶ。

【留意事項】

中途視覚障害者の指導に当たっては、墨字のような小書きではなく、
「ア列」「ウ列」「オ列」に拗音点を用いて書き表すことを丁寧に指導す
る。ローマ字表記における y の部分が拗音符（④の点）であることを説
明するとわかりやすい。

例　きゃ(kya)　4の点(y)＋か(ka)　⠘⠅

(7)　「言葉集めをしよう」

〈ねらい〉

点字仮名の清音を覚え、様々な言葉を表記することができる。また、
自分の書いたものや友達の書いたものなどを読み、正しく伝えるために
は1点1点を正しく書くことが大切であることに気付くことができる。

〈内容〉

ア　「ア」で始まり「イ」で終わる言葉を集める。

イ　アで取り上げた言葉を書く。

ウ　書いたものを、自分で読んだり、友達のものと交換したりして確認

する。

【留意事項】

ア　書き誤った場合の訂正の仕方として、「⠿⠿」を用いる方法を指導する。「⠿⠿」を用いて訂正する場合は、言葉の一部の書き誤った箇所だけを「⠿」にすると読みにくいうえに意味が通じなくなるので、言葉全体（マスあけからマスあけまで）に「⠿⠿」を書いて訂正することを習慣づけるようにする。

イ　点消し器を使って訂正する方法は、他の点まで消してしまうことも多いので、児童には現実的ではない。

ウ　仮名遣いの誤りは指摘し、書いた字を確認しながら指導をする。

(8)　「しり取りをしよう」

〈ねらい〉

　　点字仮名の構成を理解し、様々な言葉を正しく書き表すことができる。

〈内容〉

ア　しり取りを行う。

イ　上記アで取り上げた言葉を点字で書く。

ウ　一定時間内に書ける言葉の数や、書き誤りの少なさを競う。

エ　書いたものが正しく書けているか、確かめを行う。

【留意事項】

ア　盲児の場合は、発音をしている人の口の形を視覚的に模倣することが難しいことや聴覚を通して語彙を獲得することが多いなどの理由で、発音が誤っていたり、拍数が正確でなかったりすることがある。その場合は、導入として発音を確認しながら、音を数える練習をする。

　　誤りやすい例：キョツケ（号令の「気をつけ」）、シクダイ（宿題）、タイクカン（体育館）

イ　点字を書く際に、音を口に出しながら行う。

ウ　一定の速さで確実に書くように指導する。

第4節　分かち書きと切れ続きの学習

点字は表音文字であるために、分かち書きと切れ続きの原則に従って書き表された文でなければ意味を理解しながら速く読むことができないうえ

に、ときには誤読にもつながることになる。書きの学習の到達目標が、文字言語を主体的に操作し、自由な表現活動ができるようになることであるという点からみても、分かち書きと切れ続きの原則は、読みの学習の場合と同様に大切な内容であり、習熟のための丁寧な指導が必要である。(第6章「点字表記法の体系的学習」参照)

【題材5－6】

「昨日の出来事を書こう」

〈ねらい〉

　　自分が直接経験したり感じたりしたことを、分かち書きを意識しながら簡単な文章で書き表すことができる。

　　長音・促音・拗音などの正しい表記を身に付ける。

〈内容〉

　ア　昨日の出来事を思い出し、発表する。

　イ　発表した内容を文章として書いてみる。

【留意事項】

　ア　3マス目から書き出すことを習慣づける。

　イ　分かち書きを意識づけるために、書き出す前に書きたい内容をマスあけごとに区切って実際に声に出してみるとよい。ここで文節分かち書きの意識を養うようにする。

　ウ　数字、アルファベットなどを用いる場合は、表記の仕方をその都度説明し、正しい表記の定着を図る。

　エ　正確に間違わずに書くことはねらいではあるが、自分の経験したことを楽しみながら書くなかで、点字が書ける喜びを感じることを大切にする。

第5節　文の構成と表記符号の学習

　墨字では、文章表現の内容を豊かにするために、句読法をはじめ、様々な体系の記号や符号類が用いられている。これらの多くは視覚的要素を含むため、点字化の際には、触読の特性を考慮したうえで、墨字との対応を図ることが必要となる。このため、点字で表記符号を用いる場合には、目的と必要に応じた使い分けが必要である。

　また、文の読みやすさの関係から、「行移し」の規則についても理解することが大切である。（第6章「点字表記法の体系的学習」参照）

【題材5−7】
(1)　「学級日誌を書こう」
〈ねらい〉
　　日付、曜日、時間割と内容、感想を記した学級日誌を書くことができる。
〈内容〉
　ア　書き出し位置に気をつけ、日付（数符）・曜日（第1かっこ）などに符号を使用し、分かち書きや切れ続きに留意して実際に書く。
　イ　自分が書いた学級日誌を読んで確認する。

【学級日誌の書き方の例】

【留意事項】
　ア　書き出し位置、マスをあける箇所、基本的な仮名遣いなど、日誌の内容に即して説明する。
　イ　学習の発展として、教科書や好きな図書（できれば何回も繰り返し読んでいる図書）の転写（触読写し書き）練習を行うとよい。
　ウ　表記符号が二つ以上重なる場合、表記符号間の優先順位を考慮する必要があるが、このことについては、具体例で指導する。

(2)　「一続きに書くものを覚えよう」

〈ねらい〉

　行移しをすることができない場合があることを理解し、規則に従って正しく書き表すことができる。

〈内容〉

　ア　数字やアルファベットなどの前置符号、二マスで構成されている文字、二マス以上で構成されている表記符号を用いた資料に従って、それぞれ誤った行移しを行うと、意味をなさなくなることを確認する。

　イ　行頭に書くことのできない表記符号を覚える。

　ウ　行末に書くことのできないものを覚える。

【留意事項】

　書いている行の残りが何マスあるか、点字タイプライターのベルの音や点字盤の定規のマス数を手掛かりにするとよいことを指導する。

第6章　点字表記法の体系的学習

　第2章に述べた点字学習の基本的な考え方に基づいて、前章までに点字学習のレディネスの形成や動機付けの課題、点字学習の基礎となる触運動の統制や触覚による弁別学習、両手読みの動作や触読の学習、点字の読み書きの学習への導入などについて取り上げてきた。

　そこで、本章では、点字の五十音等の文字の読み書きは習得できていることを前提に、点字の仮名遣いや語の書き表し方、マスあけの仕方、句読符号の使い方、文章の書き方などについて述べることにする。

　点字は、一つのマスに6つの凸点が、縦に3点、横に2列並んで構成されている。6つの凸点の組み合わせは、点が一つもない場合も含めて 64 通りしかないが、前置点を付けることで濁音や半濁音・拗音などを表し、同じ点の組み合わせを、仮名だけでなく、数字やアルファベットにも用いている。ほかにも、楽譜や記号類・マーク類にも対応している。

　点字で学習する児童生徒が正確に点字を表記することができるようになるためには、文字そのものの書き方はもちろん、記号類やマーク類などの書き方・使い方といった点字の表記を体系的に学習することが重要である。点字で学習を始めたころの盲児童は、自分や友達の名前の点字を見つけては喜び、点字タイプライターで自分で考えた模様などを書いて見せてくれるといった様子も見られる。自分で読み書きできる文字を獲得していく過程を大切にして、著作教科書や本を読んだり、ノートや作文などを書いたりするなかで、正しい点字の表記を習得し、望ましい表記の仕方が定着するよう繰り返し丁寧に指導していく必要がある。また、盲児童生徒が興味をもって学習に取り組むことができる題材や語を用いたり、ICT 機器を活用したりすることも大切である。

　なお、本章の点字の表記についての記述は、日本点字委員会の『日本点字表記法 2018 年版』を典拠としている。『日本点字表記法』については、今後も改訂されていくことが想定され、指導においては留意しておく必要がある。

第 1 節　語の書き表し方の学習

1　基本的な仮名遣い

　現代の口語文で、和語や漢語を仮名文字（主として平仮名）で書き表す場合、「現代仮名遣い」（昭和 61 年 7 月 1 日付け内閣告示第 1 号）がそのよりどころとなっている。

　点字の基本的な仮名遣いも、この「現代仮名遣い」にほぼ対応しているが、点字は平仮名や片仮名と同じ表音文字であり、発音する通り表記することになっており、助詞の「は」「へ」を点字では「ワ」「エ」と書き表すことと、ウ列とオ列の長音のうち、「う」と書き表す長音部分を、点字では長音符を用いて書き表すことの 2 点が異なっている。前者は、発音通りであるため盲児童生徒の理解を得やすいと思われるが、長音表記については丁寧に指導する必要がある。

(1)　長音

　ア　ア列・イ列・エ列の長音

　ア列・イ列・エ列の長音は、各列の仮名にそれぞれ「ア」「イ」「エ」を添えて書き表す。

　（例）オカアサン（お母さん）　　　オバアサン（おばあさん）

　　　　オニイサン（お兄さん）　　　オジイサン（おじいさん）

　　　　オネエサン（お姉さん）　　　ネエ（ねえ）　　　エエ（ええ）

　「時計」「先生」「丁寧」などは、エ列の長音として発音されるか、「ケイ」「セイ」「ネイ」のように発音されるかにかかわらず、「現代仮名遣い」と同様にエ列の仮名に「イ」を添えて書き表す。

　発音通りに表記することを強調すると、「トケエ」「テエネエ」「センセエ」といった表記の誤りとなりかねないので、注意しなければならない。

　（例）エイガ（映画）　　　ジツレイ（実例）　　　セイト（生徒）

　　　　セイクラベ（背比べ）　　　メイレイ（命令）

　　　　ハルメイテ（春めいて）　　　マネイテ（招いて）

イ　ウ列・オ列の長音

　ウ列・オ列の長音のうち、「う」と表記される長音は、長音符（⠒）を添えて書き表す。助動詞の「う」やウ音便にも長音符を用いる。

　なお、「思う」「食う」「吸う」「言う」などは、動詞の語尾で長音ではないので、長音符は用いず「ウ」を用いる。

（例）フーセン（風船）　　ユーヒ（夕日）　　　ギューニュー（牛乳）

　　　オーサマ（王様）　　　イモート（妹）　　　サトー（砂糖）

　　　アソボー（遊ぼう）　　　タベヨー（食べよう）

　　　オサムー□ゴザイマス（お寒うございます）

　　　ウレシュー□ゾンジマス（うれしゅう存じます）

　　　オハヨー（お早う）　　　イトーナイ（痛うない）

ウ　「オ」を添えるオ列の長音

　オ列の長音のうち、次のような語とその派生語は、「現代仮名遣い」と同様に、オ列の仮名に「オ」を添えて書き表す。これらは、歴史的仮名遣いではオ列の仮名に「ほ」または「を」が続くものである。

　正しい表記が定着するよう繰り返し丁寧に指導する必要があり、例えば、「トオクノ　オオキナ　コオリノ　ウエヲ　オオキナ　オオカミガ　トオッタ」（「かな文字の教え方」〈出版：むぎ書房　著：須田清〉）などと盲児童生徒と一緒に唱えたり、文を作ったりしながら楽しい雰囲気で学習できるよう工夫する。

（例）オオカミ（狼）　　　オオセ（仰せ）　　　オオヤケ（公）

　　　コオリ（郡）　　　コオリ（氷）　　　コオロギ（こおろぎ）

　　　ホオ（頬）　　　ホオ（朴）　　　ホオズキ（ほおずき）

　　　ホノオ（炎）　　　トオ（十）　　　イキドオル（憤る）

　　　オオウ（覆う）　　　コオル（凍る）　　　シオオセル（しおおせる）

　　　トオル（通る）　　　トドコオル（滞る）　　　モヨオス（催す）

　　　イトオシイ（いとおしい）　　　オオイ（多い）

　　　オオキイ（大きい）　　　トオイ（遠い）　　　オオムネ（おおむね）

　　　オオヨソ（おおよそ）

（2）　助詞「を」「は」「へ」

　助詞「を」は、墨字と同様に「ヲ」と書き表すが、助詞の「は」「へ」は、点字では発音するとおりに「ワ」「エ」と書き表す。

（例）　ジヲ□カク（字を書く）　　　トワ□イエ（とはいえ）

　　　　ハハエノ□タヨリヲ□カク（母への便りを書く）

（3）　同音の連呼、連濁

　「ちぢむ」「つづく」のように同音の連呼による濁音の場合や、「ハナヂ（鼻血）」「ミカヅキ（三日月）」のように2語の連合によって「ち」「つ」で始まる言葉が濁音化した場合（連濁）は、点字でも「ヂ」「ヅ」を用いて書き表す。

（例）　チヂコマル（縮こまる）　　　チヂマル（縮まる）

　　　　ツヅキ（続き）　　　ツヅマヤカ（約まやか）　　　ツヅミ（鼓）

　　　　ツヅム（約む）　　　ツヅル（綴る）

　　　　ソコヂカラ（底力）　　　イレヂエ（入知恵）

　　　　ユノミヂャワン（湯飲み茶わん）　　　マヂカ（間近）

　　　　オコヅカイ（お小遣い）　　　テヅクリ（手作り）

　　　　コヅツミ（小包）　　　ハコヅメ（箱詰め）　　　カタヅク（片付く）

　ただし、「イチジク（無花果）」や「イチジルシイ（著しい）」「ケンチジ（県知事）」のような語は同音の連呼ではないので、「ヂ」「ヅ」を用いない。

　また、「世界中」「稲妻」「絆」「うなずく」「訪れる」「黒ずくめ」「融通」のような語は、現代語の意識では一般に2語に分解しにくいもので「ジ」「ズ」を用いて書き、「地面」「布地」「図画」「略図」なども、同音の連呼や2語の連濁ではなく、漢字の音読みでもともと濁っているものであるので、「ジ」「ズ」を用いて書くことになる。

　「ジ」「ズ」「ヂ」「ヅ」等を含む語について、表記を迷った場合には、国語辞典で表記を確かめることも大切である。このような機会を捉えて、日常的に国語辞典などを活用する習慣を養っておくようにする。

2　その他の仮名遣い

(1)　外来語、外国語

　外来語や仮名で書き表される外国語、外国の地名や人名を点字で書き表す場合は、「外来語の表記」（平成3年6月28日付け内閣告示2号）に基づいて書き表す。必要に応じて特殊音点字も用い、長音は、長音符を用いる。指導上留意しなければならないのは、この外来語や外国語の長音表記が、一般の口語文中の和語や漢語に波及しないようにすることである。

（例）　⠿⠿⠿⠿⠿（コンピュータ）　　　⠿⠿⠿⠿⠿（ジェット機）

　　　　⠿⠿⠿⠿（チェリー）　　　⠿⠿⠿⠿（ファイル）

　　　　⠿⠿⠿⠿（フィギュア）　　　⠿⠿⠿⠿⠿（フェンシング）

　　　　⠿⠿⠿⠿（キャンディ）　　　⠿⠿⠿⠿⠿⠿（プロデューサー）

　　　　⠿⠿⠿□⠿⠿⠿（ウェット　ティッシュ）

　　　　⠿⠿⠿⠿⠿（ウォーキング）　　　⠿⠿⠿⠿（クィーン）

　　　　⠿⠿⠿⠿⠿（クェスチョン）　　　⠿⠿⠿⠿（グァテマラ）

　　　　⠿⠿⠿⠿⠿（ヴェルサイユ）　　　⠿⠿⠿⠿⠿（トゥモロー）

　　　　⠿⠿⠿⠿⠿（インタヴュー）

(2)　擬声語、擬態語、嘆声、方言など

　擬声語や擬態語、嘆声、方言などは、できるだけその発音に近い仮名を用いて書き表す。これらの表記も、一般の和語や漢語に波及して、長音表記が乱れないよう指導には留意する。なお、該当する特殊音点字がない場合には、それに近い音を表す点字仮名を用いる。

（例）　ザーザー　　キーキー　　ピューピュー　　メーメー

　　　　ゴーン　　ズシーン　　アーア　　ギャオーッ　　シーン

　　　　シェンシェイ（しぇんしぇい〔先生〕）

　　　　サムク□ナッタズオン（寒くなったずおん）

　　　　「ひぁーったまげた」　→　「ヒャーッ□タマゲタ」

　　　　　　　　　　　　　　　　　「ヒアーッ□タマゲタ」

(3)　古文

　古文の点字の基本的な仮名遣いは、和語は歴史的仮名遣いで書き表し、漢語は現代語に準じて書き表すことを原則とする。

　現代仮名遣いで助詞の「は」「へ」は、点字では「わ」「え」と発音通り

に書き表すが、歴史的仮名遣いでは、そのまま「は」「へ」と書き表すことになる。また、ワ行の「ゐ」「ゑ」も用いて書き、長音符は使わない。歴史的仮名遣いでは小書きしないので、促音も促音符を使わず「ツ」をそのまま用い、拗音点字も使わないことになる。

　ただし、文語文法は現代文の文法とは異なる部分があるので、注意が必要である。

（例）イマハ□ムカシ（今は昔）　　　オモフ（思ふ）　　　ヲトコ（男）

　　　ユフガホ（夕顔）　　　ヒイフツト（ひいふつと）

　　　スエ（末）　　　オホキミ（大君）

　　　センザイ（前栽）　　　セチエ（節会）　　　ソーズ（僧都）

　　　□□⠶⠶ズンバカリナル□ヒト□イト□ウツクシウテ□キタリ⠰
　　　（三寸ばかりなるひといとうつくしうてゐたり。）

　　　□□サスガニ□ヘンドノ□イフー□ワスレザルモノカラ⠆□
　　　シュショーニ□オボエラル
　　　（さすがに辺土の遺風忘れざるものから、殊勝に覚えらる）

（4）漢文

　点字では、漢文は訓読文ではなく、書き下し文に直して書き表す。

　漢文を、墨字の訓読文のように書き表す際に用いる点字の訓点符号もあるが、漢語の構造や漢詩の字数、助字の存在などを明らかにする場合などに用いるものであり、点字の漢文の学習は書き下し文による。

（例）アル□ヒト□イハク□⠤シノ□ホコヲ□モツテ□シノ□タテヲ□
　　　トホサバ⠤□イカン⠤⠤ト⠶

　　　（　或　曰　「以二子之矛一、　陥二子之盾一、　如何。」）

3　数字やアルファベットなどを用いた語の書き表し方

　点字では、数字やアルファベットは数符や外字符を前置することによって、仮名と同じ形を数字やアルファベットに読み替えている。

（1）ひとまとまりの数

　ひとまとまりの数は、数符（⠼）を前置して4桁までは数字で続けて書き、「万」「億」「兆」などの位は、4桁までの数字の後ろに仮名で書き表

す。千の位で終わる数は「セン」と仮名で書いてもよい。

（例）　⠼⠢⠴⠃⠒　（2023）　　⠼⠑⠢⠂⠒　（五千）

　　　　⠼⠢⠒⠲⠢　□　⠲⠴⠦⠔　（2345万6789）

　表などで、大きな数字をすべて数字で表す必要がある場合には、後ろから3桁ごとに位取り点を添えて書き表す。

（例）　⠼⠂⠆⠒⠲⠢⠲⠢⠲⠦⠔　（123,456,789）

（2）　小数・分数

　小数は小数点を用い、分数は一般書では読み上げる順に分母から書き、一マスあけて分子を書き表す。

（例）　⠼⠂⠲⠆⠢　（1.25）　　　⠼⠒ブンノ□⠼⠆　（$\frac{2}{3}$）

（3）　およその数など

　「二、三（⠼⠆⠼⠒）」などのように、およその数で数字が重なるときは、それぞれに数符（⠼）を前置して続けて書き、読点や中点は省略する。重ね数字の点字の表記の仕方は、点字特有のものであり、読点や中点を用いないので効率のよい書き方でもある。

（例）　⠼⠂⠲⠼⠢　（十四、五）　　　⠼⠶⠼⠦マン　（七、八万）

　　　　⠼⠲⠴⠢□⠼⠢⠂⠼⠿　（四百五、六十人）

　この重ね数字の表記は、「⠼⠆⠼⠆⠴□ジケン（2・26事件）」や
「⠼⠢⠼⠲□ウンドー（五・四運動）」のように、月と日の省略を表す場合も、数字を重ねて書き、数字の間の中点や読点は用いない。

（4）　二つ以上の数字が連なる語

　二つ以上の数字が連なる語は、数字を重ねて書き表す。

（例）　⠼⠶⠼⠢⠼⠒　（七五三）　　　⠼⠲⠼⠴ジチュー（四六時中）

（5）　1語中のひと続きに書き表す数字と仮名

　1語中のひと続きに書き表す数字と仮名は続けて書くが、数字のあとの最初の仮名がア行からラ行であれば、数字と形が同じであるので、間に第1

つなぎ符（⠠⠤）をはさんで書き、誤読を避ける。

（例）⠼⠉⠚⠚ネン（300年）　　⠼⠉ワリビキ（3割引）

⠀⠀⠼⠙⠑⠋オク（456億）　　⠼⠁⠲⠓リットル（1.8リットル）

⠀⠀チュー⠼⠃カイ（中2階）　　オ⠼⠉カタ（お三方）

⠀⠀ゴ⠼⠉ケ（御三家）　　ジュ⠼⠑イ（従5位）

　数字の後ろに助詞や助動詞が続く場合も続けて書くが、ア行かラ行で始まる助詞や助動詞との間には第1つなぎ符をはさんで書く。

（例）⠼⠉⠚バカリ（30ばかり）　　⠼⠃⠉ニ▯ナッタ（23になった）

⠀⠀⠼⠑エ▯トブ（5へ飛ぶ）　　⠼⠁⠛ラシイ（十七らしい）

（6）　数字を含む語

　数字を含む語の書き表し方は、数字で書き表す場合と、仮名で書き表す場合に分けられる。

　一般的には、数量や順序の意味がある場合には数字を用いて書き、それらの意味が薄くなった慣用句では仮名を用いて書くことが多い。そのため、同じ文字の語句でも、数量や順序の意味の有無によって数字と仮名に書き分けることになる。こうした数字と仮名との使い分けは、単に書き分けの技能を身に付けるだけではなく、言葉についての感性を磨くことにもなるので大切な事項である。

（例）セカイ⠼⠁（世界一）　　⠼⠉カン▯⠼⠙オン（三寒四温）

⠀⠀イッパン（一般）　　ズイイチ（随一）　　アオニサイ（青二才）

⠀⠀⠼⠁エンダマ（1円玉）　　カントー▯イチエン（関東一円）

⠀⠀ソバ▯⠼⠁パイ（蕎麦一杯）　　シアワセ▯イッパイ（幸せ一杯）

⠀⠀⠼⠁バンニ▯ナッタ（1番になった）

⠀⠀イチバン▯オオキイ（一番大きい）

　漢数字の形を表している場合などは仮名で書き、アラビア数字の形を表している場合などは数字で書くことになっている。

（例）マイチモンジ（真一文字）　　ジュージロ（十字路）

⠀⠀⠼⠙ノジガタメ（4の字固め）

（7）　和語で読む数

　数量または順序を表す語でも、和語の場合には発音するとおりに仮名を用いる。

（例）ヒトツ（一つ）　　　フタリ（二人）　　　ヨッカ（四日）

　　　ムツボシ（六つ星）　　ミソカ（三十日　晦）　　ヤチヨ（八千代）

　　　⠼⠃⠼⠊ヒャク⬚トオカ（二百十日）

　和語で発音されても漢字音の並びに入っているものは、発音が和語と同じでも数字で書き表す。

（例）⠼⠉⠼⠙カ（三、四日）　　　⠼⠃⠼⠙カ（24日）

　　　⠼⠙ジョーハン（4畳半）　　　⠼⠛カイ（7階）

（8）　固有名詞に含まれる数

　人名や地名（地番などを除く）、団体名や会社名などの固有名詞は、意味の理解を妨げない限り、仮名で書き表すことを原則とする。

（例）イチロー（一郎）　　　シコク（四国）

　　　ナオキ⬚サンジューゴ（直木三十五）

　固有名詞のうち、地番など、数量や順序の意味を明らかにする必要のある場合は、数字を用いる。

（例）ルイ⬚⠼⠁⠼⠙セイ（ルイ14世）　　　⠼⠉⠼⠉ゲンドー（三十三間堂）

　　　⠼⠁チョーメ⬚⠼⠉バンチ（1丁目3番地）

（9）　文字や略称を書き表すアルファベット

　文字として用いるアルファベットには、外字符（⠰）を前置する。略称などで2文字以上の場合も、一つの外字符に続けて書く。その時、それらのアルファベットが大文字である場合は、外字符の後に大文字符（⠠）を付け、ひと続きに書き表すアルファベットがすべて大文字の場合は、二重大文字符（⠠⠠）を付けて書き表す。

　また、略称では中点を用いず、ピリオドは省略してもよいが、ピリオドを省略しない場合は、一つの外字符の後ろに続ける。

（例）⠰⠁（a）　　　⠰⠠⠠⠎⠝⠎（SNS）

　　　⠰⠠⠁⠼⠙⬚サイズ（A4サイズ）

⠿⠿⠿⠿⠿（U. S. A.）　　　⠿⠿⠿⠿⠿⠿（U. S. A.）

　なお、大文字列の略称などの後ろに複数を表すsなど小文字が付いている場合、改めて外字符を前置して書いてもよい。

⠿⠿⠿⠿⠿⠿（NIEs）　　　⠿⠿⠿⠿⠿⠿（SDGs）

(10)　1語中のひと続きに書き表す数字とアルファベット

　1語中のひと続きに書き表す数字とアルファベット、またはアルファベットと数字の間は、続けて書き表す。それぞれの前置符号があり、誤読されることはないからである。

（例）⠿⠿⠿⠿⠿（p105）　　⠿⠿⠿⠿⠿⠿（P3C）

　　　⠿⠿⠿⠿⠿⠿（2LDK）　　　⠿⠿⠿⠿□エイゾー（3D映像）

(11)　1語中のひと続きに書き表す仮名とアルファベット

　1語中のひと続きに書き表す仮名とアルファベットの間は続けて書き、アルファベットと仮名との間は第1つなぎ符（⠿）をはさんで続けて書き表すことを原則とする。これは、アルファベット26文字すべてが仮名と同じ形であるため、すべてのアルファベットの後ろで第1つなぎ符が必要になるのである。

　また、アルファベットの後ろに助詞や助動詞が続く場合は、第1つなぎ符（⠿）をはさまずに、一マスあけて書き表す。

（例）スー⠿⠿⠿（数kg）　　ハツ⠿⠿⠿（初V〈初勝利〉）

　　　⠿⠿⠿⠿ジロ（T字路）　　ギャク⠿⠿⠿⠿ジガタ（逆V字型）

　　　⠿⠿⠿⠿⠿⠿テキ□ハッソー（WHO的発想）

　　　⠿⠿⠿⠿⠿□ノ□ソーカイ（PTAの総会）

　　　⠿⠿⠿⠿⠿□エノ□テイアン（ISOへの提案）

　　　ドーヤラ□⠿⠿⠿⠿⠿□ラシイ（どうやらUFOらしい）

(12)　語句や文を書き表すアルファベット

　語句や文を書き表すアルファベットを一般書の日本語文章中に書く場合には、原則としてその前後ろを外国語引用符（⠿～⠿）で囲む。外国語引用符の内側は続けて書き表し、外側は分かち書きの規則や表記符号の用法に従うが、閉じ符号の後ろに仮名や数字を続けてはいけない。また、外国

語引用符の後ろに助詞や助動詞が続くときは、一マスあける。

（例）テンジノ□コトヲ□エイゴデワ□⠿⠿⠿⠿⠿⠿⠿□ト□イウ⠿
　　　　（点字のことを英語では braille という。）

　1語中にひと続きに書き表す英単語などが含まれている場合は、外国語引用符の前の仮名とは続け、後ろの仮名との間には第1つなぎ符（⠿）をはさんで続けて書くことを原則とする。

（例）⠿⠿⠿⠿⠿ケン（gift 券）　　ボン⠿⠿⠿⠿⠿（凡 play）

　外国語引用符と外字符とを混同して用いないように十分注意が必要である。例えば、同じ「WHO」であっても、世界保健機関の略称なら外字符を前置して書き表し、関係代名詞なら外国語引用符を用いることになる。

（13）ホームページ・メールアドレスなど

　ホームページやEメールのアドレス、SNS のアカウントなどを書き表す場合は、その前後をアドレス囲み符号（⠿⠿ ～ ⠿⠿）で囲む。

第2節　分かち書きの学習

　漢字仮名交じり文では、漢字によって語の区切り目や意味のまとまりが比較的分かりやすくなっているため、分かち書きをしていない。これに対して、仮名で書かれている幼児用の本や、漢字があまり使われていない小学校低学年の検定教科用図書などのような文章は、文を読みやすくするために、語のひとまとまりごとに区切って、分かち書きされている。点字も仮名文字体系の表音文字であるため、語の区切り目を明らかにするために分かち書きをする必要がある。

　点字の分かち書きについては、『日本点字表記法』において、次の二つの原則が記されている。

　第1原則は、文節で区切るもので、「文節分かち書き」と呼ばれている。文節として区切る箇所は、語句の間に「ね」や「さ」「よ」の助詞を入れて文の意味が変わらないところと考えてよい。なお、指導においては、「文節」は中学校1年生の国語で学習するものであることに留意しておく必要がある。

　第2原則は「切れ続き」である。第1原則の「文節分かち書き」で区切っても、一つの長い複合語や固有名詞などは、内部に独立性の強い意味のまとまりが複数あり、それを素早く的確に判断することは難しい。そこで、読みやすく、書きやすく、分かりやすい点字表記となるよう、自立語内部にある独立性の強い意味のまとまり（区切って書き表した方が意味の理解を助ける構成要素）で区切ることにしている。これが第2原則の「切れ続き」である。

　なお、分かち書きにより区切って書く際、間（マス）をあけた部分のことを「マスあけ」と呼んでいる。

1　分かち書き

　ここでは、文節で区切る分かち書きの第1原則について述べる。

　点字の分かち書きは文節分かち書きであるので、原則的には、自立語はその前をあけて書き、付属語（助詞・助動詞）は自立語に続けて書く。正確な分かち書きをするには、自立語なのか付属語なのか見分けなければならないが、間に助詞の「ね」や「さ」「よ」を入れて文の意味が変わらなければ、そこで区切ってほとんど問題はない。

　しかし、自立語である形式名詞や補助動詞・補助形容詞を前の語に続けてしまったり、付属語の「そうだ」「ようだ」などの助動詞でマスあけしてしまったりすることもあるので、繰り返し指導する。

(1)　自立語

　単独で文節を作ることができる自立語（名詞・動詞・形容詞など）は、前を区切って書き表す。

（例）ガッコーエ□イク⠰　（学校へ行く。）

　　　フユワ□サムイ⠰　（冬は寒い。）

　「こう」「そう」「ああ」「どう」といった副詞や、「この」「その」「あの」「どの」といった連体詞も自立語なので、前を区切って書く。しかし、これらの語が後ろに続く語と結び付いてひとまとまりの意味をもつ複合語になった場合、例えば、「先日」の意味の「このあいだ」、「なぜ」の意味の「どうして」、「さらに」の意味の「そのうえ」のような場合には、続けて書き表す。このように意味の違いによって書き分ける語についても丁寧に

指導していく。

（例）コノアイダ□カレニ□アッタヨ⠲

　　　　（この間〔先日〕彼に会ったよ。）

　　　コノ□アイダニ□ハサンデ□オイタヨ⠲

　　　　（この間に挟んでおいたよ。）

　　　ドーシテ□コタエナイノ⠢　（どうして〔なぜ〕答えないの？）

　　　ドー□シタラ□コタエルノ⠢　（どうしたら答えるの？）

　　　カゼガ□ツヨマッテ□キタ⠲□□ソノウエ⠒アメモ□フリダシタ⠲

　　　　（風が強まってきた。そのうえ〔さらに〕、雨も降りだした。）

　　　テイシュツブツワ□ソノ□ウエニ□オイテ□クダサイ⠲

　　　　（提出物はその上に置いて下さい。）

（2）　助動詞・助詞

　　助動詞・助詞は付属語であり、前の語に続ける。

（例）キノーホド□サムク□ナイ⠲　（昨日ほど寒くない。）

　　　コーエンマデワ□トオク□ナイ⠲　（公園までは遠くない。）

　　　ソノ□ホンバカリ□ヨマナイ⠲　（その本ばかり読まない。）

　　　モー□タベナイ⠲　（もう食べない。）

（3）　形式名詞

　　形式名詞は自立語であり、前を区切って書き表す。形式名詞は「こと」「とき」「ところ」「ため」「たび（度）」「てん（点）」「とおり」「はず」「ほか」「ほう（方）」「まま」「もの」「ゆえ」「わけ」などのように短い語が多く、ともすると前の語に続けられやすいので注意する。

　　ただし、「ニンゲンダモノ（人間だもの）」の「もの」や「ミッツホド（三つほど）」の「ほど」は助詞であり、形式名詞ではないので続けて書く。

（例）ヨム□トキニ（読むときに）　　　カク□コトヲ（書くことを）

　　　コンナ□フーニ（こんなふうに）　　　オクレタ□タメ（遅れたため）

　　「ドンナ□モンダ（どんなもんだ）」のように、形式名詞が会話などで音韻変化を起こした場合も前を区切って書く。

（例）ハヤイ□トコ（早いとこ）　　　イヤナ□コッタ（いやなこった）

　　　モー⬜チョットン⬛トコジャ（もうちょっとんとこじゃ）

（4）　補助用言

　補助用言（補助動詞・補助形容詞）は、自立語であり、動詞や形容詞と同様に前を区切って書き表す。指導に当たっては、前の語に続けて書かれやすい傾向があることに留意しておく。

（例）　ハナガ⬜サイテ⬜イル⠻（花が咲いている。）

　　　　アメガ⬜フッテ⬜クル⠻（雨が降ってくる。）

　　　　ハナシヲ⬜キイテ⬜ミョー⠻（話を聞いてみよう。）

　　　　ホンヲ⬜ヨンデ⬜モラウ⠻（本を読んでもらう。）

　　　　ワガハイワ⬜ネコデ⬜アル⠻（吾輩は猫である。）

　　　　キョーワ⬜サムク⬜ナイ⠻（今日は寒くない。）

　　　　オハヨー⬜ゴザイマス⠻（おはようございます。）

　　　　ゴアンナイ⬜モーシアゲル⠻（ご案内申し上げる。）

　「寒く⬜ない」「遠く⬜ない」の「ない」は形容詞なので、マスあけをする。これに対し、「読まない」「食べない」などの「ない」は、打ち消しの助動詞であるので続けて書く。

　「ない」が、形容詞であるか助動詞であるかについては、次のようにして見分けることができる。

　　a　　形容詞の「ない」は、「寒くはない」「遠くもない」のように「は」
　　　　や「も」をはさむことができる。

　　b　　助動詞の「ない」は、「読まぬ」「食べぬ」のように「ない」を
　　　　「ぬ」に言い換えることができる。

　ただし、「あどけない」「おとなげない」「変わらない」「心ない」「間違えない」「みっともない」「もったいない」「素っ気ない」などは、区切ると一語としての意味の理解を妨げる恐れがあるので、マスあけをせずに続けて書き表す。

　また、「よく⬜なる」や「小さく⬜なる」などのような「なる」は補助動詞であるので、マスあけをするが、物や人などが「なくなる」の場合は、消滅を表す複合語であるので続けて書き表す。「なくなる」がどんな意味で使われているか考えて、正しい点字表記ができるように留意する。

（例）カレワ□ヒトリ□サビシク□ナクナッタ⠲

　　　　（彼は一人寂しく亡くなった。）

　　　キミガ□キテ□クレタノデ□サビシク□ナク□ナッタ⠲

　　　　（君が来てくれたので寂しくなくなった。）

　　　ダイオンキョーノ□セイデ⠤□パーティーヲ□

　　タノシムドコロデワ□ナク□ナッタ⠲

　　　　（大音響のせいで、パーティーを楽しむどころではなくなった。）

　　　ナクシタ□サイフト□トモニ□オカネモ□ナクナッタ⠲

　　　　（なくした財布とともにお金も無くなった。）

　　　ユーナギデ□カゼガ□スッカリ□ナクナッタ⠲

　　　　（夕凪で風がすっかり無くなった。）

　補助動詞が前の語と結び付いて音韻変化を起こした場合や、補助動詞の一部が省略されて前の語と結びついた場合は、マスあけせずに続けて書く。

（例）モラットク（もらっとく ← もらって□おく）

　　　ヤメトケ（やめとけ ← やめて□おけ）

　　　カイテル　（書いてる ← 書いて□いる）

　　　ハシッテク　（走ってく ← 走って□いく）

　　　イッテラッシャイ　（行ってらっしゃい ← 行って□いらっしゃい）

2　自立語内部の切れ続き

　ここからは、自立語内部にある独立性の強い意味のまとまり（区切って書き表した方が意味の理解を助ける構成要素）で区切る、分かち書きの第2の原則、「切れ続き」について述べる。

　自立語であっても長い複合語などの場合は、自立語内部も区切ってある方が読みやすくなる。そこで、和語・漢語・外来語を通して、3拍以上の独立性の強い意味のまとまりが二つ以上あればその境目で句切り、2拍以下の意味のまとまりはそのどちらかに続けて書き表すことを原則としている。

　なお、1拍と数えるものは、点字では、一マスで表記する五十音、二マスで表記する濁音・拗音・特殊音のほかに、撥音符、促音符、長音符をも含めることになっている。

（1）　ひと続きに書き表す自立語の例

ア　区切ると意味の理解を妨げる短い複合語や略語

（例）ツナヒキ（綱引き）　　ゼイコミ（税込み）　　ガクワリ（学割）

　　　コクレン（国連）　　マスコミ　　パソコン

イ　内部に助詞などを含んでいても1語として熟している短い複合語

（例）オンナノコ（女の子）　　カミノケ（髪の毛）

　　　ツカノマ（束の間）　　ミノウエ（身の上）

　　　ヨノナカ（世の中）

ウ　接頭語や接尾語などを含む語

（例）マヨナカ（真夜中）　　コドモタチ（子どもたち）

　　　コーカテキ（効果的）　　ダイカンゲイ（大歓迎）

　　　ヒニンジョー（非人情）　　ゼンセカイ（全世界）

　　　チョートッキュー（超特急）　　ヒホケンシャショー（被保険

　　　者証）

　　　モノカルチャー　　パートナーシップ　　ユニセックス

エ　区切ると理解を妨げる動植物名や理化学用語

（例）タチウオ（太刀魚）　　ミズバショー（水芭蕉）

　　　カモナス（加茂茄子）　　ポリエチレン　　ムカシトンボ

オ　複合動詞や複合形容詞（動詞の連用形や形容詞・形容動詞の語幹に
　　接続する動詞や形容詞）

（例）アルキツヅケル（歩き続ける）　　カタリツクス（語り尽くす）

　　　シズカスギル（静かすぎる）　　アツクルシイ（暑苦しい）

カ　サ行変格活用の動詞のうち、次のような語

a　「する」との結合により、促音化・撥音化などの音韻変化を起こし
　　たり、連濁を起こしたりしたもの

（例）タッスル（達する）　　セッスル（接する）

　　　オモンズル（重んずる）　　サキンズル（先んずる）

オーズル（応ずる）　　　メイズル（命ずる）　　　シンズル（信ずる）

b　独立性の弱い1字漢語などに「する」がついて一体化したもの

（例）カンスル（関する）　　ヒスル（比する）　　　ユースル（有する）

クミスル（与する）　　ロースル（労する）

c　サ行変格活用のほかに五段等の活用を持つもの

（例）ガイシナイ（害しない／サ変）　　ガイサナイ（害さない／五段）

アイスル（愛する）　　シスル（死する）　　ゾクスル（属する）

カンズル（感ずる）　　エンズル（演ずる）

キ　2語の連合によって連濁を生じた場合

（例）カブシキガイシャ（株式会社）　　コハルビヨリ（小春日和）

メザマシドケイ（目覚まし時計）　　ユノミヂャワン（湯飲み茶碗）

（2）区切って書き表す自立語の例

ア　3拍以上の独立性の強い意味のまとまりが二つ以上ある複合名詞

（例）サクラ□ナミキ（桜並木）　　マツタケ□ゴハン（松茸ご飯）

コクゴ□ジテン（国語辞典）　　ニューガク□シケン（入学試験）

ソフト□コンタクト□レンズ　　枕□カバー（枕カバー）

テンジ□シュッパンジョ（点字出版所）

イ　2拍以下でも独立性が強く、語の意味の理解を助けるような複合名詞

（例）トシ□コッカ（都市国家）　　シカ□イシ（歯科医師）

コーツー□ジコ（交通事故）　　ミンシュ□シュギ（民主主義）

ネン□ヘイキン（年平均）　　ケン□タイイクカン（県体育館）

クリスマス□イブ　　マス□コミュニケーション

ウ　接頭語など独立性の弱い要素であっても、意味の理解を助ける場合や、発音上の切れ目がある場合

（例）マル□⠿ニチ（丸一日）　　マン□⠿サイ（満三歳）

チョー□ゲンジツテキ（超現実的）

ヒ□ジンドーテキ（非人道的）

コクゴ⠐□スーガク□トートー（国語、数学等々）

◇「等（とう）」などは、意味の理解を容易にするため区切って書くが、「など」は助詞であるので区切らず続けて書く。

エ　語頭にある接頭語の意味がマスあけを含む複合語全体にかかる場合
（例）ダイ□ドボク□ジギョー（大土木事業）
　　　シン□コクサイ□クーコー（新国際空港）
　　　メイ□ジム□ソーチョー（名事務総長）

オ　名詞や副詞に続くサ行変格活用の複合動詞
（例）セイカツ□スル（生活する）
　　　ベンキョー□シ□ウンドー□スル（勉強し運動する）
　　　ソン□スル（損する）　　ハリ□スル（鍼する）
　　　グタイカ□スル（具体化する）　　イライラ□スル（いらいらする）
　　　シッカリ□スル（しっかりする）
　　　イッチ□ダンケツ□スル（一致団結する）
　　　ジガ□ジサン□スル（自画自賛する）
　　　◇一般にサ行変格活用の複合動詞は、「する」の前を区切って書き
　　　　表すが、続けて書く場合もあるので、混同しないよう注意する。

カ　年月日などはその段階ごとに句切り、また、そのあとに続く語も意味を明確にする必要がある場合
（例）⠼⠁⠓⠊⠚ネン□⠼⠁⠁ガツ□ツイタチ(1890年11月1日)
　　　ゴゼン□⠼⠁ジ□⠼⠃⠉プン□⠼⠑⠋ビョー（午前1時23分56秒）
　　　⠼⠁⠃ガツ□⠼⠉⠁ニチ□⠼⠁⠓ジ□⠼⠁⠊フン□ハツ
　　　（12月31日18時19分発）
　　　⠼⠁メートル□⠼⠋⠚センチ□キョー（1メートル60センチ強）
　　　⠼⠁⠑キログラム□ゲン（15キログラム減）

キ　二つ以上の独立性の強い意味のまとまりからなる繰り返し言葉
（例）ムカシ□ムカシ(昔々)　　トオイ□トオイ（遠い遠い）
　　　アメ□アメ□フレ□フレ（雨雨降れ降れ）
　　　ヤッテ□キタ□キタ（やって来た来た）

パチリ□パチリ□ウツス（ぱちりぱちり写す）

3　固有名詞内部の切れ続き

　固有名詞内部の切れ続きは、原則として自立語内部の切れ続きと同じであるが、次のような点に注意する。

(1)　人名の名字と名前

　人名の名字と名前の間は区切って書き表す。外国人名のうち、2拍以下の名字・名前も区切って書き表すことを原則とするが、必要に応じて、続けるか、つなぎ符類をはさんで続けて書き表してもよい。

（例）ナツメ□ソーセキ（夏目漱石）　　リ□タイハク（李太白）
　　　レオナルド□ダ□ビンチ　レオナルド□ダビンチ
　　　レオナルド□ダ⠤ビンチ（レオナルド・ダ・ビンチ）
　　　トホ（杜甫）　　シバ□セン〔シバセン〕（司馬遷）

(2)　人名の後ろに敬称・官位・尊称などが続く場合

　人名の後ろに敬称・官位などが続く場合、3拍以上の独立性の強い意味のまとまりを持っているときや、2拍以下でも独立性が強く意味の理解を助ける場合は区切って書き表す。

（例）フクザワ□ユキチ□センセイ（福沢諭吉先生）
　　　カスガノ□ツボネ（春日局）
　　　テラダ□トラヒコ□チョ（寺田寅彦著）
　　　タケヒサ□ユメジ□エ（竹久夢二絵）

　「さん」「様」「君」「殿」「氏」「氏（うじ）」については、人名を浮き出たせるために、人名との間を区切って書き表すことを原則とするが、普通名詞などの後ろや、愛称・短縮形・一族を表す氏名（うじな）などは続けて書き表す。

（例）スズキ□サマ（鈴木様）　　イシカワ□クラジ□シ（石川倉次氏）
　　　トチジドノ（都知事殿）　　シマ□シャチョーサン（島社長さん）
　　　オツキサマ（お月さま）　　ウサギサン（うさぎさん）
　　　ハナコチャン（花子ちゃん）　　フジワラシ（藤原氏）

（3）　地名など

　地名（国名や自然名を含む）や組織または団体名・会社名などは、3拍以上の独立性の強い意味のまとまりごとに区切る。2拍以下の意味のまとまりでも、独立性が強く意味の理解を助ける場合には、区切って書き表してもよい。

（例）ヤマト□コオリヤマシ（大和郡山市）

　　　ニホン□テンジ□イインカイ（日本点字委員会）

　　　ペンシルベニアシュー（ペンシルベニア州）

　　　キノカワ（紀ノ川）　　　キタキューシューシ（北九州市）

　　　ホッカイドーチョー（北海道庁）　　　エッフェルトー（エッフェル塔）

　　　タイ□オーコク（タイ王国）　　　ノト□ハントー（能登半島）

　　　ミノ□カモシ（美濃加茂市）　　　ムサシノ□クニ（武蔵野国）

　　　ホッカイドー□チジ（北海道知事）　　　ツ□シチョー（津市長）

　　　キタ□ホケンジョ（北保健所）　　　コーヤ□シタ（高野下〈駅名〉）

第3節　表記符号の用法などの学習

1　句読法の用法

　墨字の句読法は、表記する側の判断に委ねられている部分があり、表記において必ずしも一定にならない場合があるが、文章の内容を正確に読み取るうえで重要な位置を占めるものとなっている。

　これは点字においても同様である。点字の場合、マスあけで語句の区切り目を表すことができるが、正確な文章表現や内容の正確な読み取りのために、適切に句読符を用いる必要がある。点字の句読法は基本的に墨字と対応するが、点字の触読の特性を考慮し墨字との対応を図ることが大切である。

（1）　句点

　文の終わりには句点（⠲）を続けて書き、次の文との間を二マスあける。句点の後にカギ類やカッコ類の閉じ符号がくる場合には、句点と閉じ符号との間は続ける。

（例）ウシロカラ□⠲オーイ⠲⠲ト□ヨバレテ⠲□

⠿ダレダローカ⠿⠿ト□オモッタ⠿□□

　（後ろから「おーい。」と呼ばれて、（だれだろうか。）と思った。）

　見出し語の順位を表す数字やアルファベット、または仮名などの後ろに、ピリオドが続く場合には、その後ろを一マスあけて書き表す。

（例）　□□□□⠿⠿⠿□テンジノ□カキカタ

　　　　□□⠿⠿⠿□テンジノ□キゴー

　　　　□□⠿⠿⠿□セイオン

　　1．点字の書き方
　　　a．点字の記号
　　　　ア．清音

（2）　疑問符・感嘆符

　疑問符（⠿）や感嘆符（⠿）は、句点と同様、文の終わりにくる場合には後ろを二マスあけ、文中にくる場合には、後ろを一マスあける。疑問符や感嘆符の後ろにカギ類やカッコ類の閉じ符号がくる場合は、これらと閉じ符号との間は続ける。

　なお、点字の英語の疑問符とは形が違うので、混用しないように留意する。

（例）

　　　□□ドーシテ□コー□ナッタノ⠿□□キミワ□シッテ□イル⠿

　　　　（どうしてこうなったの？　君は知っている？）

　　　□□シマッタ⠿□□オソカッタカ⠿（しまった！　遅かったか。）

　　　□□アッ⠿□ト□サケンダキリダッタ⠿

　　　　（あっ！と叫んだきりだった。）

（3）　読点

　読点（⠿）は、主語や接続語の後ろや、文の構成を明らかにして誤読を避ける場合などに用い、その後ろを一マスあける。

　点字の場合、マスあけで語句の区切り目を表すことができるが、文の意味や表現したい意図を正しく伝えるには、適切な箇所に読点を付けることが大切であるので、繰り返し丁寧に指導する。

　なお、墨字で、読点の意味でコンマが用いられていても、点字では常に「⠰」を用いる。
（例）
　　　　□□ハルワ□アタタカイ⠰□ヒガ□ナガイ⠰□ハナガ□サク⠰□
　　トリガ□ウタウ⠲　（春は暖かい、日が長い、花が咲く、鳥が歌う。）
　　　　□□ワタシワ⠰□ホホエミナガラ□チカヅイテ□クル□
　　カノジョヲ⠰□ミテ□イタ⠲
　　　　（私は、微笑みながら近づいてくる彼女を、見ていた。）
　　　　□□ワタシワ□ホホエミナガラ⠰□チカヅイテ□クル□
　　カノジョヲ⠰□ミテ□イタ⠲
　　　　（私は微笑みながら、近づいてくる彼女を、見ていた。）

(4)　中点

　中点（⠒）は、対等な関係で並ぶ語句の区切り目に書き、その後ろを一マスあける。
　およその数や日付の略記などを表す数字の区切りや、略称を表すアルファベットの間には、中点を用いない。
　また、地名などの段階の区切り、肩書きや居住地などと人名の区切り、所在地と施設名の区切りといった小さな区切りにおいても中点は用いず、一マスまたは二マスあけて書き表すことを原則とする。
（例）ナラニワ⠒□トーダイジ⠒□カスガ□タイシャ⠒□
　　コーフクジ⠒□ホーリュージナドガ□アル⠲
　　　　　（奈良には、東大寺・春日大社・興福寺・法隆寺などがある。）
　　　　⠼⠢⠒⠼⠤⠚　（五・六十）　　　　⠼⠛⠒⠼⠢⠒⠼⠒　（七・五・三）
　　　⠼⠢⠒⠼⠁⠢□ジケン　（5・15事件）
　　　スーツ□ケース　（スーツ・ケース）
　　　トーキョー□カンダノ□マチナミ　（東京・神田の町並み）
　　　コーチョー□□サトー□イチロー　（校長・佐藤一郎）

　読点と中点を同時に使い分ける場合、読点は中点よりもやや大きな区切り目に用いられる。
（例）ザイリョーワ⠰□トリニク⠒□タマネギ⠒□ピーマン⠒□
　　サラダ□オイル⠒□マヨネーズ⠰□シオ⠒□コショー⠒□

カガク□チョーミリョーデス⠲
（材料は、鶏肉・玉ねぎ・ピーマン、サラダオイル・マヨネーズ、塩・胡椒・化学調味料です。）

(5) スラッシュ（⠌）

対等関係や比、その他の区切りを表すスラッシュは、前後ろをマスあけしない。

外字符で書き表すひと続きのアルファベットの間に用いる。この場合スラッシュの後ろにも外字符の効力が継続する。

（例）⠰⠠⠠⠙⠕⠎⠌⠠⠧（DOS/V）　⠰⠠⠎⠌⠠⠝⠤ヒ（S/N 比）

数字の間にも用いるが、スラッシュの前に ⠰ を置く。

（例）ケツアツワ□⠼⠁⠃⠑⠰⠌⠼⠓⠑　（血圧は 125/85）

ただし、墨字で使われる 1/23（1 月 23 日）のような日付の略記にはこのスラッシュ（⠌）は用いない。

2　囲み符号の用法

語句や文の全部または一部を引用・強調・指定する場合、墨字では、様々な形のカギ類で囲んだり、線や点を行の下や横に添えたり、活字の大きさや字体を変えたりしている。

点字では、カギ類や指示符類を用いるが、多用すると文の読み取り自体が困難となったり、煩雑になったりする。そのため、一般書では、強調表現をできるだけ省略するなどして、必要最小限にとどめる工夫が必要である。

(1) カギ類

会話文や、引用する文や語句の前後ろを第１カギ（⠤～⠤）で囲んで書き表す。その中にさらにカギ類が必要なときは、ふたえカギ（⠰⠤～⠤⠆）を用いる。カギ類の内側は続け、外側は分かち書きの原則に従う。第１カギと区別する必要のある時は、第２カギ（⠰⠄～⠠⠆）を用いる。また、書名は、ふたえカギで囲んで表すことが多い。

（例）センセイワ⠰□⠤ミンナノ□マエデ□ハナス□トキワ□

⠿⠿ツタエヨート⠿スル⠿キモチ⠿⠿ガ⠿タイセツデス⠿⠿ト⠿
オハナシニ⠿ナッタ。

　　　　（先生は、「みんなの前で話すときは『伝えようとする気持ち』
　　　　が大切です。」と、お話しになった。）

　　　　⠿⠿オヒサシブリデス⠿⠿⠿⠿⠿ナツカシイ⠿コエガ⠿
キコエテ⠿キタ⠿⠿

　　　　⠿⠿ヤア⠿⠿ゲンキダッタ⠿⠿⠿⠿⠿⠿シゼンニ⠿コエガ⠿
ハズンダ。

　　　　（〈お久しぶりです。〉懐かしい声が聞こえてきた。
　　　　「やあ、元気だった？」自然に声が弾んだ。）

（2）　強調のカギ類・指示符類、指定の指示符類

　文や語句の一部また全部を強調する場合は、カギ類や指示符類を用い、語句や文を指定する場合は、指示符類で囲む。カギ類や指示符類の内側は続け、外側は分かち書きの規則に従う。なお、これらを用いるときは、読みにくくならないよう配慮し使用は最小限にとどめる。

（例）⠿⠿ハムレットテキ⠿⠿⠿セイカク（"ハムレット的"性格）
　　　カレガ⠿⠿⠿⠿⠿ナンドモ⠿ソノヨウーニ⠿イウノワ⠿
ナニカ⠿⠿⠿リユー⠿⠿ガ⠿アルノダロー⠿⠿⠿⠿⠿⠿

　　　　（彼が、何度もそのように言うのは何か理由があるのだろう。）

　試験問題などで傍線部や下線部を示す場合は、検索を容易にするため、目立って安定した形の第3指示符（⠿⠿⠿〜⠿⠿⠿）を使用することが多い。さらに、問題文中の指定箇所のページや行を、⠿⠿⠿⠿⠿
⠿⠿⠿⠿（p2 ℓ5）のように設問中に表示することも行われている。

（3）　カッコ類

　カッコ類は、語句や文の説明や挿入に用いる。説明の前後ろを第1カッコ（⠿〜⠿）で囲み、第1カッコの中でさらにカッコを必要とする場合には、二重カッコ（⠿⠿〜⠿⠿）を用いる。カッコ類の内側は続け、外側は分かち書きの規則に従うが、直前の語句の説明の場合には、開きカッコの前は原則として続ける。第1カッコと区別して他のカッコを用いるときは、第2カッコ（⠿⠿〜⠿⠿）を用いる。

　第1カッコは墨字の丸カッコと大体対応するが、第2カッコは特定の
カッコと形での対応はしていない。例えば、角カッコが語句や文の説明の
ために用いられていれば第2カッコを使うが、強調や指定の意味のときは
カギ類や指示符類を用い、形の上での対応はしないようにする。
（例）⠿⠿⠿⠿ネンワ⠿□テンジ□セイテイ□
　　　⠿⠿⠿⠿シューネン⠿⠿⠿⠿ネン⠿⠿メイジ□
　　　⠿⠿⠿ネン⠿⠿ニ□イシカワ□クラジノ□アンガ□サイヨー□
　　サレタ□タメ⠿ニ□アタル⠿
　　　　　〈2020年は、点字制定130周年（1890年〔明治23年〕に石川
　　　　　倉次の案が採用されたため）にあたる。〉

　ひとり言や回想は、カッコ類を用いて書き表すことがある。
（例）ニッキヲ□カキナガラ⠿□⠿アシタワ□ドンナ□コトガ□
　　アルカナア⠿⠿ト□オモッタ⠿
　　　　　（日記を書きながら、（明日はどんなことがあるかなあ。）と思った。）

（4）　点訳挿入符

　点訳挿入符（⠿⠿〜⠿⠿）は、仮名の点字で読んだだけでは分かりにく
い同音異義語や難解な漢語などの直後に、点訳のうえで説明を加えたこと
を明確にする場合に用いられる。点訳挿入符の用法は、カッコ類と同様で
ある。使用する際は必要最小限にし、簡潔な説明にすることで、本文の流
れや理解を妨げないように留意する。
（例）オリーブ⠿□コルクガシナドノ□
　　コーヨージュ⠿⠿カタイ□ハノ□キ⠿⠿ト⠿□シイ⠿□
　　ナラナドノ□コーヨージュ⠿⠿ヒロイ□ハノ□キ⠿⠿
　　　　　（オリーブ・コルクガシなどの硬葉樹と、シイ・ナラなどの広葉樹）

（5）　補足説明の棒線

　前の語句や文の補足説明を、カッコ類で囲むよりも地の文に近く扱いた
い場合、前後ろを棒線（⠿⠿〜⠿⠿）で囲む。棒線の内側と外側の語句と
は一マスずつあける。
（例）ゴゼン□⠿⠿ジ□⠿⠿□ソノ□コロノ□⠿⠿ジト□
　　イエバ⠿□マダ□ウスグラカッタ□⠿⠿□ワタシワ□

トビオキタ⠲
（午前5時――その頃の5時と言えば、まだ薄暗かった――私は飛び起きた。）

(6) 段落挿入符

本文の要約や前文、詳細な説明やト書き、または段落単位の引用文などを本文と段落を変えて書き表す場合、段落挿入符でその前後ろを囲む。第1段落挿入符（⠶⠶□～□⠶⠶）、第2段落挿入符（⠰⠶□～□⠶⠆）どちらを使ってもよい。行頭から二マスあけて3マス目から開き符号を書き、2行目からは一マス目から書き続ける。段落挿入符類の内側は一マスずつあける。終わりが句点などの場合でも、一マスあけるだけでよい。

（例）□□⠶⠶□⠤モシ□オオジシンガ□オコッタラ⠂⠂⠂⠲⠤□□
コンゲツワ□コノ□モンダイヲ□トクシュー□シマス⠲□⠶⠶
（《「もし大地震が起こったら…。」今月はこの問題を特集します。》）

3　関係符号の用法

(1) つなぎ符類

ひと続きに書き表す意味のまとまりの中で、数字とそれに続くア行・ラ行の仮名との間、アルファベットと仮名の間には、第1つなぎ符（⠤）をはさんで書き表す。点字では、ア行・ラ行の仮名は数字と同形、アルファベット 26 文字はすべて仮名と同形であることから、誤読を避けるためである。

（例）⠼⠁⠚⠚⠤エンダマ（100円玉）　　⠰⠠⠭⠤セン（X線）

(2) 波線

数量や時間・場所などの範囲を表す場合に、範囲を表す語句の間に波線（⠤⠤）をはさんで、続けて書き表す。

（例）⠼⠁⠚ ⠐⠳⠤⠤⠼⠁⠃ ⠐⠳（10時～12時）
トーキョー⠤⠤オオサカ（東京～大阪）

(3) 矢印類

語句や文を対照させる場合、時間の流れや変化の方向を表す場合には矢印類（⠒⠒⠕ など）を用い、前後ろを一マスあける。

（例）トーキョー□⠿ジ□⠿⠿プン□⠿⠿⠿□ナガノ□
⠿⠿ジ□⠿⠿フン□⠿⠿⠿□カナザワ□⠿⠿ジ□⠿フン

（東京 8 時 36 分→長野 10 時 2 分→金沢 11 時 9 分）

（4）棒線

対等な関係や、感情の余韻や時間的隔たり、省略などを表す場合に、棒
線（⠿⠿）を用い、語句とは一マスあける。

（例）ノレンニ□ウデオシ□⠿⠿□ヌカニ□クギ

（のれんに腕押し―― 糠に釘）

⠿アッ⠿□□シマッタ⠿□□⠿⠿⠿

（「あっ！　しまった。――」）

（5）点線

点線（⠿⠿⠿）は、感情の余韻や時間的隔たり、省略などを表す場合に
用いられ、語句との間は一マスあける。点線の後に句読点や区切り符号が
続くときは、マスあけしない。語頭または語中の省略に点線を用いる場合
には、点線の後ろはマスあけをしなくてもよい。

（例）　⠿ソレワ□ワカッタヨ。□□シカシ□⠿⠿⠿⠿

（「それはわかったよ。しかし…。」）

⠿⠿⠿□ノヨーナ□カワリモノ⠿（…のような変わり者。）

⠿⠿⠿テキ□カンガエ（…的考え）

（6）空欄符号

試験問題などで、語句や記号などの記入欄を示すのには空欄符号
（⠿⠿⠿⠿）を用い、空欄符号の前後ろは、分かち書きの規則に従う。そ
のとき、空欄に付されている記号等は空欄符号の前に置き、空欄符号を続
ける。また、墨字で空欄の中に記号が書かれていても、点字の空欄符号を
分割して　⠿⠿⠿⠿⠿　などのようにしてはならない。

（例）

□□⠿⠿⠿□ツギノ□⠿⠿⠿⠿⠿□⠿⠿⠿⠿⠿ニ□
アテハマル□テキトーナ□ゴヲ□カキナサイ⠿

□□□□□□□□□□□□□……（1行あけ）

□□⠿⠿ボッチャン⠿⠿ノ□サクシャワ□⠿⠿⠿⠿⠿⠿□
⠿⠿マイヒメ⠿⠿ノ□サクシャワ□⠿⠿⠿⠿⠿⠿⠿デ□アル⠿

　　1．次の空欄にあてはまる適当な語を書きなさい。

　　　　『坊ちゃん』の作者は　　①　　、『舞姫』の作者は　　②　　で

　　ある。

　　◇この例では、点字問題の指示文を読むことで空欄数を把握でき

　　るように、「次の空欄に」→「次の（1）　　　　（2）　　　に」と

　　変更している。（本章第6節　試験問題と解答の書き方　参照）

（7）　文中注記符

　　文中注記符（⠰⠆）は、欄外の注を必要とする語句につける。注に番号
を付ける場合には、　⠰⠆⠼⠁⠆　⠰⠆⠼⠃⠆　のように注記符の間に数字をは
さんで書き表す（アルファベットや仮名は用いない）。

　　欄外の注は、該当ページの下部に線を引くなどして、本文との区別が明
確になるように書く。欄外注の後、ページが変われば本文に戻ることにな
る。ほかにも、章や節の最後か巻末に一括して記載する方法もある。

　　文中注記符を置く場所は、語句や文の直後を原則とするが、注記がある
ことをいち早く知らせる必要がある場合等では、語句や文の直前に置いて
もよい。

（例）

　　　　⠿⠿⠰⠆ワガハイワ⠿ネコデ⠿アル⠰⠆⠰⠆⠼⠁⠆⠰⠆ト

　　⠰⠆マイヒメ⠰⠆⠰⠆⠼⠃⠆⠰⠆⠼⠉⠆⠰⠆ワ⠿……

　　　　（『我輩は猫である』*1　と　『舞姫』*2*3は……）

（8）　星印類

　　特に注意を引く必要のある文や箇条の前には星印類（⠆⠆　　⠒⠆
⠒⠒）を用いる。文や箇条が本来始まる位置に星印類を書き、その後ろは
一マスあけてから本文を書き始める。

（例）

　　　　⠿⠿⠆⠒⠿ナツヤスミノ⠿デキゴトヲ⠿サクブンニ⠿

　　カキマショー⠒

　　　　⠿⠿⠒⠒⠿ツギノ⠿コトニ⠿キヲ⠿ツケテ⠿カコー⠒

　　　　⠿メアテヲ⠿ハッキリ⠿サセル⠒

　　　　⠿クミタテヲ⠿クフー⠿スル⠒

　　　　⠿ヨンダ⠿ヒトニ⠿ヨク⠿ワカルヨーニ⠿カク⠒

　　　　1．夏休みのできごとを作文に書きましょう。

　　　　　＊次のことに気をつけて書こう。

　　　　　　　目当てをはっきりさせる。

　　　　　　　組み立てを工夫する。

　　　　　　　読んだ人によく分かるように書く。

（9）　小見出しであることを示す小見出し符類

　行頭3マス目から書き始めた見出しの後ろに小見出し符類をつけ、それが小見出しであることを表す。小見出し符類の後ろは、一マスあけるか行替えして本文を書き始める。第1小見出し符（〜 ⠒⠒）と第2小見出し符（〜 ⠒⠒）は必要に応じて使い分けるが、2段階の小見出しがあるときは、大きい方を第1小見出し符、小さい方を第2小見出し符で書き表す。

4　伏せ字とマーク類
（1）　伏せ字類

　語句の一部や全部を隠したことを表す場合、伏せ字類を用い、その前後ろは分かち書きの原則に従う。伏せ字の後ろに助詞や助動詞が続くときは、一マスあける。一語中に伏せ字を用いる場合は、前の文字と伏せ字の間に第1つなぎ符をはさんで続ける。伏せ字の後ろが仮名のときも第1つなぎ符をはさむ。

　墨字と対応させて書き表す場合は、○（⠶⠶）・△（⠶⠶）・□（⠶⠶）・×（⠶⠶）の伏せ字を用い、他の形には、その他の伏せ字（⠶⠶）を用いる。

（例）⠶⠶⠶⠶□センセイ（○○先生）

　　　⠶⠶⠶ヤマ□⠶⠶⠶コ（○山×子）　　　⠶⠶⠶⠶⠶⠶（横○市）

　　　⠶⠶⠶⠶□マデ□イク⠶（□□まで行く。）

　○△□×の形そのものを示しているのではないので、伏せ字ではない部分に同じ形だからといって用いることはできない。例えば、墨字では問題の正誤や選挙の信任・不信任等に○や×の記号をよく用いるが、それらに使用してはならない。その場合は、「○」や「×」を仮名で「マル」「バツ」と書く。（第6節　試験問題と解答の書き方　参照）

（例）正しいものに○、間違っているものには×を書け。

→　タダシイ□モノニワ□マル⠰□マチガッテ□イル□
モノニワ□バツヲ□カケ⠲

(2) 数字の伏せ字

数字の伏せ字（⠐⠿）は、連続する数字の一部に伏せ字がある場合に、数符の有効範囲の中だけで用いる。

一連の数字の最後が伏せ字のときは、後ろの文字との間に第1つなぎ符をはさみ、助詞や助動詞が続く場合には一マスあける。

（例）⠼⠃⠚⠐⠿⠐⠿⠤ネン（20××年）
　　ナイセン□⠼⠁⠐⠿⠐⠿⠙バン（内線1××4番）

(3) パーセント（⠰⠏）

パーセント（%）の符号は、数字などの後ろに続けて書き表す。後ろに助詞や助動詞が続く場合は一マスあけ、ひと続きに書き表す語の場合には第1つなぎ符をはさむ。

（例）⠼⠁⠚⠚⠰⠏□ダッタ（100%だった）
　　⠼⠃⠚⠰⠏⠤ビキ（20%引き）

(4) アンドマーク（⠰⠯）

「and」の意味を表す符号（アンパサンド）に対応するアンドマーク（&）は、符号の前後ろを一マスあけて書き表す。

（例）⠰⠠⠟□⠰⠯□⠰⠠⠁　（Q&A）

(5) ナンバーマーク（⠰⠩）

ナンバーマークは、電話のプッシュボタンや順位数を表すとき用いられている、シャープやイゲタ、ハッシュと呼ばれるマーク（#）に対応する。ナンバーマークの後ろに助詞や助動詞が続く場合は一マスあける。ひと続きに書き表す語の場合には第1つなぎ符をはさむ。

（例）テンジニ□カンスル□トーコーニワ□⠤⠰⠩□テンジ⠤カ□
⠤⠰⠩□⠦⠃⠗⠁⠊⠇⠇⠑⠴⠤ノ□ハッシュタグヲ□ツケテ□
クダサイ⠲
（点字に関する投稿には「#点字」か「#braille」のハッシュタグを付けてください。）

（6）　アステリスク（⠿⠿）

　アステリスク（＊）は、電話のプッシュボタンで０の左側のボタンを表すマークなどに対応する。アステリスクの後ろに助詞や助動詞が続く場合は一マスあける。ひと続きに書き表す語の場合には第１つなぎ符をはさむ。
　（例）　⠿⠿⠿⠿ワ□ホンシャノ□タンンシュク□バンゴー
　　　　　（＊11 は本社の短縮番号）

　なお、墨字では、文中注記符や星印を意味するものとしてアステリスク（＊）を使うことがあるが、点字では、それらを意味する点字記号を用いる。

（7）　アットマーク（⠿⠿）

　アットマーク（＠）は、価格の単価表示や「…で」の意味で用いられ、前後ろを一マスあけて書き表す。メールアドレスなどのアットマークには用いない。
　（例）　ショーヒン□⠿⠿コ□⠿⠿□⠿⠿⠿⠿⠿エン
　　　　　（商品５個＠200 円）
　　　　タベモノ□フェスタ□⠿⠿□マクハリ□メッセ
　　　　　（食べ物フェスタ＠幕張メッセ）

5　表記符号間の優先順位など

　表記符号が二つ以上重なる場合、マスあけをどうするかが問題となる。例えば、句点の後ろの二マスあけと、第１カッコの閉じ符号の内側は続けるという規則のどちらを優先させるかによって、句点の後ろの第１カッコの閉じ符号との間を二マスあけるか、続けて書くかの違いが出てくる。そこで、表記符号間のマスあけ規則の優先順位を定めておく必要がある。
　また、表記符号が重なって、別の表記符号と誤読されないように、何らかの処理が必要な場合がある。
　このような符号間の優先順位や処理についても、機会を捉えて指導していく。

（1）　表記符号間のマスあけ規則の優先順位

　表記符号が二つ以上重なる場合、次の順位に従う。その場合、上の順位

の規則が優先され、下の順位の規則は無視されることになる。

第1順位

ア　句読符（句点・疑問符・感嘆符・読点・中点）や小見出し符類・詩行
　　符類の前は続ける。

イ　囲みの符号（カギ類・指示符類・カッコ類・点訳挿入符・段落挿入符
　　類・外国語引用符）の内側は続ける。（段落挿入符類は、内側の一マス
　　あけを含んで3マス符号として取り扱う。）

ウ　波線は、範囲の始めと終わりを表す数や語句との間を続ける。

エ　文中注記符は、それが指し示す語句や文との間を続ける。

第2順位

句読符の後ろは、それぞれ必要なマスあけをする（句点は二マス、疑問
符と感嘆符の文末は二マス、文中は一マス、読点と中点は一マス）。

第3順位

棒線・点線・矢印類の前後ろは一マスあける。

第4順位

囲みの符号（段落挿入符類を除く）の外側は、他の記号や分かち書きの
規則に従って書き表す。

（2）　読点が他の符号と誤読されないための処理

第1カギ（⠤〜⠤）・ふたえカギ（⠤⠤〜⠤⠤）・第1カッコ
（⠤〜⠤）・第2カッコ（⠤⠤〜⠤⠤）・二重カッコ（⠤⠤〜⠤⠤）・点訳
挿入符（⠤⠤〜⠤⠤）の閉じ符号の前にくる読点（⠤）は別の表記符号に
なってしまうので省略することを原則とする。

（例）⠤ソレデワ⠤ト□カレワ□タチアガッタ⠤
　　　　　（「それでは、」と彼は立ち上がった。）

この場合、読点を省略せずに第1カギと続けて書くと、

　　　　⠤ソレデワ⠤⠤ト□カレワ□タチアガッタ⠤

となり、　⠤⠤　は、ふたえカギの開き符号となってしまうので読点を
省略する。

読点の後ろに、指示符類（⠤⠤〜⠤⠤　　⠤⠤〜⠤⠤　　⠤⠤〜
⠤⠤⠤）の閉じ符号がくる場合、その間を一マスあけて書き表してもよい
が、これらの閉じ符号から行を移してはならない。

（3）　囲みの符号が誤読されないための処理

　表記符号同士が続いて他の符号と同じ形になってしまう場合には、誤読を避けるため次のような処理をする。

　　ア　第1カギの閉じ（⠐⠂）と開き（⠶）、第1カッコの閉じ（⠶）と開き（⠶）、第1カッコの閉じ（⠶）と点訳挿入符の開き（⠶⠶）、点訳挿入符の閉じ（⠶⠶）と第1カッコの開き（⠶）などの符号間は一マスまたは二マスあける。

　　イ　ふたえカギ（⠰⠆〜⠰⠆）の内側に第1カギ（⠐〜⠂）が続く場合、第1カギの代わりに第2カギ（⠰⠆〜⠰⠆）を用いるか、ふたえカギの内側を一マスあける。ただし、ふたえカギの開き符号の後ろまたは閉じ符号の前で行を移してはいけない。

　　ウ　第1カギ（⠐〜⠂）の外側に波線（⠈⠉）が接する場合、第1カギの代わりに第2カギ（⠰⠆〜⠰⠆）を用いるなどの工夫をする。

　　エ　指示符類（⠰⠆〜⠰⠆　⠰⠆⠆〜⠰⠆⠆　⠆⠰⠆〜⠆⠰⠆）の内側に、第1カギ（⠐〜⠂）が続く場合は、間を一マス開ける。ただし、指示符類の開き記号の後ろまたは閉じ符号の前で行を移してはいけない。

　　オ　点訳挿入符（⠶⠶〜⠶⠶）は、第1カッコ（⠶〜⠶）の内側と外側、第2カッコ（⠰⠆〜⠰⠆）や二重カッコ（⠰⠆〜⠰⠆）の内側には続けて用いることができない。

6　点字仮名体系における数学・理科・外国語点字記号等

　点字仮名体系の中に他の体系に属する記号を書く場合には、記号体系が変わったことを示さなければならない。

（1）　数学記号

　一般書の文章中に数式を書き表す必要がある場合には、点字数学記号により書き表す。（第8章第3節、『数学・情報処理点字表記解説　2019年版』参照）

　数式のはじめは、数式が文中に追い込まれているか、行替えしているかにかかわらず、数式指示符（⠰⠆）を前置し、文中では前を一マスあけて書き始める。ただし、数符で始まる数式には数式指示符は不要である。

　また、数式が文中に追い込まれている場合、数式の後ろは原則として一

マスあける。

（例）

　　⠿⠿ワレワレノ⠿ジンセイワ⠿

　　⠿⠿⠿⠿⠿⠿⠿⠿⠿⠿⠿

　　デ⠿アルト⠿イウ⠿コトガ⠿デキル⠿

　　⠿⠿ワレワレノ⠿ジンセイワ⠿⠿⠿⠿⠿⠿⠿⠿⠿⠿⠿⠿デ

　　アルト⠿イウ⠿コトガ⠿デキル。

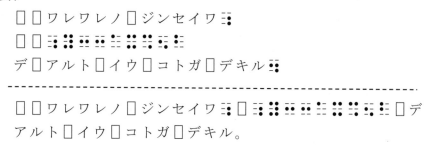

　　　我々の人生は、$y = ax^3 + b$　であると言うことができる。

言葉を用いた数式では、それぞれの言葉を　⠿⠿～⠿⠿　で囲む。

（例）　⠿⠿⠿⠿エンノ⠿メンセキ⠿⠿⠿⠿

　　　　⠿⠿⠿ハンケイ⠿⠿⠿ハンケイ⠿⠿⠿⠿⠿⠿⠿⠿

　　　　（円の面積＝半径×半径×3.14）

（2）理科記号

　一般書の文章中に化学式を書き表す必要がある場合には、化学式の点字記号により書き表す。（第8章第4節、『理科点字表記解説　2019 年版』参照）

　化学式のはじめは、文中に追い込まれているか、行替えしているかにかかわらず、化学式の指示符（⠿）を前置する。文中では化学式の前は一マスあけ、後ろの仮名との間も一マスあける。

　大文字符は、最初のアルファベットにだけ前置し、原子数を表す右下添え字の数字は、数符なしの下がり数字を用いる。

（例）　⠿⠿⠿⠿⠿⠿ノ⠿ハイシュツリョーニ⠿リューイ⠿スル⠿⠿

　　　　（CO_2の排出量に留意する。）

　高等学校の理科など科学専門分野では、単位記号を単位カッコ（⠿⠿⠿～⠿⠿⠿）を使用して表すことがあるが、一般の文章中では単位カッコは原則として用いない。

（3）　外国語

　一般書の日本語文章中に外国語の語句や文を書く場合、行替えするか、外国語引用符で囲んで書き表す。外国語引用符の外側は分かち書きの規則や表記符号の用法に従うが、外国語引用符の閉じ符号と助詞・助動詞の間は一マスあけ、カッコ類の開き符号との間は原則として一マスあけて書き表す。（第8章第5節　参照）

　日本語と外国語では、墨字で同形の符号が点字では形が異なることがあるので注意する。例えば、日本語点字と英語点字では、疑問符や棒線（ダッシュ）・点線の形が異なっている。

（4）　ホームページやＥメールのアドレス

　ホームページやＥメールのアドレスなどは、アドレス囲み符号（⠰⠆⠰⠆～⠰⠆⠰⠆）で囲み、一つのメールアドレスはマスあけせずにひと続きに書き表す。行移しするときは、区切りのよい箇所（ドット・スラッシュの後、アットマークの前など）で分け、2行目以降の行頭に行継続符（⠠⠐）を置く。

　（例）

```
                (http://www.braille.jp)
```

```
        (E-mail  k_ishikawa@sixdots.or.jp)
```

7　行替え、行移し、見出し、箇条書きなどの書き表し方

　段落など、文章の内容上の必要によって改行することを「行替え」といい、一つの段落内の文が、その行に収まらないため、次の行の一マス目から書き続けることを「行移し」という。

（1）　行替え

　文章のはじめや新しい段落で行替えをし、行頭3マス目から書き始める。カギ類で囲んだ会話文や引用文を「と」などの助詞で受ける場合は、行を替えても原則として行頭の一マス目から書く。

（2）行移し

　行移しは、マスあけの箇所で行うことを原則とする。行末にゆとりが
あっても、ひと続きに書くべき語句や符号がその行に入りきらないときに
は、次の行に移して書く。その際、行末に残ったマス数にかかわらず、そ
の箇所で必要な一マスあけか二マスあけが行われたものと見なす。した
がって、次の行の行頭でマスあけをしてはならない。

（例）

（昨日、行われた学校運営協議会では、次のようなことが全員で検討
　された。）

◇この例では、1行目の行末に「協議会では、」が書ききれないため、
　行移ししている。また、2行目の行末では一マスあけることができ
　ないが、行移しすることで、一マスあけられたものと見なされる。

　マスあけの箇所で行移しすると、行末が不自然に大きくあいて違和感が
あるなどの場合には、カッコ類や点訳挿入符の開き符号の前、数字付きの
文中注記符の前、波線や複合語内部のつなぎ符類の後ろ、助動詞の「よう
だ・ようです」・「そうだ・そうです」（伝聞）・「ごとし」・「らしい」・「み
たいだ」・「です」・「だ」の前などで行移しをすることができる。ただし、
言葉の自然なリズムに留意し、読みやすさを損なうような行移しは避ける。
　また、行移しにあたっては、特に次の事柄に注意する必要がある。
　ア　2行にまたがらせて書き表すことはできないもの
　　a　ひと続きに書き表すべき数字やアルファベット（2行にまたがら
　　　せて書くと、後ろの部分が別の記号に変わるため）
　　b　濁音や拗音のように二マスで構成されている文字
　　c　ふたえカギ、指示符類のように二マス以上で構成されている表記
　　　符号類
　イ　行頭に書いてはならないもの（これらの符号が、行末に書ききれな
　　　い時には、その符号の直前の語句とともに次の行に移して書く。）
　　a　句読符（句点・疑問符・感嘆符・読点・中点）
　　b　囲み符号（カギ類・指示符類・カッコ類・点訳挿入符・段落挿入

　　符類・外国語引用符など）の閉じ符号

　　c　つなぎ符類・波線・小見出し符類・詩行符類・数字なしの文中注
　　　記符など

　ウ　行末に書いてはならないもの（これらの符号は、行末に余裕があっ
　　ても、その符号に続く語句がその行に書ききれないときには、次の行
　　に移して書く。）

　　a　数符・外字符などの前置符号

　　b　囲みの符号（カギ類・指示符類・カッコ類・点訳挿入符・段落挿
　　　入符類・外国語引用符など）の開き符号。

（3）　見出し

　見出しは、本文との区別を明らかにするために行頭を下げて書き表すが、
二マスを１単位とし、大きな段階の見出しほど下げて、序列を明確にする。

　見出しが１行に収まらない場合、２行目以下は、１行目の書き始めから
二マス下げて書き表すが、原則としてページをまたがない。

　見出しの段階を示す編・章・節・項などと見出しの語句との間は、二マ
スあける。また、見出しの語句の前の数字やアルファベットなどと、それ
に続く語句との間は二マスあけ、数字やアルファベットにピリオドやカッ
コ類が付してある場合は一マスあける。

（例）

　　　　　　　　　　　ダイ⠿⠿ペン　　テンジノ　ヒョーキ

　　　　　　　　ダイ⠿⠿ショー　　テンジノ　キゴー

　　　　　ダイ⠿⠿セツ　　テンジノ　コーセイト　ブライユノ

　　　　　　　　テンジ　ハイレツヒョー

　　⠿⠿⠿　テンジノ　コーセイ

　　　　　　　第１編　　点字の表記

　　　　　　第１章　　点字の記号

　　　　　第１節　　点字の構成とブライユの点字配列表

　　　１．　点字の構成

なお、　見出しについては、最も大きい見出しは８マスあけ程度にする
ことや、編・章・節・項を用いるなど段階が明らかならば、行頭からのマ

スあけは同じものがあってもよいこと、同じ書き出し位置でも序列を明らかにするときは、⠿⠿⠿　⠿⠿⠿⠿　⠿⠿⠿⠿⠿　⠿⠿⠿⠿⠿　⠿⠿⠿⠿　⠿⠿⠿⠿⠿　のように書くことなどにも注意する。

（4）小見出し

　小見出しは、行頭3マス目から書き始め、その後ろに小見出し符類を付け、一マスあけて本文を書き始めるか、小見出し符類を付けた後、行替えをして本文を書き始める。第1小見出し符（⠿⠿）と第2小見出し符（⠿⠿）は、必要に応じて使い分けるが、2段階の小見出しがあるときは、大きい方を第1小見出し符、小さい方を第2小見出し符で書き表す。

（例）

　　　□□□コーザト□モヨオシ
　　□ブンカ□セミナー⠿⠿□マナーニ□ツイテ
　　□ニチジ⠿⠿□⠿⠿ガツ□⠿⠿⠿ニチ⠿ニチ⠿□ゴゴ□
　⠿⠿⠿⠿⠿⠿ジ
　　□バショ⠿⠿□シミン□カイカン□⠿⠿カイ□カイギシツ

　　　【講座と催し】
　　　文化セミナー
　　　《マナーについて》
　　　　日時：4月15日（日）午後1〜4時
　　　　場所：市民会館2階会議室

（5）区切り線・枠線

　本文中の章・節などの大きな区切り目や、本文と注などの区切り目に区切り線を用い、表や図、囲み記事を本文と区別するために枠線を用いる。

　ア　区切り線

　区切り線には、普通　⠿　の連続による実線　⠿⠿⠿⠿⠿⠿⠿⠿⠿⠿を使う。使い分けが必要なときは、区切りの大きい順に、

　　⠿　の連続による二重線　⠿⠿⠿⠿⠿⠿⠿⠿⠿⠿
　　⠿　の連続による実線　⠿⠿⠿⠿⠿⠿⠿⠿⠿⠿

⠿　の連続による点線 ⠒⠒⠒⠒⠒⠒⠒⠒⠒⠒
などを使って表す。

　区切り線は、1行あけより大きな区切りを示し、書き出し位置や長さは、行頭・行末のあけ幅を8マスずつや 10 マスずつなどにして中央に書き、目的と必要に応じて使い分ける。

　また、ページの下に、本文と区別して注を書く場合には、　⠒　を1行すべてに書いた線（全マス実線）で本文と分ける。このとき、実線を切って中央部に「チュー（注）」などと書き入れることができる。

（例）……⠒⠒⠒⠒⠒□チュー□⠒⠒⠒⠒⠒……

イ　枠線

　表や図、あるいは囲み記事を本文に挿入する際に用いる線で、開きと閉じがある。

　　実践枠　開き ⠿⠿⠿⠿⠿⠿⠿⠿⠿⠿　　　　閉じ ⠿⠿⠿⠿⠿⠿⠿⠿⠿⠿
　　点線枠　開き ⠒⠒⠒⠒⠒⠒⠒⠒⠒⠿　　　　閉じ ⠿⠒⠒⠒⠒⠒⠒⠒⠒⠒
実践枠や点線枠と区別する必要があるときに用いるもの
　　　　　　開き ⠿⠒⠿⠒⠿⠒⠿⠒⠿⠿　　　　閉じ ⠿⠿⠒⠿⠒⠿⠒⠿⠒⠿

　書き出し位置と長さは、1行すべてに書くか、4マスか6マスなど行頭・行末のあけ幅を同じにして中央に書く場合などがあり、目的と必要に応じて使い分ける。

　また、開きの枠線を切って、「ズ（図）」「ヒョー□⠐⠢⠒（表1）」などと書き入れることができる。

（6）　箇条書き

　同じ段階の項目や語句、又は文章などを箇条書きにする場合、書き始めの位置をそろえて書き表す。

（例）
　　　　□□□コエニ□ツイテノ□ハッピョー□メモ
　　　　□□⠿⠒⠿□ケンキューノ□ドーキ
　　　　□□⠿⠒⠿□カゾクノ□コエノ□カンサツ
　　　　□□⠿⠒⠿□コエノ□セイシツニ□ツイテノ□イロイロナ□
　　　　ヒョーゲン
　　　　□□⠿⠒⠿□カンジョーヲ□トモナッタ□コエノ□イロイロ

　　　　声についての発表メモ
　　　　（1）研究の動機
　　　　（2）家族の声の観察
　　　　（3）声の性質についてのいろいろな表現
　　　　（4）感情を伴った声のいろいろ

（箇条書きの番号と本文の内容とを区別できる書き方の例）
　　　□□⠿⠿⠿□□タマネギワ□クシガタニ⠿□ニンジンワ□
　　イチョーガタニ□キル⠿⠿
　　　□□⠿⠿⠿□□ギューニクワ□ヒトクチダイノ□タベヤスイ□
　　オオキサニ□キル⠿⠿
　　　□□⠿⠿⠿□□⠿⠿⠿□□⠿⠿⠿□ヲ□アブラヲ□ヒイタ□
　　フライパンデ□テイネイニ□イタメル⠿⠿

　　　（1）　　タマネギはくし形に、ニンジンはイチョウ形に切る。
　　　（2）　　牛肉は一口大の食べやすい大きさに切る。
　　　（3）　　（1）（2）を、油をひいたフライパンで丁寧に炒める。
　　　　◇この例では、箇条書きの番号を示す「（3）」と、本文の内容に
　　　　　含まれる番号「（1）（2）」とを区別できるように箇条書きの
　　　　　番号のあと二マスあけている。

第4節　文の種類による書き方の学習

1　作文一般

　作文の題は、1行目に書く。題の書き出しは、5マス目、または7マス目からにすることが多い。なお、題が2行以上にわたる場合には、2行目以降を1行目の書き始めから、さらに二マス下げて書く。

　名前は、題を書いた次の行に右寄せで書くか、行末が一マスか二マスあくようにして書く。作文以外にも行末に名前を書く機会は多く、自分の名前のマス数を数えておき、どのあたりから書けばよいか覚えておくとよい。

　本文は、名前を書いた次の行の行頭3マス目から書き始める。段落の変わり目では行替えをし、3マス目から書き始める。

ページは、点字用紙の表の右上に書く。32 マス点字盤であれば、紙押さえにページを入れるマスがある。

２　詩

詩は３マス目から書き始めるのを原則とする。詩の題は見出しの書き方に準じて書き、作者名は行末近くに書く。

行や連によって、書き出し位置に変化をつける場合は、二マス又は４マスを単位として差をつけて書き表す。詩の１行が点字で２行にわたるときには、２行目は書き始めの行と二マスを単位として差をつけて書き続ける。

詩行符類は、一般の文章の中に、詩を引用したり、紙面を節約したりするために用いられる。詩行符（⠰□□）を添えることで、詩行の変わり目を示し、行を替えずに追い込んで書き表すことができる。また、二重詩行符（⠰⠰□□）を添えて、連の変わり目を示すことができる。詩行符類の前は続け、後ろは二マスあける。

歌詞などは、書き出し位置をそろえたり、番号を一マス目から書いたりして、読みやすいよう工夫する。

（例１）

□□□□ヤマノ□アナタ

　　　　　　　　　　　　カール□ブッセ

□□ヤマノ□アナタノ□ソラ□トオク
□□⠤サイワイ⠤□スムト□ヒトノ□イウ⠲
□□アア⠰□ワレ□ヒトト□トメユキテ⠰
□□ナミダ□サシグミ⠰□カエリキヌ⠲
□□ヤマノ□アナタニ□ナオ□トオク
□□⠤サイワイ⠤□スムト□ヒトノ□イウ⠲

　　山のあなた

　　　　　　　　　　　　カール・ブッセ

山のあなたの空遠く
「幸」住むと人のいう。
噫、われひとと尋めゆきて、
涙さしぐみ、かえりきぬ。
山のあなたになお遠く

　　「幸」住むと人のいう。

（例2）
　　□□□□□カッパト□カエル
　　　　　　　　　　　　　　　　　クサノ□シンペイ
　　□□ルンルン□ルルンブ⠿□□ルルンブ□ルルン⠿□□
　　ツンツン□ツルンブ⠿□□ツルンブ□ツルン⠿□□
　　カッパノ□サラヲ□ツキ□スベリ⠿⠿□□ジャブジャブ□
　　ミズヲ□ジャブツカセ⠿⠿□□カオダケ□ダシテ⠿⠿□□
　　オドッテル⠿

　　　　河童と蛙
　　　　　　　　　　　　草野心平

　　　るんるん　るるんぶ
　　　るるんぶ　るるん
　　　つんつん　つるんぶ
　　　つるんぶ　つるん

　河童の皿を月すべり。
　じゃぶじゃぶ水をじゃぶつかせ。
　かおだけ出して。
　踊ってる。

3　短歌・俳句など

　短歌は、1行書きの場合、3マス目から書き始め、その行に書ききれない部分は次の行の一マス目から書くことを原則とする。上の句と下の句を2行に書き分ける場合には、上の句は3マス目から、下の句は5マス目からというように、行の書き出しに差をつける。3行書きの短歌は、1行ごとに行を改めて書き表す。

　俳句や川柳は、3マス目または5マス目から書き始める。

　短歌や俳句などの作者名は行末近くに書き表すことを原則とする。

　詞書を書く場合は、書き出し位置に注意したり、囲みの符号を用いたりして、短歌・俳句との区別を明らかにする。

（短歌の例）

　　　イシガケニ□コドモ□⠿□ニン□コシカケテ□
　　　　　フグヲ□ツリオリ□ユーヤケ□コヤケ

　　　　　　　　　　　　　　　　キタハラ□ハクシュー

　　石崖に子ども七人腰かけて河豚を釣り居り夕焼け小焼け
　　　　　　　　　　　　　　　　　　　北原白秋

　　　　　　　　　　　　　　　イシカワ□タクボク

　　□ナガク□ナガク□ワスレシ□トモニ□
　　□アウゴトキ
　　□ヨロコビヲ□モテ□ミズノ□オト□キク

　　　　　　　　　　　　　　石川啄木

　　長く長く忘れし友に
　　会うごとき
　　よろこびをもて水の音聴く

（俳句の例）

　　　　　　　　　　　　　　　マサオカ□シキ

　　□イクタビモ□ユキノ□フカサヲ□タズネケリ

　　　　　　　　　　　　　正岡子規

　　いくたびも雪の深さを尋ねけり

4　脚本

　人物名を3マス目から書き、その後ろに小見出し符類を付ける。または人物名の後ろを二マスあけてせりふを書く。せりふが2行以上にわたるときは、次の行は行頭から書く。せりふに第1カギをつける必要はない。また、人物名を行頭から書き、次の行からは3マス目から書く方法もある。人物名は繰り返し何回も出てくるので、頭文字などによる略称を用いるの

もよい。

　情景の説明は、第1段落挿入符で囲んで書き表し、ト書きは、第1カッコで囲んで書き表す。

（例1）第2小見出し符を使用した例

□□□□□□リヤオー□モノガタリ

□□□□ダイ⠿⠿マク□□リヤオーノ□キューデン

□□⠿⠿□アイズノ□ラッパガ□スイソー□サレル⠿□□

リヤオーヲ□セントーニ□⠿⠿ニンノ□ムスメ⠿ゴナリル⠿□

リーガン⠿□コーディーリア⠿⠿□ソノタ⠿□ジューシン□

ケントヲ□ハジメ□オオゼイノ□カシンガ□トージョー□

スル⠿□⠿⠿

□□リヤオー⠿⠿□ミナノ□モノモ□シッテ□イル□トオリ⠿□

　【中略】

□□ゴナリル⠿⠿□ワタシワ□コトバデワ□イエナイホド□

オトーサマノ□コトヲ□オモッテ□イマス⠿

□□コーディーリア⠿⠿□⠿ドクハク⠿□□ワタシワ□ナント□

イオー⠿□□ココロカラ□オツカエ□シタイノダケド⠿

（例2）人物名を行頭から書いた例

リヤ□□⠿チズヲ□サシナガラ⠿□□ヨク□イッタ⠿□□

　【中略】

リーガン□□オヤニ□コーコー□スルノワ□コノ□タノシミ⠿□

□□ソノ□タノシミ□イガイノ□モノワ□ミナ□ワタシノ□

□□テキデ□ゴザイマス⠿

コーディ□□⠿ドクハク⠿□□コンドワ□ワタシノ□

□□バンダワ⠿□□ワタシノ□キモチワ□コトバデワ□

□□イエナイ⠿□□ソーダ⠿□ワタシワ□ダマッテ□イヨー⠿

　　　　リヤ王物語

　　第一幕　リヤ王の宮殿

　　　合図のラッパが吹奏される。リヤ王を先頭に三人の娘（ゴナリル、

　　リーガン、コーディーリア）、その他、重臣ケントをはじめ大勢の

　　　家臣が登場する。

リヤ王：皆の者も知っているとおり、【中略】

ゴナリル：わたしは言葉では言えないほどお父様のことを思っています。

コーディーリア：（独白）わたしは何と言おう。心からお仕えしたいのだけれど。

リヤ王：（地図をさしながら）よく言った。【中略】

リーガン：　親に孝行するのはこの楽しみ、その楽しみ以外のものはみなわたしの敵でございます。

コーディーリア：（独白）今度はわたしの番だわ。わたしの気持ちは言葉では言えない。そうだ、わたしは黙っていよう。

5　手紙

　点字の手紙は、あて名や日付、および発信人名などを前付けとして最初に書くのが一般的である。この場合、まず1行目の3マス目（または行頭）から相手の名前を書く。日付は、次の行に、相手の名前より4マス以上、下げて書く。自分の名前は3行目に書くのが普通であるが、日付と同じ行に書いても差し支えない。自分の名前は、行末に寄せるか、行末まで二マスくらいあくようにする。

　また、墨字の手紙のように、あて名、日付、発信人名を手紙の後付けとして最後に書くこともある。その場合には、日付、発信人名、あて名というように書く順序が変わるので注意する。ICT機器を使って墨字の手紙を書くことを想定して、墨字の手紙の一般的な書き方の様式についても学習しておくことが望ましい。

　内容の書き方は自由であるが、前文（時候の挨拶、相手の安否を尋ねるなど）、本文、末文（終わりの挨拶など）と分けられる場合には、それぞれ行を改めて書くとよい。

　なお、手紙を折って封筒に入れる場合は、封筒の大きさに合わせて、⠿ を1行入れると点を傷めずに折ることができる。例えば、18行両面書きでは、点字用紙の裏面の4・9・14 行目に入れて四つ折りにするか、裏面の5・12行目に入れて三つ折りにするとよい。

　点字の郵便物は、切手を貼らずに、その位置に墨字で「点字用郵便」と書き、右肩3分の1程度を開封にすると、無料で郵送することができる。

（例１）　前付けとして書く一般的な書き方
　　□□サトー□タロー□サマ
　　□□□□□⠿⠿　⠿⠿⠿　ネン□⠿⠿ガツ□⠿　⠿⠿　ニチ

　　　　　　　　　　　　　　タナカ□ハナコ
（例２）
　　　□□サトー□タロー□サマ
　　　　　　　　⠿⠿⠿　⠿⠿□⠿⠿⠿□⠿⠿⠿□□タナカ□ハナコ□□

（例３）　墨字同様に後付けとして書く場合
　　・・・□デワ□ゴケンコーヲ□オイノリ□イタシマス。
　　□□□□□⠿⠿　⠿⠿⠿　ネン□⠿⠿ガツ□⠿　⠿⠿　ニチ

　　　　　　　　　　　　　　タナカ□ハナコ□□
　　サトー□タロー□サマ

6　日記類

　日記類には、個人的なものから公的なものまでいろいろあるので、目的にあった書き方の形式を考える。
　一般的には、最初に日付・曜日・天候などを書くが、日付は次のような略記法を用いることもできる。
（例）2023年4月15日
　　　　⠿⠿⠿⠿⠿⠿⠿⠿⠿⠿（2023　4　15）
　　　　⠿⠿⠿⠿⠿⠿⠿⠿（'23　4　15）
　　　　⠿⠿⠿⠿⠿⠿⠿⠿（'23　4　15）

　また、年月などは、各月の初めだけ記入することにして、そのあとは日だけを記入するのも一つの方法である。日付に続く曜日・天候などは、それぞれ一マスあけか、二マスあけで書く。
（例）⠿⠿⠿⠿⠿⠿⠿⠿□モク□□カイセイ（'23　4　15　木　快晴）
　　　⠿⠿ガツ□⠿⠿カ□モク□□アメ（6月24日　木　　雨）
　　　⠿⠿ガツ□ハツカ⠿スイ⠿□□クモリ□ノチ□ユキ
　　　　（1月20日（水）曇りのち雪）

　学級日誌やクラブ活動、児童会や生徒会の議事録などの多数の人が記

入するものは、記入する項目や順序などを予め決め、共通理解を図っておくようにする。また、毎日同じ項目を繰り返して書くものは、項目を記号や番号に置き換えるなどの工夫を行うのもよい。

　いずれにしても、継続して書くものでもあり、ファイリングなどでその都度整理しておくことも大切である。

7　ノート類

　ノートは教科や書くべき内容によって、書き方も異なってくるが、学習に役立てるために書くものである。点字のノートは、点字用紙に一枚ずつ書いて増えていくものでもあり、後から活用しやすいように工夫して、検索しやすい形式で書くようにする。

　そのためには、ページ・日付・単元名・内容などを最初に書くことを習慣付けておくことが大切である。授業後に、ファイル（教科別等）に綴じて整理することも忘れてはいけない。また、ページ行を使って、そのページに書かれている内容を簡単に記しておくと、復習などでノートを利用する際に便利である。

　書く際は、項目ごとに箇条書きにすることが多いので、箇条書きや見出しの書き表し方にも留意しておく。ほかにも、カッコ類・矢印・棒線・点線・波線類などの符号や、数に関する略記法を使用して、後で活用しやすく読みやすい方法を工夫する。

（例1）

（例2）

第5節　その他の書き方

1　本文以外の書き方
(1)　とびら（表紙）

　一般に点字書のとびらには、書名・巻数・全巻数・著者および訳者名・発行所名（製作館名）などが記載されている。

　文集や調べ学習のまとめなどの表紙も、点字の本の表紙を参考にして、タイトルを線で囲んだり、全体に枠を付けたりするのもよい。

(2)　目次

　目次は、見出しの項目が少なくても1ページを使用する。1行目の7マス目か9マス目から「目次」と書き、（その下の行は1行あけてもよい）1行に1項目ずつ行を詰めて書く。

　該当ページ数は行末に記し、項目とページ数との間は、②の点 ⠆ や⑤の点 ⠂ などでつなぎ、点線の前後はそれぞれ一マスずつあける。ページ数は、数符の位置を揃えて書くのが一般的である。

（例）

(3)　ページ付け

　両面書きのページは、用紙の表面最上行（ページ行）の右端近くに奇数ページだけを付け、偶数ページは省略するのが一般的である。

　前書きや序文などを本文と区別するには、下がり数字を使ったり、目次には「モク1」、または「モクジ1」と書いたりする。

2　略記法

　メモやノート・日記・表などで、少ないマス数でコンパクトに書き表す必要がある場合は、下がり数字やハイフンを用いて、次のように略記することができる。このとき、数字の中のハイフン（⠤）は、コロンとして時刻の略記にのみ用い、コロンの後で数符は用いない。

(1) 日時

10 時 40 分　⠼⠁⠚⠒⠙⠚　⠼⠂⠴⠙⠚

8 時 30 分から 9 時 20 分　⠼⠓⠒⠉⠚⠤⠤⠼⠊⠒⠃⠚
⠼⠦⠉⠚⠤⠤⠼⠔⠃⠚

11 月 3 日　⠼⠁⠁⠼⠉　⠼⠂⠂⠉

2023 年 12 月 15 日　⠼⠄⠃⠉⠼⠂⠆⠁⠑（’23 12 15）

1 月 24 日 10 時 12 分　⠼⠁⠼⠃⠙□⠼⠁⠚⠒⠁⠃

(2) 章・節などの見出しやページ・行数、住所、電話番号など

第６章　第７節　第５項　⠼⠋⠼⠶⠑

4ページ8行目　⠰⠏⠼⠙□⠰⠇⠼⠓　⠼⠲⠓

8ページ3行目から 12 ページ6行目まで
⠼⠦⠉⠤⠤⠼⠂⠆⠋

住所など（第１つなぎ符を間にはさんだ例）
⠼⠉⠤⠼⠁⠤⠼⠛（３丁目１番７号）

電話番号（マスあけを省略してつめて書いた例）
⠼⠚⠉⠼⠊⠊⠊⠊⠼⠁⠃⠉⠙（03 9999 1234）

第６節　試験問題と解答の書き方

試験は、限られた時間内で行われるものであり、特に分かりやすい形式で作ることが要求される。ここでは、点字問題の作成上、必要と思われる事柄について述べる。将来的にも、様々な形式の試験問題に慣れておくような配慮も必要である。（詳しくは、日本点字委員会『試験問題の点字表記』を参照されたい。）

1　試験問題の書き方

(1) 試験の名称や教科・科目名は１行目の７マス目から書く。

(2) 問題は大問ごとにページを改め、大問番号は５マス目から裸数字（句点やカッコを用いない数字）を用いて書く。

(3) 各大問は、通常、問題の指示文・問題文・設問・選択肢の順にする。

(4) 問題の指示文は大問番号の次の行の３マス目から書く。

(5) 問題文は、指示文の次を一行あけて、その次の行の３マス目から書

き始める。

（6）　問題文が長文の場合は大問ごとに分冊する。問題文の後の設問は
ページを改め、1行目の5マス目から「○○ノ □セツモン〈○○（大問
番号）の設問〉」と記し、次の1行をあけて、小問を順に書いていく。

（7）　問題文が短い場合には、問題文と設問の間を1行あけてその区別を
明確にする。

（8）　選択肢が設問文から独立している場合は、設問文と選択肢群との間
を1行あける。選択肢は、記号・番号ごとに改行し、各行3マス目から
書き始める。番号・記号と選択肢の間は一マスあけを原則とするが、二
マスあけにすることもある。

（9）　問題文がなく、設問文と選択肢だけからなる問題の場合でも、設問
ごとにページを替えるようにする（設問文と選択肢の間は1行あける）。

（10）　一つの選択肢の途中、あるいは、短い選択肢群の途中ではページが
替わらないように工夫する。

（11）　問題文は、限られた時間内により速く検索できるような点字表記を
心掛ける。検索の手がかりとして区切り線や1行あけを用いるが、濫用
や不統一な使用にならないよう注意する。なお、1行あけは、次のよう
な箇所などで用いると効果的である。

　ア　大問の指示文と小問の間

　イ　問題の指示文と長文の本文の間

　ウ　設問と設問の間

　エ　設問と選択肢群の間

　オ　選択肢群が複数ある場合はその間

（12）　大問の最終行の次の行の中程に　⠿　の連続線を引き、その大問が終
止したことを示す。

2　文章中における記号などの用い方

（1）　傍線・下線

　試験問題に使われる傍線・下線については、目立って安定した形の第3
指示符（⠒⠆⠒⠶～⠒⠶⠒⠲）を用いる。傍線・下線に付けられた記号・番号
は、第3指示符の開き符号の前にマスあけをせずに書く。

　傍線・下線のほか二重傍線（二重下線）や波線などが用いられている場
合は、その前に付ける番号や記号で区別し、すべて第3指示符で統一して

差し支えない。傍線内にさらに波線等があり、別の符号が必要なときは、第２指示符（⠿⠿⠿〜⠿⠿⠿）を用いる。

（例）

　　　⬚⬚⠿⠿⠿⬚ツギノ⬚⠿⠿⠿⠿⠿⠿⠿⬚ノ⬚ハイクノ⬚

　　カセンブノ⬚ゴクノ⬚イミヲ⬚ソレゾレ⬚コタエヨ⠿⠿

　　⬚⬚⬚⬚⬚⬚⬚⬚⬚⬚⬚⬚⬚⬚……（１行あけ）

　　　⬚⬚⠿⠿⠿⠿⬚クサノ⬚トモ⬚スミカワル⬚ヨゾ⬚⠿⠿⠿⬚ヒナノ⬚

　　イエ⠿⠿⠿

　　⬚⬚⠿⠿⠿⠿……

　　⬚⬚⠿⠿⠿⠿……

　　　　７．次の俳句の下線部の語句の意味をそれぞれ答えよ。

　　　　（１）草の戸も住み替わる代ぞ雛の家

　　　　（２）……

　　　　（３）……

　　　　◇この例は、点字の指示文を読んで小問数を把握できるように「(1)〜(3)の俳句の」としている。

　　　　◇俳句の表記は、ここでは現代仮名遣いにしている。

（2）空欄

　空欄には空欄符号（⠿⠿⠿⠿）を用いる。空欄に付けられた記号・番号は、墨字では空欄の中に付されていても、点字では空欄符号の前に出し、マスあけせずに書く。また空欄符号の中の ⠿ の部分を増加して空欄の大きさの違いを表してもよい。

（例）⠿⠿⠿⠿⠿⠿⠿　　（(2)｜＿＿＿＿｜）

　　　⠿⠿⠿⠿⠿⠿⠿　　（｜＿a＿｜）

　墨字でカッコが空欄として使われている場合も、点字では空欄符号を用いる。

3　点字試験問題作成上の配慮事項

（1）解答に字数制限がある場合の例

　ア　「何字で本文中から抜き出せ。」といった正解が決まっているよう

な設問は、正解を確かめ、「点字○マス」とする。

　イ　正解が必ずしも一定でない設問では、墨字の文字数の 1.6〜1.8 倍でマス数を計算し、その数を5または 10 に切り上げ、原問題に合わせて「点字○マス以内」のように示す。

（2）長文問題の空欄や傍線部・下線部についての設問では、検索を容易にするため、傍線部や下線部の文や語句を設問中に再掲するとともに、その始まりのページと行を次のように付記する。

　　　⠃⠮⠀□⠃⠮⠀　　　p 8 □ℓ5

　　　⠃⠮⠀□シタ□⠃⠮⠀　　　p 12 □下□ℓ6

　行を数える場合は、ページは行に数えないが空白行も数える。下から数える場合には、実際に書かれている行を下（した）1行とする。

（3）点字問題では全体像を捉えやすくするため、指示文を読むことで、設問や空欄・選択肢などの数を把握できるように書き表す。

（例）次の問いに答えよ。　→　次の問い（1）〜（5）に答えよ。

　　　適当なものを選べ。　→　適当なものをア．〜エ．から選べ。

（4）入試などの墨字の原問題を点訳する際、設問の指示等が点字問題として適当でなく変更が必要となったり、代替問題が必要になったりする場合がある。ほかにも、原問題の変更が必要な場合は、試験実施者と協議し了解を得る。

（例）記号をマークせよ。　→　キゴーヲ□コタエヨ

　　　作者名を漢字で答えよ。　→　サクシャメイヲ□コタエヨ

　　　正しいものに○、間違っているものには×を書け。

　　　→　タダシイ□モノニ□マル□マチガッテ□イル□モノニワ□バツヲ□カケ

4　答案の書き方

　解答にあたっては、点字は墨字のように決まった様式の解答用紙が準備されているのではなく、点字用紙に教科名や氏名、問題番号とその解答などを自分で記入して答案を作成するものであり、次のようなことに注意しなければならない。

（1）　試験の注意事項に従って解答する。解答用紙の最初に名前（受験番号）を書き、用紙すべてにページを付ける。

（2）　解答は、通常、行頭を二マスあけて3マス目から書く。

（3）　大問や小問の番号・選択肢等の番号や記号は、問題文の番号や記号と同じものを用いる。問題文に「トイ⠋⠐⠥」と書いてあれば、答案にも「トイ⠋⠐⠥」と書いて、その答えを書く。問題文の番号に句点や第1カッコが付いていれば答案の番号にも句点や第1カッコを付ける。

（4）　解答は、1問ごとに行替えして書くことを基本とする。

（5）　問題はどこから解いてもよいが、それが何番のどの問いの答えであるかが分かるように、番号をはっきり書く。

（6）　解答を訂正したいときは、マスあけの部分までさかのぼって、「⠿」の字二マス以上で消し、その後ろを一マスあけて次に書き直すか、改行して「テイセイ（訂正）」と書いた上で、改めて答えを書く。

第7章　図形触読の学習

　算数・数学、理科分野、社会分野をはじめ、様々な教材において、多様な現象や状態を理解するために、図や写真などによる情報は欠くことができない重要な表現形式となっている。そのため、点字教材においても、触覚によって平面に描かれた図形情報をどのように得るかが重要であり、今回の改訂で「図形触読の学習」としての本章を新たに追加した。

　視覚障害児童生徒の学びを支える重要な要素の一つである点字学習は、導入段階から触覚による弁別などが重視されるが、図形触読の学習も含めて取り扱う必要がある。本章では、触察の基本、教材としての触図作成、触図の読み方などについて述べる。

第1節　触図の基本事項

　視覚による図と触覚による図とは、その性質が基本的にまったく異なっている。触覚によって図表などの情報を得る過程の特性を十分認識するとともに、触図を読む個々の児童生徒が必要な情報を得ることができるのかどうかを把握し十分に配慮して、点字学習の習得状況も踏まえながら、触図を扱う必要がある。

1　触図は見る図とまったく異なる情報

　視覚と触覚とは、その性質が大きく異なるため、視覚的な考え方や取り扱い方で触図への対応を考えることができない。

(1) 視覚による情報と触覚による情報の違い

　視覚と触覚の性質には、次のような大きな違いがある。

　ア　触覚による情報は細かい触察の記憶の積み重ね

　　触覚情報の最も大きな特徴は、「小さい指先からの細切れ情報を記憶し積み重ねて形成される」ことにある。視覚情報は全体をぱっと見てその状況が「一目で分かる」が、触覚情報はスキャニングした記憶の集合体であることが、視覚情報との大きな違いであり、様々な配慮が必要な要因となっている。

イ　視覚は非接触、触覚は触れた部分のみの情報

　視覚による情報の第一の特徴は、遠方も含めた膨大な量の情報が非接触で得られることにあり、ヒトは視覚によって生き延びてきたとも言われる。また、光学的拡大などによって実際には見えない微少な情報や、動画など時間的な変化のある情報も詳細に得られる。

　それに対して、触覚による情報は手指などが物体に直接触れて感じることができる情報であり、温熱変化や空気の流れを皮膚で感じるのも触覚情報の一つである。

ウ　触覚情報は視覚情報の数百分の1〜1万分の1

　触覚情報は視覚情報の単位面積当たりの平面的な差は2点識別等の差と色彩等多様な性質の差で数百分の1の違いとなっているが、動画的な要素等も含めると情報量の差は大きく、1万分の1とも言われている。

　また、情報は手が届く範囲の物体であり、触察による判断には時間がかかるので、情報量は視覚や聴覚よりもはるかに少なくなる。

エ　視覚的な図の理解は数秒、凸図の触読理解は10分以上

　視覚的な図は「一目で」と言われるように、風景であろうと図であろうと、その全体を数秒で把握できるのに対して、凸図を触読により理解するには、簡単な触図でも10分以上の時間がかかるなど、単位時間当たり情報量の差は相当大きいと言える。

オ　触覚による情報取得の個人差は大きい

　人間は、生まれてからの視覚機能の発達に合わせて、視覚による情報摂取とその学習が急速に増大していくと言われている。そのため、視覚障害児童生徒は、視覚障害の状況や程度の違いに加えて、何歳頃から視機能障害が進行したかによっても、環境情報の摂取が視覚か触覚かの発達の程度差が生じ、触覚から得られる情報蓄積の大きい差となる。それによって、点字触読速度や触図判別力についても、個人差が相当大きくなると考えられる。

(2) 視覚障害児童生徒と触覚情報の蓄積

　生後まもない時期は、守ってくれる人の判別から授乳まで、触覚が中心である。その後、視覚や聴覚の機能は急速に発達し、半年ほどで、情報入手手段は視覚が優位になってくると言われている。

ア　視覚障害になった時期と触覚の発達

　視覚障害児童生徒は、生後直後から見えないこともあれば、学齢期以

降に視機能が低下していく児童生徒も少なくない。早期からの視覚障害は発達段階の中にあり、視覚に頼れなくなった部分を聴覚や触覚等で補いながら情報を得て発育していくので、いろいろな物体を触る経験も豊富になっていくと推測される。

　学齢期以降など、視覚障害になる時期が遅い場合は、それまでの情報入手手段は視覚に頼っており、発育がある程度進んでから聴覚などに頼るため、触覚の発育は晴眼児童とそれほど変わらず、触覚経験の積み重ねも少ないと推測される。

イ　触図への対応

　視覚障害になった時期が早期の場合も学齢期以後の場合も、早い段階から様々な触覚体験を積み重ねていくことは、触覚の発育を促し、触察の経験が豊富になっていくので、触察がより的確に行えることに結び付くと考えられる。このように、様々な物に触れることができる環境を整えていくことで、物体の触察能力が高まり、触図の理解にもつながっていくことが望まれる。

　なお、「見えていた経験があると、触図を触っても分かりやすい」と思われがちであるが、視覚と触覚の特性には大きな違いがあるため、「見た経験」と「触図の理解」とは直接結び付かないことにも留意する必要がある。

2　触図に必要な触察の基本

　触図においては、基準となる位置と方向を定めるために、体の位置を定め、触図の基準となる横方向の線の方向を定めて触察する必要がある。

(1) 触図のための姿勢と位置

ア　触図を触察する姿勢

　触図のシートや点字本などを触る場合、机に向かって体が正面になるようにまっすぐに座る。なお、机上の物体を触察する場合も、体の向きは重要である。

イ　両手の自由な動き

　両手を自由に動かして、触わる物体や点字本などを制限なく触察できる状態にする。その動きを妨げる物は、机上にはできるだけ置かないことが望ましい。

ウ　触図を置く位置

　触わる物体や点字本、触図形のある用紙や冊子などを置く位置は、机の中央付近とし、その方向は机の端部の線と平行に置くことを原則とする。

エ　触図の範囲と適切な大きさ

　触図を感知するのは主として指先である。触図の読み取りとは、指が触れた狭い範囲を感じ取って触感と位置を記憶していくことから始まる。そしてそれを数多く積み重ね、その記憶をつなぎ合わせて頭の中に図形を思い浮かべることで完成する。

　そのためには、指が触れた位置を的確に把握して記憶していく必要がある。各点に触れる指先で、「各点の位置と方向」を的確に把握することができるのは、片手の親指から小指までの範囲である。図の中央に両手の親指を重ねておいたとき、左右の手の両小指までの掌の範囲なら、それぞれの各点の位置を把握できることになる。

　このように、触覚で的確に把握できるのは、両掌の幅の左右 40cm 程度の範囲である。それを超すと手の動きの支点が手首から肘関節へ、さらには肩関節へと移って、手の動作の精度が大きく低下し、触図の読み取りに適さなくなる。

　そのため、触図として必要な「触覚による位置と方向の精度」を保持して触察できる範囲は、せいぜいＡ３横程度の大きさまでとなる。

(2)　触図読み取りの基本となる直線の触察

　触図の読み取りの基本は横の直線である。触図は、姿勢を正して、横の一直線を両手でしっかりとたどることから始まる。この一直線が、触図読み取りの基準となる。

ア　基本的な横一直線の手指の動かし方（図 7-1 ア.）

　横一直線を触察によりしっかりと認識する。

　点字と同等の大きさの点の連続などによる横一本線を、点字用紙の上部、中央、下部に書かれた用紙を用意する。

　まず、その中央の横一本線を、両手で左から右へたどる。次に、上の線をたどり、下の線もたどる。このとき、できるだけ体は同じ位置で、手を前に伸ばしたり縮めたりして、上・中・下の各線の位置を感じ取りながらなめらかにたどれるように練習する。併せて、右から左へのたど

りも行う。

イ　縦一直線の手指の動かし方（図 7-1 イ.）

　横一直線の次に、縦一直線の練習を行う。

　点字と同等の大きさの点の連続などによる縦一本線を、点字用紙の左端、中央、右端に書かれた用紙を用意する。

　まず、中央の縦一本線を、右手または左手もしくは両手で、上から下へたどる。次に左の線をたどり、右の線もたどる。このとき、できるだけ体は同じ位置で、手を前に伸ばしたり縮めたりして、左・中・右の各線の位置を感じ取りながら、なめらかにたどれるように練習する。併せて、下から上へのたどりも行う。

ウ　斜め一直線の手指の動かし方（図 7-1 ウ.）

　横一直線、縦一直線の後に、斜め線の練習を行う。

　点字と同等の大きさの点の連続などによる斜め一本線を2本（左下から右上、及び左上から右下）が点字用紙に書かれた用紙を用意する。

　まず、左下から右上への斜め一本線を、右手または左手もしくは両手で、たどる。次に、左上から右下への斜め一本線をたどる。このとき、交差部を乗り越えるように指導する。このとき、できるだけ体は同じ位置で、手を前に伸ばしたり縮めたりして、各線の方向を感じ取りながらスムースにたどれるように練習する。併せて、逆方向のたどりも行う。

エ　8方向の線（図 7-1 エ.）

　1ページ内に、外側に横と縦の線による大きい四角形を描き、対角線

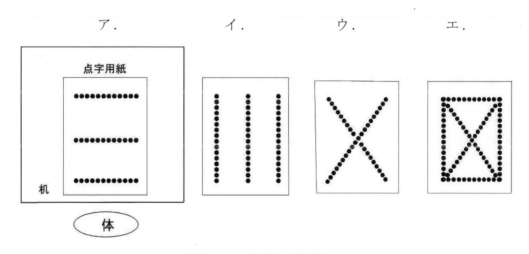

図 7-1　直線の触察

にも凸線を描いた資料を用意する。まず、外側の四角形を右回りに両手でしっかりとたどる。次に、左回りでたどる。そして、二つの対角線をたどる。このとき、交差部は乗り越えることとする。この計8方向を自由に指が動くように練習する。

　上記ア．〜エ．の教材の製作については、第2節 「5　触図教材の製作」を参照されたい。

(3) 基本的な図形の触察

　図形の触察には、基本的な形状である正方形、正三角形、円形を十分に触察することが重要となる。

　なお、次のアの平板の触察の前に、第3章 第3節 2の「型はめ」によって、正方形、正三角形、円形の把握を行うことも有効である。

　ア　正方形、正三角形、円形の触察

　まずは、平板による三つの形を十分に触察することにより、その形をしっかりと把握する。その後、平面を同じ形に盛り上げた触図形を触察し、さらに同じ形の線図形の把握へと進む手順が望まれる。

　後半に用いる、盛り上げ図形と線図形については、著作点字教科書小学部算数の教材として製作されている。

　イ　長方形、直角三角形、菱形

　これらの形についても、アと同様の方法で触察する。

　ウ　各図形を書く

　上記のア、イの各図形をレーズライタで書く。

（レーズライタについては、第2節　3 (3)参照）

第2節　教材としての触図製作と触図の読み方

　視覚障害児童生徒のための点字教科書や教材の触図を製作するとき、第1節1で述べたように、触図は視覚による表現とは根本的に異なるため、そのまま凸図化しても理解できないことが多いということに留意する必要がある。触察して理解できる触図とするためには、どこまで対応が可能でどのように工夫できるかを考えて製作することが求められる。そのためには、分かりやすい文章に置き換える対応方法も含め、触覚の特性を十分に踏まえた適切な触図化の方法と配慮が必要である。

　触図の製作にあたっては、まずはその図が何を伝えようとしているかを理解してから、それに適した製作方法を選択し、様々な配慮をしながら適切な触図を製作していく必要がある。

　また、これらの触図製作における配慮事項は、児童生徒の触図指導にも必要となることが多い。

1　文章化などの処理
(1)　文章化した方がよい図

　図の内容がほぼ本文中に説明されている場合は、図を省略することができる。また、図の内容が文章でも十分に表せる場合も、図を省略して文章化することが可能である。

　一方、墨字の図が本文にはない必要な情報を伝えていて文章では伝えきれない場合は、触図化することを原則としている。しかし、触図化することが困難であったり、触図化したとしても複雑すぎて理解が困難など、様々な要因で触図によって情報を伝えきれないこともよくある。そのような場合には、その内容をできるだけ言葉に置き換えて表し、触図は省略することになる。

(2)　どのように文章化するか

　挿絵や写真、説明図などを文章化する場合は、元の図が伝えたい情報を把握して、特徴を捉えた分かりやすい文章となるよう工夫して表現する必要がある。なお、キャプション等については、そのまま記す。

　まず、本文と直接関係のない場合や、挿絵等から得られる情報が本文中にも示されている場合は、図を省略することが多い。しかし、挿絵等から得られる情報が本文を補っていると判断できるときは、内容によって、言葉で補う場合と、必要に応じて触図化する場合とがある。

2　触図製作の手順

　ここでは、視覚特別支援学校で用いられている点字教科書において、どのような配慮がされているかを中心に述べるが、個々の児童生徒に配慮した教材の製作にあたっても同様の配慮が必要である。

(1)　触図を表現する材料及び製作方法

　視覚特別支援学校用の点字教科書の多くは、点訳入力した点字データを作成・校正して、自動製版機により二つ折りの亜鉛板に点字の凹凸を自動製版している。その二つ折りの亜鉛板の間に点字用紙を挟み、ローラーで加圧して点字印刷が行われている。このように点字の文字については自動製版となっているが、触図部分の製版については、手動の作図用製版機を用いて、亜鉛原板に1点1点凸部分を形成していく手作業となっている。

　教材の触図製作については、「立体コピー」がよく用いられているほか、3Dプリンタによって製作された立体図形の利用などもある。その詳細については「5　触図教材の製作」で述べる。

(2)　触図化への手順

　ア　情報の大幅な省略と選択

　第1節1で示したように、触図中には、墨字の図の情報の数百分の1程度しか書き込めない。そのため、墨字の図の中にある情報のうち、原図の中から「欠かすことができない重要な情報」を選択することが必要である。例えば、理科実験における支持器具などは省略されることが多い。

　イ　全体図と部分図

　触図として描く内容を選択したあと、1枚に収まるか複数枚数になるかを判断する。墨字の図は1枚であっても、触図では1枚に入る情報量が限られているために数枚に分割することがよくある。そのとき、全体の概略図を最初に描くと、各部分図との関連が分かりやすくなることもよくある。

　ウ　原図の拡大やデフォルメについて

　原図を適宜拡大して、判型に適合した下図（したず）となるデータや版下を作る。そのとき、必要な情報を分かりやすく配置するために多少のデフォルメを行うことがある。過度な変形は避けながら、触って適切に理解するためのデフォルメは重要な手法である。

　エ　触図の大きさの選択

　触図の大きさや判型については、例えば、広い範囲を表す墨字の地図に掲載された情報を織り込むためには大きな判型の触地図が必要とされることがある。しかし、第1節2(1)エ．で述べたように、1枚の触

図として読み取る範囲はＡ３以下が望ましく、大きい図としては、日本で実質的に点字本の標準となっているＢ５冊子の見開き（Ｂ４の大きさ）が用いられている。（触図の大きさは製作方法によって制限され、作図出力が可能で最もよく用いられている点字プリンタの標準出力はほぼＢ５である。）

オ　横書き及び見開きについて（図7-2)

　日本における点字冊子は、点字教科書も含めて「Ｂ５判縦長」を標準としており触図部分もそれに合わせてレイアウトされている。ただし、触図化した形状や内容等から、Ｂ５の判型を横長として使用すれば収まりがよい場合もよくある。このように、用紙を横長の向きとして触図や表を配置することを「横書き」と称し、縦長用紙のページ行には（ヨコガキ）と明示する。この場合、縦長の用紙の右側が下になるようにして描くことが基本とされている。

　また、縦長の冊子を開いて左側と右側の2ページに亘って一つの触図等を描くことを「見開き」と称し、大きい触図が必要な場合に用いられる。この場合、ページ行に（ミヒラキ）と明示することを原則としている。

　横幅が大きく、縦にも長い図を、（ヨコガキ□ミヒラキ）として表現する場合もある。

＊横書きについての留意事項

横書きについては、切り離された用紙の場合はよいが、冊子の場合は冊子自体を横に向けるので、冊子を触る基準となる横方向と縦方向が変わり、理解しにくくなることがある。そのため、低学年用などの冊子体の触図においては、横書きの混在はなるべく避けるように工夫する配慮が必要である。特に、凡例は縦書きで図の本体が横書きになると、触覚パターンの混乱が生じて比較しにくくなることもある。

「ヨコガキ」は冊子を右へ 90 度回転して読む　　「ミヒラキ」は左右のページを読む

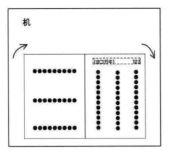
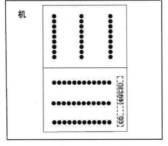
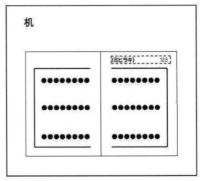

「ヨコガキ　ミヒラキ」と冊子の回転

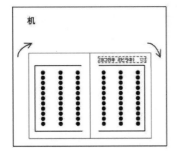

図 7-2　横書きと見開き

（3）触図の構成と記載順序

　ア　本文の図表現の後に触図

　視覚的な図は一目で理解しやすく、「まずは図を見てから本文を読む」のような扱いになっていることも多いが、触図は先に触っても何についての図なのかをすぐには把握できない。そのため、まずは本文を読んで触図の概要を知ってから触察を始めると、理解がはるかに早い。そのため、本文中で「図〇のように」などと記された後の段落やページの替わり目、つまり本文よりも後に触図を入れることを原則としている。

　図の部分は、本文で図について触れた後にページ替えして入れるか、または、ページの途中から下を欄外扱いにするための全マス実線を書き、その下に図の番号・タイトルを書き始めるレイアウトもよく用いられている。

　イ　触図を構成する要素の記載順序

　触図を構成する要素の記載順序は次のとおりである。

① 図の番号・タイトル

② 説明文など（説明文やキャプションなど。出典もここに書いておくことが多い。）

③ 注記や凡例

通常は③の直後に次の④「図の本体」が入るが、点字の表裏の関係などで、図の本体が離れたり複数ページにまたがるときなどは、「図は○～○ページ」などと入れることがある。

④ 図の本体

ウ　図の番号やタイトルについて

触図には可能な限りタイトルを入れ、何の図であるかを知ってから図を触察することが望ましい（元の図にタイトルが書かれていない場合でも、触図では本文の続きと区別するために「図1」「図」などを付ける。適切な表題を入れることもある）。

エ　注記や凡例について

触図の注記や凡例には、墨字の中にある注記や凡例に、触図のための注記や凡例を加えて記載する。凡例について、墨字の図の凡例が図の空白部や図の下などに入っていても、触図の凡例は図の本体の前とする。

視覚による図の場合には、凡例と図の本体部分との間を目が容易に往復できる。しかし触図では、凡例を見るためには図の本体から一旦指が離れて、凡例に指が戻り確認した後、また図の本体部分へと指が戻らなければならない。そのため、触図においては、できるだけ図中に言葉を書き添えて、凡例を読まなくてもよいようにする方がよい。また凡例とする場合も、略語的な表現として「凡例を最初に読めば戻らなくてもよい」などの工夫をすることが望ましい。

オ　図の本体

図の本体は、ページ替えして奇数ページに書かれることもよくある。なお、点字用紙の触図部分の裏側は読めないので、通常は使用されないが、紛らわしくない場合には、裏ページも使用されることがある。

＊図の部分と囲みについて

図の部分には通常、枠線挟み等は用いないが、本文の段落の切れ目に「図のタイトル・説明・注意・凡例、図は○ページ」の部分のみを枠線挟みで挿入することがある。（枠線については第4節1イ参照）

図の本体の部分については、通常は線で囲んだりしないが、社会科の地

図などで範囲を示す必要がある場合には実線で囲んでいる。

　図の本体の下には何も入れない。枠線の閉じ線等は入れず、章・節等の区切り線も省略する。それは、図の触察においては、それらの線を図の線の一部と誤解しかねないからである。

　＊本文の続き

　本文の続きは、図の本体が終わったあとは、ページを替えて書き続ける。図の本体の下に大きい余白があっても、本文の続き等を入れることは通常はしない。

(4) 触図の記号

　様々な図において、触図を描く場合、入れることのできる情報は非常に限られているので、記号化や略語化により、できるだけ的確に情報を盛り込む必要がある。その記号には、「ポイント的な対象物を示す記号」、境界線など「線状の記号」、「面の違いを示す記号」などがあるが、触覚上区別のつく記号はそれほど多くはないので、留意する必要がある。

　ア　触図のポイント的な記号（点記号）

　ポイント的な記号は、触覚において記号として明確に判別ができ、かつ制約された紙面に描くことから、1 cm 角程度の大きさの線で描く ○ △ □ などの単純な記号となる。識別しやすさを考慮すると、ポイント記号はせいぜい4、5種類に制限した方がよい。それを補うために、1、2マスの点字の仮名やアルファベット、低下数字なども記号にして、トイレを ⠦ 、エレベータを ⠑ や ⠑⠧ などとしたり、点字数マスの略記的な表現を使用したりするが、略記的な表現の方が類推しやすく、凡例に戻るために手が離れることも少なくなる。

　イ　触図の線状の記号など（線記号）

　多用されている作図ソフトウェアの「エーデル」などでは、点字プリンタ出力の凸点の大きさを大・中・小の点として合計 30 種類以上の線が形式上用意されている。しかし、触覚上の差異は非常に少なく、その中で触覚的に明確に区別が付くのはせいぜい4、5種類程度であることに留意する。なお、「点間約 2 mm 程度以下の点の連続」は触覚上、ほぼ実線に近くなり、「触覚上の点線」を区別して描くときは、点間を約 5 mm 程度あけることなども知っておく必要がある。

ウ　触図の面状の記号など（面記号）

　領域を区別するのに墨字では面に色を付けたり斜線を描いて区別したりすることが行われている。しかし、面の色やパターンをぱっと識別できる視覚とは異なり、触覚では、凸点や凸線で埋めても面の区別はかなり分かりにくく、ある程度の広さを必要とする。

　なお、地図の海の部分など、裏点（点字用紙の裏側に凸の点）で埋める場合は、中や大の点でないと凹点が識別できないことにも留意する。

(5) 触図製作の留意点

ア　言葉を添える

　触図は、図形を認識するのに相当な時間がかかるので、墨字の図にはなくても触図中に点字の言葉を添えることが有効である。例えば、東アジア周辺の地図において「太平洋」「日本海」「黄海」などの言葉を添えるだけで、どこの地域を表現しているのかが早く把握できる。

イ　点字注記の入れ方

　触図の線図形などの名称として添える点字は、その図形線との間を7～10mm 程度あけ（1点あきや2点あき程度）、点字を先に読むように図形の左側や上側に配置することが望ましい。図形線の一部を切って点字を割り込ませる表現は、触覚的な線の連続性が感じにくくなるので避けた方がよい。図形等に添える点字表示は1行書きが望ましいが、2行となる場合は、1行目の先頭文字よりも右へ二マスずらして続けるのが原則であるが、配置の関係で頭をそろえて表示することもある。その行間は通常の片面書き程度の狭い目のあきがよい。

ウ　線の交差

　目では図形の全体が見えるので線のつながりや形をすぐに把握できるが、指先の触覚では、ごく狭い部分しか分からないため、線をたどっている途中に線が交差していると、交点をまっすぐ突き進むよりも曲がろうとする性質がある。

　指が線の交差部を乗り越えて進みやすくするには、線の触感を変えることがよく行われる。また、交わった方の線を数ミリ途切れさせる方法も用いられる。（図 7-3）

　特に、二つの円が交差している場合、同じ線であっても、目では二つの円だとぱっと認識できるが、触覚では円であることの認識にも時間が

かかるため、交わった方の線を途切れさせて、まずは一つの円と認識させることも必要である。（図 7-4）

同種の線の交差
乗り越えにくい

異種の線の交差
区別して乗り越える

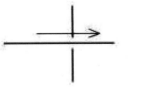

交差する片方の線の途切れ
途切れていない線は指が進みやすい

図 7-3　線の交差

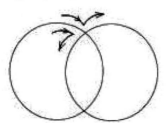

同種の線の交差
指は乗り越えにくい

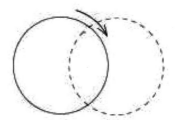

異種の線の交差
区別して乗り越える

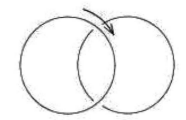

交差する片方の線の途切れ
指が交差部を超えやすい

図 7-4　二つの円の交差

エ　引出線

　墨字の図では、狭い部分に言葉が入らない場合、引出線がよく用いられる。しかし、触覚的には線記号の一つと認識されてしまうことがあり、分かりにくくなってしまうことが少なくないので、引出線の使用はなるべく避けるように工夫する方がよい。

オ　触地図

　墨字の地図では、様々な世界地図や天気図などで、地球の緯度経度線が曲線になる円錐図法やモルワイデ図法などがよく使用されている。しかし、触覚的には、北方向がいつも上方向としたメルカトル図法やミラー図法の方が分かりやすいので、歪みの少ない中緯度が中心の歴史地図などの場合は、図法を変換して描くことが望まれる。

　なお、「駅から目的地への行き方」などのナビゲーションの地図などで道路を2本線で表すことがあるが、指が少しでも入る幅（5〜10mm

程度）にすると道路をたどりやすくなる。

3　触図の学習

　触図の読み取りの指導に当たっては、第1節1に示したように、触図は、見る図とはまったく異なり、細かいスキャニングの連続から全体を思い浮かべていく作業」であることや、個人差が大きいことなどを十分に配慮して対応する必要がある。

　人間は、誕生以降、発育に伴って情報を得る手段は視覚が中心になり、目に飛び込んで来る視覚情報が大量に蓄積されて事物の認識が進んでいく。しかし触覚による情報は「自分から触りに行かないと得られない」性質のため、蓄積される情報は視覚情報よりはるかに少ない。そのために、触覚による事物の把握は、少ない情報や知識を駆使して想像していくことになる。このように、触図の前に必要な触察経験は自然に蓄積されることは少ないため、視覚障害児童生徒には、様々な物体の触察をできるだけ豊富に行えるように指導することが大切であり、その蓄積によって触図の理解がしやすくなる。

　物体の触図については、まずは実際の物体を把握していること、つまり触図を読む前に、物体をしっかりと触察して的確にイメージできていることが必要である。そして、触図の元となっている墨字の図は、当然ながら視覚によって読み取る図であるため、そのまま盛り上げても触覚とは結び付かないことが多い。そのため、触図の読み取りに当たっては、墨字の図とは異なる効率的な手順となるよう配慮する必要がある。

(1) 物体の触察

　第1節2でも述べたように、様々な物体を十分に触察して的確にイメージできるように、次のような手順で指導することが望まれる。

　ア　物体全体の触察

　　物体の触察に当たっては、まずは姿勢をまっすぐにして、机の中央に置かれた物体を両手でしっかりと持ち、量感や質感を感じ取り、そして物体の全体から各面、各部分を丁寧に触察し記憶する学習が必要である。

　イ　物体形状の平面図形へ

　　次に、物体を形成する各面と同じ形状の平板状の形状を十分に触察し、物体との関係を把握できるように学習する。このとき、第1節　2 (3)ア．

「正方形、正三角形、円形の触察」で述べた方法と同様に、平板による
形を十分に触察して把握する。その後、平面を同じ形に盛り上げた触図
形を触察し、さらに同じ形の線図形の把握へと進む手順となる。

　ウ　図形の拡大や回転等への対応

　　図形の拡大・縮小や回転への対応は、算数等における図形指導にも関
連するが、図例の触察を多くして触察の経験を高めながら指導すること
が望まれる。

(2) 触図の読み方

　多くの視覚障害児者にとっては、触覚的な経験の積み重ねによる情報の
蓄積はかなり少ないため、触図を触察する前に、できるだけ情報を得てお
くとよい。

　ア　「触図に関する文字部分」による事前把握

　　触図は把握しにくいため、その触察の前に、図について分かる点字文
があれば先に読んでおくことが効果的である。まずは本文中の触図につ
いての記載、そしてキャプションなどの点字文を読み、触図の把握への
手がかりにする。(触図の製作では、本文で「図○○」などの表現の後
に触図部分があることとしている。)　また、触図の構成要素の中でも、
タイトルはもちろん、キャプション等の文字による説明を先に書くとと
もに、図中の記号説明なども触図本体より先に書くこととしているので、
まずはそれらの読み取りをしっかり行う。その後に触図本体の触察を行
うが、その中でも記号などが点字表現となっていると、触図本体の理解
につながることも多い。

　イ　触図を読む順序

① まずは、タイトルから触図の終わりまでの確認を行い、ヨコガキや
　ミヒラキの有無についても確認しておく。

② タイトル及びキャプションを読み、内容を理解しておく。

③ 注記や凡例をしっかりと確認し、必要な部分は記憶する。

④ 触図の本体を触察する。このとき、図中に点字で表現されている注
　記などを先に読むことは図の把握につながることが多く、覚えた凡
　例の略語や記号を手がかりにすることもある。

　ウ　触図全体を意識してスキャニング

　　触図は指先からの細かい情報のスキャニングの順次記憶の積み重ねに

より形を想像することであるが、なるべく全体図形を意識して、細部も読み取っていくことが望ましい。

(3) 触図を書く

児童生徒が作図をするときには、「レーズライタ」がよく使用される。

読み取った触図から得られた情報を、言葉で表現したり、単純な部分をレーズライタで書いてみることも、触図情報をより確かなものにするために有効であるとされている。

これは、板に柔らかい素材を貼りつけた「手書き作図器」である。その上に薄いシートを置いてボールペン等の筆記具で線を引くと、シートの表面が引っかかれた状態になって触察が可能になる。

4　立体の扱いと見取り図の処理
(1) 見えるように描かれる墨字の図

ア　視覚では遠近を大小の違いとして平面に表せる

物体の大きさそのものは、遠くにあっても近くにあっても変わらないが、目では「遠くにあるものは小さく」網膜に映る。この写真の映像と同様の形を平面に描いた図が「見取り図」である。目で見た映像の経験と重ね合わせて遠近のある立体的な物体と感じ取れるので、「一目で立体的な形に捉えられる分かりやすい図」となる。

イ　触覚では大小の違いが遠近ではない

触覚においては、同じ物体はどこに置かれていても、触わっても同じ大きさの物体であり、物体の遠近と大きさには関連はない。したがって、墨字の平面的な図に、手前は大きく遠くは小さく描かれていてそのまま盛り上げたとしても、触覚上は単に大小の異なる物体として感じるだけで、そのままでは遠近には感じられない。

ウ　見取り図（鳥瞰図）の表現は触覚では理解できない

立体的な物体などを視覚的に斜めから見て描いた墨字の図は、寸法を相似表現した一点消失点または二点消失点による図法として描かれることが多い。いずれにしても「視覚の遠近感」が元になっているため、その平面図を触図として盛り上げて触っても、立体的に感じることはなく、触図としては理解できないと言える。

(2) 立体の触察と結び付けやすい平面的な表現

　視覚では、写真のように平面に描かれた「見取図」によって立体を直感的に把握できるが、触覚においては、平面的に描いた触図によって直感的に立体と分かることはないと言ってよい。そこで、視覚による図において、見取り図以外で立体の製作や組み立てに平面に描く方法である展開図や三面図を利用するが、触覚では結び付きにくいことも多いので、配慮と学習が必要になる。

　ア　展開図の利用

　　立体的な物体を触察して、それを平面的に把握するとき、有効な方法の一つが展開図である。物体を触察したとき、各面が平面図形として触り慣れた形と同じであれば、平面に配置した各面の形と立体的な元の物体を結び付けやすくなり、立体的に思い浮かべやすくなる。

① 立方体や直方体、柱体や錐体などの教材、またはその各面の形を組み合わせることのできる教材が市販されており、それらを利用する。

　　　（厚紙などで製作するときは、面の境界線を粘着テープ等で貼り合わせて直方体や三角柱などの立体形をまずは作り、次に各面の境界線の一部を切り開いて展開図にするとよい。）

② 「展開図形と立体図形の組み立て」を繰り返す。

　　　上記の①と②のように、立体図形と展開図の間を行き来し、各面を平面的に並べて考えることで、元の立体物を思い浮かべやすくなる。

　イ　三面図の利用

　　様々な物体となると、触覚による立体の描写としては、実際に触れた面を平面に描く感触に近い、平面図、立面図、側面図の三面図として描くことが有効になる。触図としては、各方向からの図を「上から見た図」「前から見た図」「横から見た図」として表現されることが多い。図形が単純な場合は「上から見た図」と「前から見た図」などの二面図で表現したり、必要に応じて「断面図」を添えることもある。

　なお、物体を触った時にまず指に触れるのは物体の上の面であり、次にその面の周囲から真下へと指を滑らせていく。そのとき、そのまま下まで致達することもあれば、突き出た部分を有する物体もある。「上から見た図」には、この突き出た部分の形も含めて表現されるので、様々な物体について、その触察と「上から見た図」とを結び付けて考えることができるように配慮することが必要である。

　中学数学では、三面図の配置について、物体をある面から見た図を、その物体を通り抜けて向こう側に投影された図としての配置（第一角法）として扱う。しかし、触図としては、物体に触ったときの配置と同様になる方が直感的に分かりやすい。そのため、触図では、展開図と同様の配置とし、物を製作するときの配置（第三角法）、中学技術分野等で描くことが多い（図7-5）。

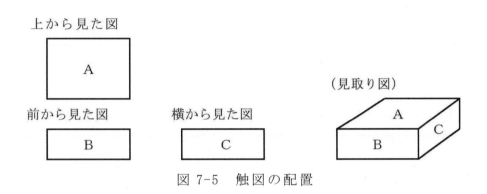

図7-5　触図の配置

(3) 立体の触図を読む手順

　立体図形の触図を読むということは、平面的に表現された触図を触察して、物体を立体的に思い浮かべることである。そのためには、同じ物体や同様の物体の立体図形を触察した経験がないと困難なことが多い。そして、その物体を触察した経験と触図を触察した経験とが結び付いた記憶として蓄積されていくことが重要になる。

　立体図形の触察については、第2節「3　触図の学習」で述べた触図への手順は同じであるが、特に最初の「物体の触察」が十分に行われていることが前提となる。

　ア　立体である物体の確実な触察

　「物体」を、全体の形状と各面等の特徴をしっかりと捉えられるように、両手で十分に触察する。そのとき、物体の形だけでなく、量感や質感等を感じることは、各教科に必要な様々な物の触察能力の向上につながる。

　イ　物体と平面図形との結び付け

　物体の各面の形と類似する「平板図形の　□　△　○　等の図形」を見つけ出す段階であるが、立体図形の把握のためには、さらには、上からの

「手で触れる面」の形だけでなく、「上から見た全体の形」も想像でき
る必要がある。同様に、「前から見た形」や「横から見た形」も思い浮
かべることができると、立体図形全体の把握に結び付いていく。そのた
めには、物体の触察において、「見る方向と平行にたどる」練習も必要
になる。

　ウ　平板図形の配置とその学習

　各方向から見た形と同じ平板の図形を三面図のように配置し、それを
十分に触察する。この三面図的平板を、盛り上げ図、そして線図形に抽
象化して学習する。立体図形については、それらの各方向から見た形の
触図を三面図として配置して十分に触察する。

　エ　三面図から立体の形を思い浮かべる

　物体を３方向から見た触図の触察から、物体を立体に想像できるよう
に、繰り返し練習する。この触察による物体の触察把握と三面図の触察
読み取りの結び付きは、かなりかけ離れた学習でもあり、個人差も大き
い。できなくても、時間をおいてから再度試したり、いろいろな立体で
試してみるうちに理解が進むようなこともある。

　このような触察の積み重ねによって、３面を描いた触図へ、そして触図
による立体図形の理解へと結び付いていくことになる。

(4) 墨字の「見取り図」の知識と触図化

　目で物体を見たときの状態に最も近い平面描写が写真であり、それに近
い図形として、斜めから見た見取図（鳥瞰図等）が多く使用され、墨字で
は文章よりも直感的に理解しやすいとして多用されている。

　ア　見取図を触ったときどのように感じるか？

　単純な図形である立方体の墨字表現としては、図 7-6 の見取り図の
ように、１頂点から斜めに見た図として描かれることがよくあり、ぱっ
と見ただけで立方体と感じる。しかし、その線図形を視覚障害児者が
触ったとき、大多数の視覚障害者が、（ア）「外周の六角形とＹ字形」、
もしくは（イ）「菱形が三つ」と感じて立体とは思わないことが、古く
から世界の文献で報告されている。

見取図の立方体　　　触ったときのイメージ

　　　　　　　　　　　　（ア）　　　　　　　　　　（イ）

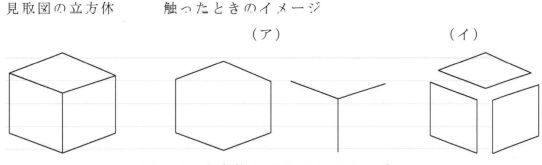

図 7-6　立方体見取り図のイメージ

イ　見取図としての触図化

　視覚的表現である「見取り図」は、そのまま盛り上げてもほとんど触覚とは結び付かないため、文章説明とするか、あるいは図的表現が必要な場合には三面図として触図化することを述べてきた。

　しかし、視覚的な見取り図の表現のまま触図化する場合もある。

① **x y z** の3軸の知識

　立体の3方向を表す中心点Oから出る線が、右方向への **x** 軸、上方向への **y** 軸、左下斜め方向への **z** 軸が手前方向、という数学上の知識（図7-7）。

② コイルなどの巻き方向の表現

　コイルなどの交差部において、巻き線が続いている側が手前で、途切れさせた方が向こう側の巻き線として、巻き方向を立体的に表現する方法（図 7-8）。

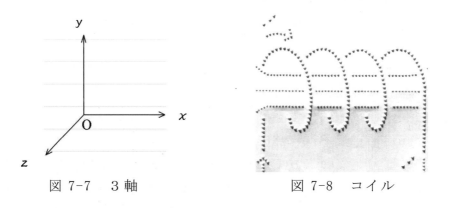

図 7-7　3軸　　　　　　　　　図 7-8　コイル

③　「見取り図」そのものの知識

　「見取り図」がどのようになっているかの知識として、立方体のようなごく単純な立体図形の見取り図について、そのまま触図化する場合がある。

④　視覚的な図形をある程度理解できる児童生徒のための図

　視覚障害児童生徒でも、幼少期からの数多くの触察経験の積み重ねによって、マンガなど視覚的な図形も実用的な速度である程度理解できる児童生徒も存在する。そのような児童生徒向けに、見取り図による表現を使用する場合がある。ただし個人差が非常に大きく、「見取り図のまま凸図化しても理解できない視覚障害児童生徒が大部分」であって特殊な場合であることを踏まえなければならないであろう。

5　触図教材の製作

　目で見る教材は豊富に市販されており、工夫しだいで視覚障害児童生徒も利用でき、触図指導にも利用できるものもあるので、情報を集めておくことが大切である。

　教材として触図作成用として、視覚特別支援学校に多く導入されている「立体コピー」は、製作が比較的容易でよく使用されている。また、点字プリンタを導入している支援学校も多いが、代表的な触図製作用フリーソフトウェア「エーデル」等を使用しての触図製作まではあまり普及していないのが現状である。そのほか、レーズライタを利用したり、触図教材の手作りも行われている。

(1) 立体コピーによる触図製作

　立体コピーは、熱を加えると大きく膨れ上がるマイクロカプセルという物質を紙に塗布した特殊な用紙を使用する。触図形をこの用紙に黒色コピーし、そのトナーの部分が熱吸収しやすい波長の光源の下を通り、黒いコピー部分が盛り上がる方式である。

　この立体コピーはまず墨字の原図を作り、通常のコピー機の複製機能によって立体コピー用紙に熱吸収しやすいトナーで複製し、現像機を通過させて黒い部分が熱膨張して盛り上がるので、簡便に触図を製作することができる。ただし、用紙は 1 枚百円前後と高価であることや、日数を経ると、用紙が前のページにくっつきやすくなるなどの欠点もある。

　原図の製作に当たっては、「見える原図」のまま盛り上がるので、情報を詰めすぎになりがちであるが、立体コピーでは細部が分かりにくいことに留意する。例えば、二つの点や2本の線の間隔が狭い場合は、その間も熱が伝わって盛り上がってしまい、触ったときに黒く見えている点や線の鮮明さとは異なることもあるので、実際に盛り上げて触って確認しておく必要がある。なお、点字の表示には、墨点字フォント[注]の「線なし」を使用すると便利である。墨点字とする文字の大きさは15または16ポイント程度とし、文字間にも注意して、実際の点字に近い大きさで表現する。

テン・シ　￥ほー・けん　⠺⠾⠐⠞　　⠐⠟⠈⠅⠐⠕

(2) 触図用ソフトウェア「エーデル」と点字プリンタ

　我が国における触図は、点訳ボランティアが、触図描画用フリーソフトウェア（藤野 稔寛氏開発の「エーデル」等）と点字プリンタ（JTR社製「ESA721」等）を用いて製作することが多くなっており、点字書籍中の触図については、視覚障害者情報ネットワーク「サピエ」に触図データが多数登録されている。なお、模式図や、比較的触読しやすい図は点字プリントでも十分表現できるが、複雑な区別が必要な触図までは困難な場合もある。

(3) サーモフォーム

　これは、「立体的な成形型」を製作して、その上に薄いフィルムをかぶせて加熱し、成形型の下から空気を抜いてフィルムを密着させて型取りを行うものである。成形型の製作に手間がかかるため、現在では、教科書の触図の一部として、立体的な触感が必要な図形に用いられているにすぎない。なお、欧米には、同じ原理で10cm以上の凹凸も可能な機器もあり、一部で使用されている。

(4) 3Dプリンタの利用

　触図の前提となるのは元となる物体の十分な触察である。これまで視覚では認識できても、大きすぎたり小さすぎたり、変形しやすかったりする物体は、直接触れることができず、経費上もレプリカの製作は一部にとどまっていた。しかし近年は、3Dの活用により様々なレプリカを製作しや

すくなり、立体図形の触察の充実にも結び付いている。

　なお、３Ｄでレプリカが製作できればそれでよいのではない。視覚による物体の把握においては、物体全体をさっと見て、縮尺も含め、それまでの知識や経験と比較しての判断が可能であるが、触覚ではそうはいかないことを十分に踏まえる必要がある。このことは、本章で述べた触覚の特性及び触図の読み方にも共通し、３Ｄ図形を効果的に利用するためにも必要であろう。

　（注）「墨点字フォント」（フリー）は、このフォントをパソコンに登録して、ワープロソフトで墨点字フォントに指定すると、次のように墨字の点字パターンになる。

元文字：あアＡａ数１一七＝（っー）・濁ぱ大￥｀拗ぎぴ、外。四□
線付き：⠁⠁⠁⠁⠁⠁⠁⠁⠁⠁⠁⠁⠁⠁⠁⠁⠁⠁⠁⠁⠁⠁⠁⠁⠁⠁⠁□
線なし：・・・・・・・・・・・・・・・・・・・・・・・・・・・□

第３節　各種グラフの表し方と読み方

　グラフは、数値の比較や推移が一目で分かりやすく表現できるため、墨字では多く使用されている。もちろん触図の表現の一つであり、触る特性を理解して対応するとともに、グラフには特有の性質があり、それらにも留意してグラフの製作やグラフの触読にあたる必要がある。

１　グラフの種類と視覚・触覚特性
　視覚的には、棒グラフ、折れ線グラフ、円グラフなど各種のグラフにはそれぞれの特性があり、目で見たときの効果を考えて選ばれている。しかし、触図としての効果は視覚とは大きく異なるため、別の形式のグラフに置き換えたり、元の数値による表の表現としたりすることもある。

（1）棒グラフ
　よく使用されるグラフの形式の一つである。棒の幅や棒の間隔などに、触覚上の配慮が必要である。視覚的には、複数種類の棒を並べての年次変化の表現や、棒の中をいくつかに区分して積み上げた部分などを色分けした表現などが多く使用されている。しかし、狭い範囲であることが多く、凸の小点で埋めるなどしても、触覚的には区別がつきにくいことが多いた

め、点字や記号を添えたりグラフを分けたりするなども含め、内容をどのように伝えるかの工夫が必要である。

(2) 折れ線グラフ

　折れ線グラフはよく使用されており、触覚的にも分かりやすいグラフである。触覚的に区別がしやすい線の種類はせいぜい４、５種類であり、線の交差が多い場合に区別できるかなども含めて、分かりやすくする配慮が必要である（図 7-9）。

（注１）線の種類が多く、線の交差も多い場合は、１枚に描くグラフを少なくする。（ここでは、３種類にとどめている。）

（注２）グラフの名称は線種による凡例よりも」、各グラフの近傍に名称を付した方が分かりやすい。（引出線は付けない。）また、グラフの線が交差したあとにも名称を付けることもある。

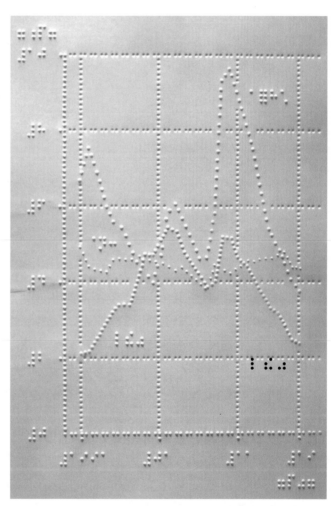

図 7-9　折れ線グラフの例

　なお、縦軸が左右にある場合などは、主要なグラフの部分がかなり狭くなってしまったりするため、様々な工夫が必要となる

(3) 帯グラフ

　帯状に項目を記入している帯グラフは、視覚的には「帯」の全体が見えてその中での比率の概要も一目で分かるが、触覚的にはその効果は少なく、項目の点字略記や記号なども入りにくく分かりにくいことが多い。他の種類のグラフや数値の表にするなどの方法も含め、表現を工夫する必要がある。

(4) 円グラフ

　円グラフの角度比率の比較は、視覚的には分かりやすいので墨字ではよく使われている。しかし、触覚では縦横に触る方向に依存することが多いため、回転角によって比較する表現の円グラフは触覚にはあまり適さないので、可能であれば他の表現方法に置き換えることが望ましい。

(5) その他のグラフ

　墨字では、用途に応じて、ヒストグラムやレーダーチャート、散布図など多様なグラフが用いられているが、触覚では墨字のグラフのような効果が得られないことがよくあるので、内容によっては適した他の形式のグラフとしたり、表にするなども含めて、表現を工夫する必要がある。

2　グラフの工夫

　点字ではマス数や用紙の大きさの制限のためにそのままでは収まりにくいことも多く、省略や分割が必要なこともある。点字用紙を横長方向（横書き）にして描く方法もしばしば用いられる。見開きについては、裏ページと表ページの境目が点字本ののど部となってグラフが途切れるため、グラフ全体の形が把握しにくくなることがあるので、注意する。

(1) グラフの縦軸と横軸の表現

　棒グラフや折線グラフなどの横軸と縦軸には、表の実線が使われ、目盛りや名称及び単位そして数値が付される。横軸の数値は点字の横 1 行マス数の範囲で書けるように工夫するが、点字 2 行分を使用することもある。縦軸は点字を縦に書くことはできないので、かなり短く略記したり注記するなどの工夫が必要である。

　縦軸と横軸の長さの比率は必ずしも墨字と一致しなくてよいが、描画さ

れた各グラフには望ましい比率があるので、変わりすぎることは避ける。

(2) グラフと凡例

　墨字では、各グラフ線の種類と説明を凡例で示してあることがよくあり、触図でもそのまま凡例として示す方法がよく用いられている。

　しかし、凡例の表現位置と実際の図としてのグラフの部分は離れるため、触覚での凡例を記憶してグラフの部分の触察と照合が必要となることは余分な負担となり、不正確になることも多い。そこで、各グラフを表す記号や略記を、それぞれのグラフ近傍の適切な位置に書き込むことができれば、触覚上の線種の違いの分かりにくさも、かなり補われることになる。それによって、各グラフの種類の読み取りがしやすくなり、グラフ本来の特徴の把握に集中できることにもつながる。

　このように、凡例表示方式は、視覚では凡例とグラフとの照合が視線の往復だけで容易にできるが、触覚では手が離れるなど困難なことも多いので、凡例による照合を避ける配慮が必要である。

(3) 折れ線グラフの線の使い分け

　折れ線グラフでは、いくつもの線が用いられることもよくあるが、触覚で明確に区別できるのは、せいぜい４、５種類程度である。特に、線と線の交差が多い場合には線の識別が困難になるので、各折れ線の略称や記号を複数示したり、グラフを２枚に分けるような配慮が必要である。

(4) 裏線の利用

　グラフには、様々な線が交差して現れると、簡単なグラフであっても触覚での判読が困難になることが多い。そこで、主要なグラフの線が明確に触察できるように、縦横の目盛り線には、裏線（裏に凸の線）がよく用いられている。この裏線は、軽く触察しているときはほとんど感じないが、指の腹でオモテから強めに押すと土手のような線として感じられ、目盛り線が必要なときに選択して用いるなど、触察の幅を広げる手法の一つとして有効である（分かりにくい場合は、紙の裏側に下敷きなどを挟む方法もある）。なお、凹みの線は触覚的に感じにくいので、小点の裏線は適切ではなく、中点や大点による裏線を用いる。

(5) グラフの数値の読み取り

　触図としてのグラフでは、グラフの各点がどの値かは、概略しか読み取れないことが多いため、細かい数値の読み取りを必要とする場合には、様々な工夫が必要となる。なお、数値をグラフ中に書き込んだり数値を表の形式にする場合、元のグラフからの読み取りだけでは数値の有効桁が足りないことが多く、数値を調べる必要がある。原本発行所への問い合わせが必要となる場合もある。

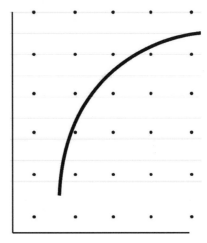

　ア　目盛りの交点に小点を書く方法

　グラフから細かい数値を読み取る必要のある場合に、目盛線の縦横の交点にオモテの小点を描く方法もある（図7-10）。このとき、裏の目盛り線を併用する場合もある。

図 7-10　目盛り交点の小点

　イ　グラフに数値を書き込む

　墨字のグラフにも用いられる方法の一つで、グラフの棒や折れ線の位置の近傍に数値を書き込む方法である。

　ウ　表の形式に置き換える

　グラフに数値を書き込むにしても、スペース的に無理であったり、細かい数値が重要な場合は、表の形式に置き換えることもよくある。

第 4 節　表の表し方と読み方

　表は墨字の重要な表示方法の一つであり、点字においても重要である。ただし、点字では 1 行のマス数や 1 ページの行数の制約があるので、墨字の表では表現できないことが多い。

　墨字の表との最も大きい違いは、点字では表中には罫線をほとんど用いないことである。また、点字は小さく書くことができないので 1 行に書ける文字数がかなり少なく、墨字の表とはレイアウトが異なることが多い。

　罫線を作図線で入れることがほとんどないのは、その罫線によって、ただでさえ少ないマス数と行数が制限されて表の表現がしにくくなり、罫線のために裏ページも使用できなくなるなど、実用的ではないためである。

　そのため，墨字の表の形式と点字の表はレイアウトなどがかなり異なる。なお、項目数や文字数が多い大きい表の場合は、全体的な把握が困難となり時間がかかることなどに配慮する必要がある。

1　点字の表とその構成
(1)　本文中の表の位置と表の枠線
　ア　表は本文とは異なるレイアウトの挿入

　　墨字の表は、本文の文字レイアウトとはまったく異なる罫線に囲まれた部分であるので一目で分かる。表がページの最初や途中にあっても、適宜表の部分を意識しながら読み進めることができる。

　　しかし、点字では順番に読み進めるしかないので、急に表が出てくると戸惑うことになる。そのため、触図と同様に、本文に「表〇〇のように」など、「表を示す本文の表現」の後の段落などに表が挿入されることが望ましい。年表のように、表部分が長い場合などは、図の扱いと同様にページを替えるなど、本文の流れとは分離して書き表すこともある。

　イ　表の部分を挟む枠線

　　点字では、表部分を本文と区別するために、6点の点字で構成される「表始まりの枠線」と「表終わりの枠線」の線記号で表部分全体を挟む。この間は、本文とは異なるレイアウトであることを示している。そのため、「表終わりの枠線」は、表独自のレイアウトから本文のレイアウトに戻る線記号でもあるため、ページの1行目となっても省略することはできない。

　ウ　表全体を挟む枠線の種類

　　表全体を挟む枠線として、次の全マスの実線ワクもしくは左右4マスあけの実線ワク等がよく用いられている。

＊全マス実線ワク

＊左右4マスあけ実線ワク

⠀⠀⠀⠀⠿⠒⠛⠒⠒⠿⠀⠒⠀⠒⠒⠀

⠀⠀⠀⠀⠛⠒⠒⠒⠒⠒⠒⠒⠒⠒⠒⠒⠒⠒⠒⠒⠒⠒⠒⠒⠒⠒⠒⠛⠀⠀⠀⠀

全マス点線ワクや左右4マスあけ点線ワクが使用されることもある。

⠿⠒⠒⠒⠒⠒⠒⠒⠒⠒⠒⠒⠒⠒⠒⠒⠒⠒⠒⠒⠒⠒⠒⠒⠒⠒⠒⠒⠒⠒⠒⠿

...

⠿⠒⠒⠒⠒⠒⠒⠒⠒⠒⠒⠒⠒⠒⠒⠒⠒⠒⠒⠒⠒⠒⠒⠒⠒⠒⠒⠒⠒⠒⠒⠿

⠀⠀⠀⠀⠛⠒⠒⠒⠒⠒⠒⠒⠒⠒⠒⠒⠒⠒⠒⠒⠒⠒⠒⠒⠒⠒⠒⠛⠀⠀⠀⠀

...

⠀⠀⠀⠀⠿⠒⠒⠒⠒⠒⠒⠒⠒⠒⠒⠒⠒⠒⠒⠒⠒⠒⠒⠒⠒⠿⠀⠀⠀⠀

(2) 点字の表のレイアウト

　墨字の表では、タイトルが表の上に書かれることもあれば下の場合もある。凡例や注記の位置も様々である。

　点字の表では、「表の番号・タイトル、キャプション・説明文、注記・凡例（1行開け）・表の内容」の順序で構成される。その全体を(1)の「表始まりの枠線」と「表終わりの枠線」で挟み、本文と異なるレイアウトであることを示す。なお、表の番号やタイトルなどについては、「表始まりの枠線」の前に書いて本文の小見出し項目と同様に扱うこともある。

2　点字の表中のレイアウト
(1) 表中の構成

　点字の表は、次のように構成される。

　ア　「表の番号」「表のタイトル」

　点字の表では、まず「表の番号・タイトル」を書く。このとき、墨字にはなくても、「ヒョー」の文字を入れ、番号を付けて分かりやすくすることがよく行われている。

　イ　キャプションや説明文

　墨字の表にキャプションや説明文があれば入れる。

　ウ　注記や凡例

　表に関する注記や凡例で、墨字にもある注記のほかに、点字の表としての注記、そして略記及び記号化した語句の注記や凡例を記載する。出典なども、この部分に付加されるが、表の最後に1行あけて添えられる場合もある。

エ　表の内容

　　注記や凡例のあと1行あけて、次の行に項目名を書いて、それらの下に表の内容を書いていくが、次の(2)に示すように、レイアウトに留意する必要がある。

(2) 表中の項目の表記

ア　縦に揃える項目の表記

　　縦に揃える項目は、1行目に項目名を書くが、2行目以降の項目内容は、その各項目名の一マス目と縦に揃えて並ぶように表記する。この一マス目揃えで、墨字の縦罫線の代わりとしている。したがって、数字も一マス目の数符を縦に揃えて表記する。ただし、算数・数学その他で、数字の桁を縦に並べて比較する必要のある場合は桁揃えとしている。

　　表が次のページに及ぶ場合は、そのページの1行目に各項目を再掲することを原則とする。

イ　表中の大中小の項目の表記

　　本文中とは異なり、表中では、大きい見出しを行頭から、中見出しを3マス目から、小見出しを5マス目から、のように二マスずつ下げる表現をすることが多い。この場合は、項目名称等が2行にならないように略記したりするが、やむを得ず2行以上となる場合は、2行目以下を4マスや6マスと大きくずらして、小項目の始まりと重ならないようにすることが多い。

ウ　表の縦方向と横方向

　　墨字の表と同じ縦方向と横方向で点字の表として処理することが困難な場合、表のタテとヨコを交換するとうまく収まる場合があり、問題のない場合に使用されることがある。ただし、変数との関係やタテ・ヨコの配置に意味のあることもあるので、内容的に問題がないことを十分に踏まえた場合に限る。

エ　点字の表中の罫線

　　点字の表中の罫線は原則として書かないでレイアウトによって表現する。ただし、罫線が必要な場合もあるが最低限にとどめる方がよい。

オ　表の横書きや見開き及び分割

　　項目数が多かったり項目の中が長い説明となっているなどで、縦長の点字用紙では一つの表として表せない場合は、点字用紙を横向き（横書

き）にして表すこともよく行われている。なお、表を見開きにすること
もあるが、その場合、通常のオモテウラの点字プリントは左側がウラ行
で右側がオモテ行と半行分ずれているので、一つの表として行がずれな
いように製版や点字プリント時の処理のできる技術が必要になる。

（3）項目の略記

ア　項目の略記

　表ではレイアウトが重要なため、少ないマス数として略記すること
多い。その略記は、注や凡例を見ただけで戻らなくてもよいように、最
初の数文字の略記とする等の工夫をすることが望ましい。

　なお、数字の数符の省略や、アルファベットの外字符の省略は通常は
しないが、例えば、九九の表で1ページに収めるなど一覧性を重視する
ために、やむを得ず数符を省略するような場合もある。

イ　箇条書きの表現

　墨字では表の形式とされていても、内容的には箇条書きでも十分表現
できる場合がある。また、各項目の文字数が多かったり長短があって、
点字の表の形式になりにくいなどの場合には、文章化した方がよい場合
もある。その場合でも、表の扱いなので、前後は表の枠線で挟む扱いと
する。

3　点字の表の読み方

（1）表の把握

ア　表の認識と位置

　墨字はさっと表を見つけて、先に読むか本文の後で読むか判断ができ
やすいが、点字ではしにくい。本文の段落に表があれば、その位置で表
を読むことになるが、本文での表に関する表現を読んで、先に読み進み、
その後、表を読む場合もある。

イ　表部分の始まりと終わりを確認する

　表が思う以上に長いこともあるので、読み始めるときに表の終わりと
本文の続きを確認しておくとよい。

ウ　表のタイトルと説明の確認

　タイトルを確認し、説明文などがあればしっかりと読んでおくと、表
が理解しやすい場合がある。

(2) 表のレイアウトを確認し内容を把握

ア　表のレイアウトを確認する

　表の注や凡例は、書かれているとおりの順序で確認すればよいが、表の内容も少し読んでから戻って、必要事項を覚え直すこともある。

イ　表の内容を読み取る

　表の中身の読み方については、それらの１行目に書かれている項目名と、２行目以降がそれぞれの項目名の一マス目が縦に揃っている内容を確認して読み進める。

ウ　本文に戻る

　「表終わりの枠線」で表を読み終わったら、本文に戻る。

［例１］

表１　衆議院と参議院の比較

	議員数	任期	選挙区	被選挙権
衆議院	465人	４年 解散あり	小選挙区289人 比例代表選出 11区176人	25歳
参議院	248人	６年 ３年毎半数改選	選挙区45区148人 比例代表100人	30歳

⠿⠿⠿⠿⠿⠿⠿⠿⠿⠿⠿⠿⠿⠿⠿⠿⠿⠿⠿⠿⠿⠿⠿⠿⠿⠿⠿⠿⠿⠿⠿⠿⠿⠿⠿⠿

　　　　　ヒョー数１　　シュー　ギ　イント　サン　ギ　インノ
　　　　　ヒカク
　　（チュー）　　「ニンキ」ワ、　シュー　ギ　イン　カイサン
アリ、　サン　ギ　イン　数３ネン　ゴ　ト　ハンスー　カイセン。

　　　　　　　　　　　　　ギ　インスー　　ニンキ　　　ヒセンキョケン
シュー　ギ　イン　　数４６５ニン　　数４ネン　　数２５サイ
サン　ギ　イン　　　数２４２ニン　　数６ネン　　数３０サイ

　　　　　　　　　　　　センキョク
シュー　ギ　イン　　ショーセンキョク　数２８９ニン
　　　　　　　　　　　ヒレイ　ダイヒョー　センシュツ
　　　　　　　　　　　数１１ク　数１７６ニン
サン　ギ　イン　　　センキョク　数４５ク　数１４８ニン
　　　　　　　　　　　ヒレイ　ダ　イヒョー　数１００ニン
⠿⠿⠿⠿⠿⠿⠿⠿⠿⠿⠿⠿⠿⠿⠿⠿⠿⠿⠿⠿⠿⠿⠿⠿⠿⠿⠿⠿⠿⠿⠿⠿⠿⠿⠿⠿

［例２］
　　表Ａ　　主な鎖状炭化水素の分子量と融点・沸点

化合物名	化学式	式量	比重	融点(℃)	沸点(℃)
メタン	CH_4	16	0.42	-183	-162
エタン	CH_3CH_3	30	0.69	-184	-89
プロパン	$CH_3CH_2CH_3$	44	2.02	-188	-42
ブタン	$CH_3(CH_2)_2CH_3$	58	2.70	-138	-1
ペンタン	$CH_3(CH_2)_3CH_3$	72	0.63	-130	36
ヘキサン	$CH_3(CH_2)_4CH_3$	86	0.66	-95	69

（墨字の表は横６項目、縦６項目で、墨字と同じ配置にできない。）

　　　　　⠿⠿⠿⠿⠿⠿⠿⠿⠿⠿⠿⠿⠿⠿⠿⠿⠿⠿⠿⠿⠿⠿⠿⠿⠿⠿⠿⠿⠿　　　　
　　　　　ヒョー　⠿ A 　　オモナ　サジョー　タンカ　スイソノ
　　　　　　ブンシリョート　ユーテン・　フッテン
　　（チュー）　　ヒョーワ、
カ　ゴ　ブ　ツメイ　　カガクシキ　　シキリョー
　　ヒジュー　　ユーテン　　フッテン
ノ　ジュンニ　シメス。　　ユーテント　フッテンノ　タンイワ
⠿ d ⠿ C
　　
メタン　　　⠿⠿CH　　数１６
　　⠿0 4 2　　　⠿⠿⠿183　　　⠿⠿⠿162
エタン　　　⠿⠿CH⠿⠿CH⠿⠿　　数３０
　　⠿0 6 9　　　⠿⠿⠿184　　⠿⠿89
　プ　ロ　パン　　　⠿⠿CH⠿⠿CH⠿CH⠿⠿　　数４４
　　2 ⠿0 2　　　⠿⠿⠿188　　　⠿⠿42
　ブ　タン　　　⠿⠿CH⠿⠿CH⠿⠿CH⠿⠿　　数５８
　　2 ⠿70　　　⠿⠿⠿138　　　⠿⠿1
　ペンタン　　　⠿⠿CH⠿⠿CH⠿⠿CH⠿⠿　　数７２
　　⠿0 6 3　　　⠿⠿⠿130　　⠿⠿36
ヘキサン　　　⠿⠿CH⠿⠿CH⠿⠿CH⠿⠿　　数８６
　　⠿0 6 6　　　⠿⠿⠿95　　⠿⠿69
　　　　　⠿⠿⠿⠿⠿⠿⠿⠿⠿⠿⠿⠿⠿⠿⠿⠿⠿⠿⠿⠿⠿⠿⠿⠿⠿⠿⠿⠿⠿　　　

［例３］
　斜面を降下する台車の実験で、経過時間 t（s）と移動距離 x（cm）の関係を次に示す。

t（s）	0.0	0.2	0.4	0.6	0.8	1.0	1.2	1.4
x（cm）	0.0	4.5	18.9	43.1	76.7	119.8	172.5	234.3

（墨字は、タイトルなしの数値の横一列の表。）

⠿⠿シャメンヲ⠿コーカ⠿スル⠿　ダイシャノ⠿　ジッケンデ　、
ケイカ⠿　ジ　カン⠿　t ⠿⠿ s ⠿⠿⠿ト⠿イ　ドー⠿キョリ
⠿⠿ x ⠿⠿⠿ c m ⠿⠿⠿⠿ノ⠿カンケイヲ⠿ツ　ギ　ニ⠿シメス。

⠿⠿⠿⠿⠿⠿⠿⠿⠿⠿⠿⠿⠿⠿⠿⠿⠿⠿⠿⠿⠿⠿⠿⠿⠿⠿⠿⠿⠿⠿⠿⠿⠿⠿⠿
⠿⠿⠿⠿⠿⠿ヒョー⠿⠿
⠿⠿

⠿ t ⠿⠿ s ⠿⠿⠿⠿⠿ 0 ⠿ 0 ⠿⠿ 0 ⠿ 2 ⠿⠿⠿ 0 ⠿ 4 ⠿⠿⠿ 0 ⠿ 6
⠿ x ⠿⠿ c m ⠿⠿⠿ 0 ⠿ 0 ⠿⠿ 4 ⠿ 5 ⠿ 18 ⠿ 9 ⠿ 43 ⠿ 1
⠿⠿

⠿ t ⠿⠿⠿ 0 ⠿ 8 ⠿⠿⠿ 1 ⠿ 0 ⠿⠿⠿ 1 ⠿ 2 ⠿⠿⠿ 1 ⠿ 4
⠿ x ⠿⠿ 76 ⠿ 7 ⠿ 119 ⠿ 8 ⠿ 172 ⠿ 5 ⠿ 234 ⠿ 3
⠿⠿⠿⠿⠿⠿⠿⠿⠿⠿⠿⠿⠿⠿⠿⠿⠿⠿⠿⠿⠿⠿⠿⠿⠿⠿⠿⠿⠿⠿⠿⠿⠿⠿⠿

《注意》　点字の表では、元の表には付いていなくても、表枠内の始めに「ヒョー」と表示する。この［例3］の数字は、小数点の位置を縦にそろえている。

（参考資料）

1）日本点字委員会編『理科点字表記解説　2019 年版』「第5部　図表について」pp67-91

2）文部科学省「特別支援学校（視覚障害）小学部点字教科書の編集資料」「参考資料（算数導入編図版）」試料、2020

3）筑波技術大学　情報・理数点訳ネットワーク『点字図書用図表の作成技法研修会－手で読む図表の作り方（初歩から実線まで）－』、2007

4）日本盲人社会福祉施設協議会　点字出版部会編『歩行用触地図製作ハンドブック』、1984

5）日本ライトハウス点字情報技術センター
墨点字フォント（点字線付・点字線なし）

第8章　教科学習における指導上の配慮

　教科の授業では、教科書やプリントなど文字で書かれた資料が多く用いられ、児童生徒は、文字を読み書きして思考しながら学習を進めていく。このことは盲児童生徒においても同様であり、点字を「思考の道具」として活用しながら各教科の学習に取り組むこととなる。

　第6章では、『日本点字表記法2018年版』を典拠として、点字表記の基本的な事項について解説した。しかし、教科の指導内容に関連したより詳細な点字表記の規則が存在するため、教師は、それらを十分に理解した上で当該教科の指導に当たる必要がある。

　また、文部科学省著作の点字教科書は、点字の特性に配慮しつつ、盲児童生徒の円滑な学習活動に配慮した編集を経て発行されている。教師は、点字教科書編集の方針と具体的な編集内容を理解した上で、盲児童生徒の指導に当たらなければならない。

　そこで本章では、各教科の指導内容に関連した点字表記の規則について解説するとともに、点字教科書編集の特徴や、当該教科を点字で学ぶ児童生徒に対する具体的な配慮事項について紹介する。

　なお、教師にとって最も身近で分かりやすい点字表記の手本は、点字教科書である。原典教科書と点字教科書を丁寧に見比べながら点字表記の規則を理解し、指導してほしい。また、文部科学省著作の点字教科書については、「特別支援学校（視覚障害）点字教科書の編集資料」（以下、「点字教科書編集資料」という。）がウェブサイト上で公開されており、原典教科書からの変更・修正内容等を詳しく知ることができる。加えて、各節ではより詳しい情報が記された参考資料も紹介しているので、適宜参照されたい。

第1節　国語科における配慮事項

1　小学部低学年における配慮事項

　文字言語は本来、音声言語の基礎の上に形成されるものであるから、その習得のためには、「聞く」「話す」という学習、特に聞き取る力を身に付けることが大切である。

　点字で学習する児童は、授業場面において板書を確認することができないため、話の内容を聞き取ったうえで書き留めていくことになる。そこで、聞き取る力と、聞き取った内容を順序立てて組み立てる力は、点字で学習する児童にとってはより必要なものとなる。したがって、学習の初期の段階から短期記憶の活用を意識し、聞き取ったことをメモしたり記憶として整理したりすることを習慣化できるように指導することが重要である。

　一方、点字の入門期の学習は単調な作業の繰り返しになりやすい。触読の練習や点字タイプライター、点字盤などによって点字を書く練習だけに終始することがないよう、児童の興味や学習意欲を喚起する指導を心掛けてほしい。また、小学部第1学年用の点字教科書の「点字導入教材」の取扱いにあたっては、児童の実態に合わせて練習用教材を補充したり、よりステップを細かくした教材を工夫したりといった支援を期待する。

　点字の五十音の読み書きができるようになった児童に対しては、まず、言葉と文字との的確な対応ができているかどうかを把握することが重要である。児童によっては、「シクダイ（シュクダイ）」「タイクカン（タイイクカン）」のように発音の誤りをそのまま文字表記にしてしまう場合もあるからである。

　点字の仮名遣いの指導では、助詞の「ワ」「エ」「ヲ」の表記の徹底を図るのがこの時期である。助詞の「は」「へ」については、墨字と点字との間に表記の違いがあるので、墨字使用児童と学習を共にするような場合には、墨字の表記についても併せて指導しておくことが望ましい。

　長音を含む語の表記については、「オ」を添えて書くオ列長音の表記と、外来語や擬声語・擬音語の表記の指導に配慮を要する。「オ」を添えて書くオ列長音の表記については、「オオキイ」とか「トオイ」といった具体的な語例が出てきたところで、1語ずつ確実にその表記の仕方を身に付けるように支援する。外来語や擬声語・擬音語の表記については、片仮名で

書く言葉の学習と併せて指導するとよい。これも、具体的な語例をもとに丁寧に説明するようにしたい。

　マスあけについてこの時期に十分指導しておく必要があるのは、分かち書きと切れ続きの基本である。点字の分かち書きの基本は文節分かち書きであるから、例えば、助詞の「ね」などを文中にはさんで「今日のね、給食のね、メニューはね、からあげとね、ほうれんそうのね、ごま和えです。」というように、「ね」をはさむことができる部分で一マスあけをすることを説明すると理解しやすい。複合語の切れ続きについては、友達や先生の名前、学校の名称など身近な固有名詞によって一マスあけをする部分について関心をもたせ、理解につなげるとよい。また、段落の最初と句点の後の二マスあけについても習慣づけておく。

　句読点や表記符号の使い方については、句点、読点の使い方と第1カギの使い方を重点的に指導する。第1カギについては、会話を引用する場合に用いることを第一に指導し、その他の使い方は、教科書に出てきた時点でその働きについて指導する。教科書には、ふたえカギ、点線、矢印、つなぎ符などの符号類も用いられているので、矢印の形などは墨字の場合の基本的な知識とともに、理解できるようにするとよい。点字教科書編集資料の末尾には、「点字の初出一覧及び表記に関する学習事項」の表が掲載され、どのような点字がどの学年・巻のどの題材で出てくるかが一覧できるので、参考にされたい。

　書き方の形式については、第6章を参照してほしいが、次のような書き方をこの時期に身に付けたい。

　日記は、5マス目から日付と曜日、天気を書く。「ヨッカ」「ヨーカ」「トオカ」「24カ」など、和語読みの書き方に注意する。曜日は日付のあとに第1カッコで囲んで「⠀ゲツ⠀」としてもよいが、低学年では日付のあとに一マスあけて「ゲツヨービ」と書いてもよい。次の行の3マス目から本文を書く。

　ノートは、ページ行に日付や教科名を書き、題材名は次の行の7マス目から書く。「第1段落」といった見出しなどは階層に応じて違ってくるが、低学年なら大体5マス目からでよい。黒板を利用できないので、ノートに書く内容をはっきりとした発音で分かち書きごとに区切りながら伝える。書き出し位置や第1カギ、棒線なども口頭で伝えながら、どのようなときにどのような符号類を使えばよいかを具体的な場面で理解できるように丁

寧に指導したい。書いた内容をあとで確認することも大切である。

　基本的な作文の書き方についても、指導をしておく必要がある。特に題名と自分の氏名を書く位置については、この時期に確実に習慣化しておくことが大切である。一般に、題名は5マス目から書き出す。題名が1行に書ききれないときは、その2行目は題名の書き出しから二マス下げて7マス目から書く。氏名は、次の行の行末近くに書く。自分の氏名のマス数を覚えて、どのあたりから書き始めるとよいか、習慣づけるとよい。

　手紙文は、実際に手紙を書く場面で指導するとよい。「誰かに気持ちを伝えたい」という動機づけを大切にしたいからである。点字では、触読の特性により、あて名や差し出し人の氏名を最初に書くことを説明する。また、この手紙文の学習の機会に、「さん」「君」「様」などの敬称、親称、愛称の切れ続きについて指導するのも効果的である。

　書き誤りの修正の仕方の指導も、できればこの時期に行いたい。「⠿」の字を続けて書いて誤りの部分を消去する方法は、ノート、日記類、試験の解答などには用いてよいが、手紙文などには清書が必要であることを指導しておく。

　教科の学習が進むと、単元テストなどを受ける機会もでてくる。点字の場合、解答用紙が前もってあるわけではなく自分で解答用紙を作成しなければならない。最初にテストの名称、氏名を記入し、全ての用紙にページ番号を記入して、指示されたとおりに答えを書く（原則は、問題文の番号や記号と同じものを書く）などの基本的な解答の仕方を身に付けられるようにする。

　筆記用具として点字タイプライターを最初に指導するか、点字盤から指導するかについては、第5章でも述べているが、それぞれに一長一短がある。点字タイプライターを用いると一つの動作で1文字を書くことができるので効率がよく、読む方向と同じ凸面の形で書くことができ、書いた文字をすぐに指で確認することができる。しかし、入門期の児童には重くて持ち運びが不便である。点字盤は、携帯に便利である上にその操作によって指先の巧ち性を高めることができる。しかし、筆記の速さの面では点字タイプライターに比べると十分とはいえない。入門期の児童には、読みと書きが逆にならない点字タイプライターで書きの指導を始めることが多い。

　読みの指導にあたっては、両手で読んでいるか絶えず確認する必要がある。これは、今後の学習のために読みの速度を上げる点から大切なことで

ある。学習が進めば、行の左半分を左手読みで行い、中央付近で右手にバトンタッチして、右半分を右手で読み進める方法に移行する。そのうえで、特に左手で十分読めるように指導することが望ましい。左手で読みながら右手で書くという効率のよい学習活動を円滑にできるようにするためである。

【題材8－1】
「聞いた話をまとめて、文章にしてみよう」
〈ねらい〉
　　聞いた話の内容を順序立てて文章にまとめ、伝えることができる。
〈内容〉
　(1)　「だれが」「どうした」を聞き取ることを意識して、話を聞く。
　(2)　「だれが、どうした。」の形の文を書く。「だれが」「どうした」の内容が複数ある場合は、それぞれの文をまとめて文章とする。
　(3)　書いた文章を確認する。
【留意事項】
　(1)　教師は、書いた文章を確認し、添削を行う。正しい表記で書くことも大切であるが、「だれが」と「どうした」を聞き取れているかをまず優先して指導する。
　(2)　児童の実態によって、聞き取る話の量や内容を調整する。

【題材8－2】
「ニュースを聞き、要点をまとめてメモを作り、1週間の記録をとろう」
〈ねらい〉
　　話の要点をまとめ、メモのファイルを作ることができる。
〈内容〉
　(1)　ニュースを聞き、5W1H（「いつ」「どこで」「だれが」「なにを」「なぜ」「どのように」）をメモにまとめる。
　(2)　日付、ページ番号を書き、ファイリングする。
　(3)　1週間の記録をまとめ、メモをもとに感想を発表し合う。
【留意事項】
　(1)　ニュースは、テレビやインターネットのニュースだけに限らず、学校やクラスのニュースなどでもよい。

(2) ファイルは、市販の紙ファイルを利用し、穴のあけ方、綴じ方、ページマスの利用の仕方などを指導する。

(3) ページ行には、ページ数を書き入れることを習慣づけ、日付や内容の見出しを付けてもよい。

(4) 利用しやすいように項目ごとに書き出し位置を変えたり、番号を付けたりするなど、様々な工夫の仕方を必要に応じて説明する。

(5) ノート類のファイルについても、同じように指導する必要がある。各教科によって書き方やノートのとり方が異なるが、後で利用しやすいように様々な工夫ができることを、ページマスの利用やシールの貼り付けなどの具体例を示しながら伝える。各教科の担当者などと連携を図り、効果的な指導ができるよう配慮することが大切である。

2　小学部中学年における配慮事項

　この時期に重点的に指導する点字表記の内容は、正しい分かち書きである。特に間違いやすいのは、本来分かち書きをするべき形式名詞や補助用言を、マスあけせずに続けて書いてしまうことである。形式名詞というのは、「ヨム□コト」「アソブ□トキ」「イマノ□トコロ」「オモッタ□トオリ」などの「コト」「トキ」「トコロ」「トオリ」などのことであり、補助用言というのは、「アソンデ□イル」「カッテ□モラウ」「ハナシテ□ヨイ」「サムク□ナイ」などの「イル」「モラウ」「ヨイ」「ナイ」などのことである。分かち書きをする判断の手掛かりとして前述したように「ね」をはさむと、形式名詞や補助用言の前には「ね」をはさみにくいために続けて書いてしまうものと思われる。そこで、この形式名詞や補助用言の語例が教科書に出てきた際には、別の語例も挙げながら、その都度指導してほしい。また、児童の書いた日記や作文などに続けて書いた箇所があった場合も、指摘して理解を促すようにする。

　「メザマシドケイ」「ジカンワリドオリ」などの注意すべき複合語の切れ続き、「テヅクリ」「ハナヂ」等の連濁や、「ツヅキ」「チヂム」等の連呼の表記、「ティッシュ」「ファイル」等のよく使われる特殊音の書き表し方についても、その都度一つ一つ確実に習得できるようにしたい。

　アルファベットを含む語の表記については、ローマ字の学習の時期に併せて集中的な指導を行うのが効果的である。大文字と小文字の使い分け、アルファベットの後に助詞などが続く場合は一マスあけ（PC□の□操作）

をし、仮名が続く場合はつなぎ符をはさんで表記（Ａ⠤子ちゃん）することなどは、注意して指導したい事項である。（第6章参照）

　表記符号の使い方については、中点の打ち方と読点の打ち方との基本的な違いを指導しておく必要がある。疑問符や感嘆符の使い方などとともに、作文などで適切に使用できるようにすることが望ましい。その他の表記符号については、教科書に出てきた時点で確実に身に付けられるように指導する。

　特に、ノートは、復習する際に利用できるよう、児童自身が教科ごとにファイルに整理できるようにしておきたい。復習できるノート作成のためには、教師自身が囲み符号や矢印・棒線・小見出し符などの関係符号を使用したノート例を示すことが重要である。

　書きの学習を点字タイプライターで始めた児童に対しては、この時期に点字盤も一通り使いこなせるように指導しておく必要がある。逆に、点字盤による指導を先に行った児童に対しては、同様に点字タイプライターの使い方の指導を行う。

　さらにこの時期は、音声言語の基礎の上に文字言語の習得がなされることにより、書きの学習の到達目標である「自由に言語活動を行うことができる」ようにするための指導に取りかかる必要がある。児童は、文字そのものを使うことができるようになると、文字によって自己を表現したり、知識を得たりできるというような、文字言語の様々な有用性を実感する。しかし、点字の場合、日常的に文字が目に入ってくる墨字とは違い、触れなければ文字を読むことができないために、文字を読む機会が限られてしまう。児童の実態に応じた適切な題材を用意するとともに、教室環境においても創意工夫してほしい。

　この時期は、児童の触読能力が大きく伸びるときでもあることから、児童一人一人の興味や関心に応じて、適切な読書情報を提供し、自発的な読書習慣の形成を図ることが大切である。学校図書館の利用も習慣にできるとよい。また、読みの速さを増すために、行の左半分を左手で読み、右半分を右手で読む両手読みに習熟させることが大切である。

【題材8－3】

「物語の続きを書こう」

〈ねらい〉

　　物語を聞き、その続きを文章で表現する。

〈内容〉

　(1)　物語を聞く。

　(2)　内容を想像し、物語の続きを文章に表現する。そのとき、物語とし
　　　てひとまとまりの内容であるように注意する。

　(3)　書いた文章を発表し合う。

　(4)　発表した際に指摘されたことを参考にして書き直す。

【留意事項】

　(1)　文集などにして自由に読み合うことができるようにするとよい。

　(2)　内容を重視するとともに、点字の読み書きの正確さ、速さなどの基
　　　本的な事柄についても、到達度を確認する。

3　小学部高学年における配慮事項

　小学部高学年では、仮名遣いを含む語の書き表し方、分かち書きと切れ
続き、表記符号の使い方、書き方の形式の四つの点字表記の領域について、
それぞれ小学部段階でのまとめの指導をしておくことが大切である。小学
部用点字国語教科書には、各教材末に新出の点字表記についての注意書き
があり、各教科書の巻末には、「点字ドリル」が掲載されているので活用
してほしい。

　仮名遣いと語の書き表し方については、「オ」を添えて書くオ列長音の
表記のまとめが中心となる。該当する語の具体例を用いて指導を行うよう
にする。特に、「オオキイ」などと、その派生語（「オオシマ」「オオドオ
リ」など）については、その語の意味や漢字表記との関係を丁寧に指導し
ておく必要がある。そうしないと、長音符を用いる「オーサマ」や「オー
エンダン」といった言葉まで「オ」を添えた表記になるおそれがある。

　各学年で必要に応じて教科書に用いられていた特殊音の表記についても、
この時期にまとめて指導しておくことが大切である。ただし、墨字との対
応で整理しておく程度にとどめ、前置点の違いなどの解説は、この段階で
はしなくてもよい。

　古文の語の表記については、教科書の短歌や俳句に用いられている語に

ついて、ワ行の「ヲ」が助詞以外の言葉にも用いられるといった現代語の表記との違いについて指導すること、ワ行の「ヰ」「ヱ」の表記について指導することが大切である。特に、ワ行の「ヰ」は読点と読み誤りをしないように、また、「ヱ」は感嘆符と同形であることに留意する。

　分かち書きと複合語の切れ続きについては、形式名詞や補助用言の前を区切る指導の徹底と、複合語の切れ続きについての関心を高め、表記の習熟を図る。特に複合語の切れ続きに関しては、複合語を構成している漢字・漢語などの意味や働きについての基本的な理解を深め、それらとの関連において切れ続きを考える態度、習慣を養うことが重要である。なお、点字の表記は、繰り返し指導することによって身に付いていくものであるから、点字表記についての関心をもたせる指導の場をできるだけ多く設けたい。

　この時期には、指示符、小見出し符、段落挿入符、星印、詩行符などかなりの種類の表記符号が教科書に用いられるようになる。点字教科書編集資料の末尾には、前述したように、どの学年のどの教材でどのような符号が新出するかが掲載されている。それぞれの表記符号の機能とその使い方について理解するとともに、自分のノートや学級日誌、その他の表現活動などに積極的に活用できるように指導してほしい。

　書き方の形式については、教科書に詩、短歌、俳句などが出てきたときに指導する。特に、読み取りに影響するような書き出し位置、詩の連と連との区切り、短歌の上の句と下の句のレイアウトなどへの注意を喚起する。

　また、国語科の学習以外の表現活動において、文集などの目次や表紙、運動会や文化祭のプログラムの作成などで、レイアウトを工夫したり模様などを入れたりするという表現の楽しさが、書き方の形式にあることを体験できるとよい。

　この時期になると、全国学力・学習状況調査などの大きなテストを受ける機会も出てくる。低学年の項でも述べたが、点字の場合、解答用紙が前もってあるわけではなく、自分で解答用紙を作成しなければならない。単元テストよりも階層の大きい学力調査の問題などでは、解答用紙の枚数も多くなる。全ての用紙にページ番号を記入すること、1行1解答を原則とすること、指示されたとおりに答えを書くこと、正しく訂正をすることなどの解答の仕方を、確実に身に付けるようにする。

　読みの指導に関しては、読みの速度を上げるよう意図的に行う必要があ

る。速く読もうと努力をしない限り速く読めるようにはならない。点字1ページ分を読む時間を計測しておいて、その時間を短縮していく努力を児童一人一人の課題として主体的に取り組むのも一つの方法である。自分が好きなジャンルの作品を多読し、読書意欲を高めることも重要である。

4　中学部・高等部における配慮事項

　中学部・高等部における点字の指導は、小学部で学習した内容を基礎として、点字表記の体系を総合的に理解し、正確で効果的な点字表記の習熟を図ることに重点を置くようにする。

　仮名遣いについては、点字の仮名遣いと墨字の「現代仮名遣い」との相違を改めて確認しておく必要がある。古語や古文の仮名遣いは、和語は歴史的仮名遣い、漢語は現代語に準ずる表記になっていること、また、助詞の「は」「へ」も墨字と同じ表記になっていることについて、和語と漢語の見分け方とともに十分理解することが大切である。

　仮名遣いのほかに、語の表記については、特殊音の表記のまとめの指導が必要である。既習の特殊音の表記の整理をしながら現在定められている43 種の特殊音について、それを含む単語とともに読み方を含めて確認する。数字や数字を含む語の表記についても、この時期に丁寧に指導する必要がある。

　数字は、点字表記の中で貴重な表意文字である。したがって、このことを踏まえて数字を含む語を仮名で書くか数字を用いて表記するかの判断が大切である。そのほか、1語中に数字やアルファベットを含む場合の表記について、数字と仮名、アルファベットと仮名、数字とアルファベットといった組合せのそれぞれの構成要素間の切れ続きの処理の仕方を身に付けることが重要である。

　分かち書きや自立語内部の切れ続きの表記に関しては、現在の点字表記法が幅のある規定になっているため、それが点字表記の乱れにならないように留意する必要がある。そのためには、文法の学習との関連を重視し、点字表記の理論的な背景として文法の指導をすることが効果的である。例えば、形式名詞や補助用言の分かち書きは、これらが自立語であるという文法的な知識と関連させて再認識することができる。また、「そのうち」「このあいだ」などの語も「連体詞＋名詞」であれば間にマスあけを入れ、副詞や接続詞ならば一続きに表記するという判断を、文法的な知識を背景

に指導することができるのである。

　国語の中学部用点字教科書では、分かち書きの基本を徹底させるために、第1カッコ以外の一続きに書くべき語が行末におさまらない場合はその語句をそのまま次の行に移している。また、助詞や助動詞は前の語に続けて一続きに書くものであることを重視した表記を採用している。しかし、実際には、助詞や助動詞だけを次の行に移す行末の処理の仕方もある。これは幅のある処理の仕方であって、誤りではない。そうした指導をするのも、この時期における大事な配慮事項の一つである。

　句読点や表記符号の使い方については、個々の符号類についてその機能と用法とを理解し、これらを効果的に活用して豊かな表現ができるようにすることが大切である。特に、読点と中点の使い分け、読点の使用、外字符と外国語引用符との混同などに注意して指導する必要がある。

　また、日本語の点字体系と外国語や数学記号、理科記号、あるいは点字楽譜などとの点字体系間の表記上の相違についても指導をしておく必要がある。例えば、日本語の点字と英語の点字の間では、疑問符、点線、ダッシュなどは異なる記号になっており、点字数学記号の中には、日本語の文章中には使用できないカッコ類もある。そうしたことについて相互に混同することがないように指導しておきたい。

　書き方については、各種の形式を工夫し、必要に応じていろいろな形式を書き分けられる技能を養っておくことが大切である。特に、墨字による書き方の形式の多様さに関心をもたせ、理解につなげるとともに、見出しの大小を書き出しの位置や見出しに用いる記号・番号の書き方で区別すること、点字による表の書き方、略記の仕方、効果的なレイアウトができるように指導する必要がある。中学部用点字国語教科書には、資料編に「点字の書き方」「書き方の形式」が追加されているので、利用するとよい。

　読みの指導については、この時期が特に触読能力の伸長が著しく、人生や社会についての関心が高いということを考慮して多読を勧め、少し長い読み物を最後まで読み通すように支援する。多読・速読のためには、前述したように、両手で読み、左手で行の左半分、行の中ほどでバトンタッチして右手で行の右半分を受け持つ読み方が最も効率がよい。

　点字の書物は、墨字書物に比べると非常に限られる。墨字使用生徒ならば図書館や町の書店にあふれている本の中から読みたい本を自由に選べるが、点字使用生徒にとってはそのような経験は難しい。地域の点字図書館、

視覚障害者情報総合ネットワーク「サピエ」などを利用し、生徒自身が読みたい本を少しでも自由に選べるようにするなど、読書環境を整える配慮をしてほしい。

　なお、漢文は、日本点字表記法に従い、点字では書き下し文で学習することになっている。漢文は表意文字である漢字だけで構成されており、基本的に点字による学習にはなじまないからである。訓点符号を用いた書き表し方も表記法には掲載されているが、国語科における学習では書き下し文で学習することを、墨字使用生徒とともに学ぶ場合は特に留意しておきたい。

　また、高等部における点字指導においては、中学部での指導内容の理解を一層深めるとともに、その定着を図るようにする必要がある。

　以上、国語科の教科学習における小学部から中学部・高等部の各段階の配慮事項を述べてきた。ここで、段階ごとに点字学習の内容と留意点を整理すると、表8-1のようになる。

表 8-1　点字学習の内容と留意点

学年	点字学習の内容	留意点
小学部 低学年	・五十音の読み書き ・仮名遣い（特に「オ」を添えて書くオ列長音の表記、外来語や擬声語・擬音語の表記） ・基本的なマスあけの仕方 ・句点、読点、第1カギの使い方 ・両手読みの習慣付け ・日記の書き方 ・ノートの作り方 ・基本的な作文の書き方 ・基本的な手紙文の書き方 ・テストの解答の仕方 ・書き誤りの修正の仕方	・言葉と文字との的確な対応ができているかどうかを把握する。 ・墨字の表記についても助詞の「は」「へ」などの基本的な内容を、併せて指導しておくことが望ましい。 ・点字タイプライターまたは点字盤の使い方に慣れる。

小学部 中学年	・分かち書き（形式名詞や補助用言、複合語の切れ続き） ・連濁や連呼の表記 ・特殊音の表記 ・アルファベットを含む語の表記 ・表記符号の使い方（読点・中点） ・ノート整理やファイリング ・両手読みによる触読能力の向上	・点字タイプライターと点字盤の使い方について学ぶ。 ・適切な読書情報を提供し自発的な読書習慣の形成を図る。
小学部 高学年	・小学部段階でのまとめの学習 　仮名遣いと語の書き表し方 　分かち書きと切れ続き 　表記符号の使い方 　書き方の形式 　本格的なテストの解答の仕方	・多読のための読書環境を整え、読書意欲を高める。
中学部 高等部	・点字表記体系の総合的な理解 ・点字の仮名遣いと墨字との相違の確認 ・古典と漢文の点字表記 ・特殊音の表記のまとめ ・各種符号類についての機能と用法の熟知と効果的な活用 ・各種の書き方の形式の工夫と、形式ごとに書き分ける技能の向上	・多読を勧める。 学校図書館、地域の点字図書館、インターネット上の電子図書館の利用など、主体的な読書習慣を作ることができるように、支援する。

5　準ずる教育課程での学習を行っていない児童生徒への配慮事項

　準ずる教育課程での学習を行っていない児童生徒の障害の種類や程度は幅広い。最終的に、基本的な表記の仕方を理解して自分の意思を表現できる点字の読み書きを身に付けられる場合もあるし、自分の文字としての点字の読み書きの獲得には至らない場合もあろう。しかし、児童生徒の実態は変化するものであり、障害の種類や程度を把握するとともに、その折々の実態に応じて、点字という「自分の文字」の獲得に向けた支援は必要である。

　点字の読み書きの習得については、基本的には、第4章・第5章で述べたとおり、準ずる教育課程での学習を行っている児童生徒のプログラムと同様である。小学部第1学年国語点字教科書に追加されている「点字導入編」の題材を参考に、より実態に合わせてスモールステップにするなど教

材を工夫してほしい。これも実態によるが、通常の大きさの点字では触読が難しい場合は「大点丸」などのやや大きめの点字で提示したり、タックシールなどの刺激の強めの点字で提示したりすることが有効な場合がある。

　点字導入の前にはそのレディネスが大切なことは言うまでもなく、第2章・第3章を参照してほしいが、レディネスがすべて整ってからでないと点字を学べないという固定的な考えではなく、点字を学ぶなかで、手指の感覚の発達や触察の力、両手の協応性が育ってくることもある。点字の導入をどうするか、どの時期に行うかは、児童生徒自身・保護者の願いをくみ取りつつ、担任を中心に担当者会をするなどして、専門的な見地、QOLの見通しなど多面的な検討を行い、柔軟な姿勢で臨んでほしい。

　自立活動の時間の指導で点字の読み書きの学習をしている場合、それ以外の教科・領域を合わせた指導のなかで、実態に応じて点字に触れる経験を設定してほしい。墨字の場合は目につくところに文字があるが、点字の場合は設定しなければ触れることなく過ぎてしまうからである。給食の献立表や歌詞など、児童生徒の興味関心があるものを一緒に読んだり、児童生徒の気に入りのものの名前を書いたりするなどの活動もよい。

　教科・領域を合わせた指導のなかで国語的な内容を取り上げて指導する場合は、先に述べた小学部低学年から中高等部までの配慮事項と同様の配慮で、よりスモールステップに分けた教材を工夫して実施すればよい。

　また、障害の種類や程度によっては、最終的に点字の読み書きには至らない場合がある。それでも、学校生活のなかで触ったところに点字があるような環境があるとよい。例えば、自分の席であることを示す机の点字シールは、氏名を書いてもよいが、点の数が多くて触りづらい場合は、単純な ⠿⠿⠿ の線がわかりよい。朝の会などで、日課として点字カレンダーを触ったり、⠏⠿　⠏⠿ と書いたシールを貼ったりするなど、触ったところに点字があり、点字に触れて心地よいと思うような経験をもたせられるとよい。自分のマーク、文字の前段階の記号として触れる活動を大切にしたい。ただし、これも第2章・第3章で述べているとおり、実際の事物に触り、触ったものに対しての認識を深める経験がまず重要であることは言うまでもない。

　点字の読み書きがやや進めば、自分の書いた文字を読んでもらったり、友達からの手紙を読んだりすることが喜びにつながる。「読めたね」「書けた！すごいね」などの言葉かけをし、自信につなげてほしい。ただし、言

葉として知っていることと実際の事物がつながっていることを絶えず確認することが大切で、点字の読み書きとともに言葉を育てる気持ちで支援することが大切である。

　このように、自分のマークとして点字に触れて親しむ段階から、基本的な分かち書きや表記符号を理解して、点字盤で日記などを書いたり物語文などを読んだりできる段階まで、幅広い児童生徒の実態に応じて、各教科・領域を合わせた指導全般のなかでの支援を期待する。

第2節　社会科における配慮事項

　社会科で使用する教科書やその他の教材の点字表記は、原則として一般に用いられるそれと同一であり、教科の指導内容に関連した特別な規則は存在しない。しかし、社会科の点字教科書は掲載内容が非常に多く、構成も複雑である。また、図表も多数収録されており、とりわけ地図の読み取りの指導には特に配慮が必要である。そこで本節では、点字を使用する児童生徒が触地図等を含めた教科書の内容を十分に理解し、社会科の学習を効果的に進めるために必要となる指導上の配慮事項について解説する。

1　点字教科書の概要と指導上の配慮事項
(1)　全体像の把握と詳細の確認

　社会科の教科書は、本文、資料、図表、注釈など様々な要素によって構成されており、学年が上がるにつれて分量も大きく増加していく。原典教科書では見開き2ページに収まる一つの単元を点字にすると、30〜40ページになることもある。このような教科書を使って効率よく学習を進めていくためには、盲児童生徒自身がまず単元全体の掲載内容やレイアウトのイメージを持ち、その上で必要なページを素早く開いて詳細を読むという習慣を身に付ける必要がある。

　例えば、文部科学省著作教科書（以下、「著作教科書」という。）の中学部社会科では、掲載内容の全体像の把握のしやすさと検索性を考慮して、各単元の冒頭に構成を示したページを設けている。このページに教科書付属のしおりを挟んでおけば参照したいページを効率よく探せるので、そのような習慣が身に付くように支援するとよい。

　また著作教科書では、資料だけを巻末にまとめたり、資料や法令、統計データ等を特定の巻にまとめたりといった編集上の工夫がなされているため、教科書全体の構成を最初に把握しておくことも重要である。

(2)　図表の取り扱いについて

　点字で書かれた図表の読み取りにおいては、指先から得た情報を継時的に認識し、その情報を頭の中でつなぎ合わせて全体像を理解する必要があり、視覚と触覚では情報処理の過程に大きな違いがある。そのため、幼・小学部から高等部の各段階において、図表の読解を目指した計画的・系統

的な指導を行う必要がある。また、点字で書かれた図表の読解には多くの時間を要するため、じっくりと触って内容を理解するための時間を十分に確保するとともに、教師が適宜言葉による説明を加えながらスムースな読み取りを促していく必要がある。具体的な指導方法や、図表教材作成の留意事項等については、第7章を参照されたい。

　社会科の点字教科書に、多くの図表が掲載されている。著作教科書では、「図の説明」「表の説明」といった見出しで、凡例や数値の単位等が図表の前に示されているので、それらを最初に読んでから、実際の図表を読むことが重要である。凡例はできる限り覚えるように指導するが、忘れた時には凡例のページに戻り、確認した後改めて図を読むという作業を練習することが必要である。ただし、授業内容の理解を優先する場合には、凡例の内容を教師がその都度読み上げ、児童生徒はそれを聞きながら図表を読む方が望ましい場合もある。

　著作教科書における図表の編集上の配慮としては、以下のような例が挙げられる。

　まず、グラフや表は、紙面の制約と読み取りの負担軽減のために、項目数を最小限に精選している。また、帯グラフや円グラフは基準点が明確に定まらず、領域の比率も読み取りにくいため、数表化するのが一般的である。他にも、情報量の多い複雑な地図を複数枚に分けて表現する、凹点を効果的に活用して基準線や海を表現するなどがある。なお、雨温図や人口ピラミッドなどは、図全体の形をとらえると特徴がイメージしやすく、類似の図との比較もしやすいため、数表には置き換えず、あえて触図として掲載されることが多い。

　また、中学部の著作教科書では、検索性を高めるための工夫として、大きな表にまとめられた統計資料を、見開き2ページではなく、左ページの左側にもページを連結して表現している例がある。一見、非常に複雑で解読しにくい表に思えるが、生徒が全体のレイアウトや表記の法則を一度理解すれば、様々な視点で主体的・意欲的に情報収集をすることのできる教材となる。なお、左ページの左側にあるページは、厚みのある下敷きなどを添えると読みやすくなる。

　一方、著作教科書では図やイラストを省略して説明文に置き換えることも度々ある。そのような場合には、実物や模型等を補助教材として用いたり、体験活動を取り入れたりしながら、視覚的な情報を補う工夫が必要と

なる。また、原典教科書で多用されているイラストなどは、学習内容を予想したり臨場感を持ったりする手がかりとなる場合があるため、それらを補うために教師が補足の説明を加えたり、テレビ番組のような効果音付きの視聴覚教材を活用することなども有効である。

2　地図の指導における配慮事項

　社会科では、小学校学習指導要領において地図帳の使用が第3学年の目標に示されるなど、教科の中での地図活用の重要度は大きい。著作教科書においても、小学部第3学年から多数の触地図が掲載されており、盲児童生徒はそれらを使って学習を進めていくことになる。

(1)　触地図表記の概要

　触地図に含まれる記号としては、主に以下のものがある。著作教科書では、1つの地図にこれらの記号が複数含まれており、また、多くの地図が線状記号による複雑な形の閉合図を有している。

・領域記号：建造物や水面などの一定の領域を表すための面状の記号。例えば、点状模様（凹点を含む）、縞模様など。

・線状記号：線路または境界線などを表現するための線状の記号。例えば、実線、点線、破線など。

・地点記号：長さや面積を省略した、建造物などの設置されている地点や種類などを表現する図形的な記号や文字。例えば、点、〇印、×印など。
　触地図作成にあたっての工夫点には、主に以下のものがある。

・メルカトル図法やミラー図法など、方位が直交する図法で北を上側に配置して描くことが望ましい。

・地図の範囲を示し、地図そのものと別の情報とを区別するために枠線で囲む。

・世界地図ならば日本など、基準点を示す。また、基準点を容易に見つけられるような配慮をする（手掛かりとして海や半島の名称を付加するなど）。

・地名等の文字が地図上に収まらない場合の略称は、頭文字など直観的に理解しやすい表現とし、凡例はできるだけ地図と触り比べやすい位置に配置する（地図の上部や見開きページの左側など）。

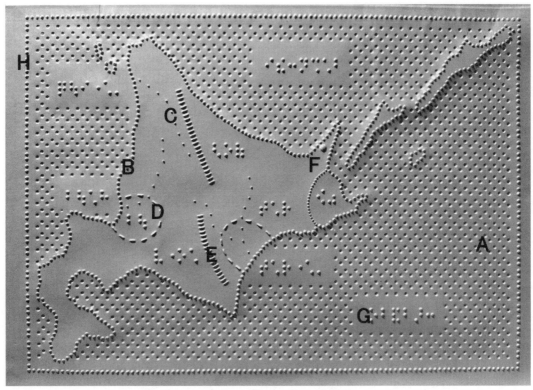

図 8-2-1　触地図の掲載例

```
A：領域記号（点状模様・凹点）…海
B：線状記号（実線）…海岸線
C：線状記号（点線）…川
D：線状記号（破線）…平野
E：線状記号（縞線）…山脈・山地
F：地点記号（点）…地名
G：点字
H：枠
```

※文部科学省著作教科書『特別支
援学校小学部視覚障害者用　社
会 5-1』、p.111（令和２年３月
発行）

(2) 触地図読解にむけた指導

　前述の通り、点字を使用する児童生徒にとって触図の読み取りは決して
容易なことではない。しかし、言葉による説明だけでは十分な地図イメー
ジの形成につながらないため、実際に地図を触りながらその全体や詳細を
把握し、より深い学びを目指していく活動が必要となる。盲児童生徒が複

雑な地図を正しく読み取れるようになるためには、空間概念や基本的な触察力、基本図形の弁別力などに加えて、主に以下のような力を系統的に身に付けることが求められる。

　幼稚部から小学部低学年の段階では、まず、両手に収まる範囲の空間と、それを図に表したものの対応関係を直観的に理解できるように支援する。例えば、給食のトレイの中の食器類の配置を単純な触図で表し、実際のトレイと触図を机に並べて触り比べながら、両者の食器類の配置が同じか違うかを考えたり、図に合わせて実際の食器類を並べ替えたりする活動を行う。なお、この触図は、各学校で決めている給食の配置に合わせて作成するとよい。

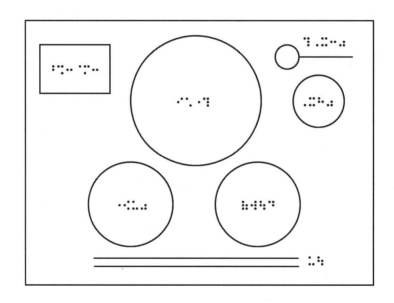

図 8-2-2　導入教材の例

　生活科で町探検の単元を学習する際には、まず学校の周りを実際に歩き、手で触れたり教師の解説を聞いたりしながら、道沿いの公共施設や店の名前と位置関係、道の勾配などを把握する。その後、教師が用意した立体地図教材にシールを貼る活動等を行い、頭の中に描いた地図イメージを具体的に表現してみる。このように、1枚の地図上に表された広範囲の情報を、全体像と細部の両方に注目しながら読み取っていく力を、自身の経験と結びつけながら時間をかけて丁寧に指導していく。

触地図の初期指導は、自立活動における歩行指導の中でも取り扱われる。例えば、教室に見立てた箱の中に、机やロッカー、教卓などの模型、または、それらに見立てた積み木などを並べて、教室内の配置を表現してみる。模型や積み木を厚紙や棒磁石などに置き換える活動を通して、立体・面・線の関係性に気づき、触地図読解の基礎を段階的に身に付けていく。地図の範囲を教室から校舎、学校全体、身近な地域へと広げ、自身が歩いて感じた距離感や方向、地形の様子などを地図模型や触地図と照らし合わせながら、縮尺や方位などの概念も養っていく。

また、地図特有の複雑な表現を理解する力を育てることも必要である。図の触察方法を学ぶ代表的な教材として、小学部算数科の著作教科書に「触って学ぶ導入編　さわってみよう！」がある（詳細は第8章第3節参照）。しかし、この教材は基本図形を中心に構成されているため、児童生徒の発達段階や興味・関心に合わせた自作教材を加えながら、複数の記号や閉合図を含んだ触地図の読み取りに必要な技術を指導することが求められる。

(3) 触地図を用いた学習時の配慮事項

最後に、盲児童生徒が実際に触地図を読み取る場面で必要となる指導上の留意事項について述べる。

社会科の著作教科書における触地図の表現方法は、学年が進むごとにその難易度が上がるわけではなく、小学部中学年の教科書にも複雑な地図が多く掲載されている。そのため、地図の読み取りに慣れていない児童生徒に対しては、教師がより単純な触地図を作成する配慮が必要な場合もある。

地図の読み取りにおいて重要なことは、Aという特定の地点が周辺の情報との関係においてどこに位置するのか、また、A地点からB地点へは何を手がかりに移動できるのかといったことを、児童生徒が試行錯誤しながら主体的に理解していくことである。そのためには、地図から読み取れた情報を言語化し、その言葉と同じように指を動かしていく活動を促す必要がある。したがって、教師が児童生徒の指を取って動かしたり、必要な地点だけを触らせるといった支援では不十分である。

第3節　算数・数学科における配慮事項

　点字数学記号としての表記体系は、触読の特性を生かすために、墨字とは異なる様々な表現がなされている。そのため、数式を処理する際の手指の使い方（触読の仕方）などについても学習する必要がある。また、点字を用いて学習する場合、言葉によるコミュニケーションも重要になることから、数式の読み方の学習も重要である。さらに、ノートなどに学習を記録する場面では、触読において探索性の高い、すなわち、後から読み返し（見直し）をしやすいレイアウトやマス空けなどを指導することが必要である。

　点字の数式は、通常の日本語の点字体系とは異なり、アルファベットに属する体系であるので、一般の日本語文の中に数式を表現するときの扱いや、数式の内部に仮名や漢字などの日本語が含まれる場合の書き方についても注意が必要である。

　数式の点字表記としての大きな特色は、左から右へ順に読み取っていく、継時的な一列の表現であるということである。そのため、墨字において文字の大小の差なく横一列に表現される数式はもちろんのこと、二次元的に配列されている分数、根号や添え字のあるもの、順列・組合せ、lim・Σ・∫などの形式の場合も、点字では主たる表記が横一列の表現になっている。したがって、読み取った点字情報を基に、その意味も考えながら、頭の中で数式の内容を描く必要がある。例えば、分数や右下・右上の添え字などは、基準となる要素と位置の異なる付随的な要素を識別した後に、その全体としての配置とその意味を考えることになるのである。

　また、点字数学記号の指導は、算数及び数学の教科指導において、教科書などに新しい点字記号や点字表記が出てきた順に行っていくことが大切である。

　なお、点字数学記号の使い方や表記上の留意事項については、日本点字委員会編集・発行の「数学・情報処理点字表記解説　2019 年版」（令和元年 11 月）を参照されたい。また、点字教科書を用いる学習者への配慮については、文部科学省が点字教科書を編集・発行する際に示す「点字教科書編集資料」を参照されたい。

1　算数の点字記号の概要と指導

　小学部段階での算数における点字記号の指導は、数の認識や計算、分数、比、単位など、基本となる点字記号の使用にとどめることを原則としている。

(1)　数字の書き方の指導

　小学部では、点字表記とともに概念の形成が大切であり、具体物、半具体物を用いた体験活動から、実感を伴った数の理解、そして点字表記につなげていくことが不可欠である。点字の数字の表記に必要な位取り記数法については、例えば、「⠼⠃」（12）と書くべきところを、音読に引かれて「⠼⠁⠚⠃」（102）と書いてしまう児童がいると考えられる。このような場合は、ブロックで数を構成する活動をしたり、そろばんを用いて十の位、一の位の部屋が分かれている状態の中で数を置いたりする活動などを通して、数の理解を促し、正しい数字の表記につなげることが大切である。また、数の後の仮名文字と第1つなぎ符の用法が理解できていないために、「⠼⠁⠚⠋⠴」（10エン）と書くべきところを「⠼⠁⠚⠋⠴⠴」（106ン）と書いてしまう児童もいると考えられる。したがって、算数の時間だけでなく、国語の指導とも合わせて正しい数の書き方、助数詞の書き方ができるよう繰り返し指導していくことが大切である。

(2)　算数記号とマス空け

　数式における数字等と加減乗除の記号や等号などは、その前後を続けて書くのが原則である。マスを空けると「－」や「×」を仮名文字の「ヲ」や「カ」と誤読してしまう危険性があることに注意する必要がある。

(3)　分数の表記

　分数については、墨字の表記と異なり、分数囲み記号を伴って、⠼分子⠌分母⠼　と一列に書く。また、帯分数は

「⠼⠉⠼⠁⠌⠃⠼」（$3\frac{1}{2}$）のように書き、整数部分の直後はマス空けをしない。ただし、読むときには、通常は（整数部分・「と」・）分母・分子の順に読むということも合わせて指導する必要があり、また、「分数線の上下で約分する」などの「分数線」の表現や意味にも注意が必要となる。

　なお、数学及び理科系以外の教科において、数字だけからなる分数を書き表す場合は、分数囲み記号 ⠼ ⠼ を省略してもよいこととなっている。

　視覚に障害がある幼児児童は、視覚を活用して一つのものを同じ大きさに分けることが困難であり、生活の中でもそのような経験がないか、又は非常に少ないことが多い。分数を学習するにあたっては、点字表記の学習の前に一つのものを等分し、分けられたものの大きさが同じであることを確かめたり、それらを合わせて元に戻したりする体験的な活動を行い、分数の意味を理解できるよう丁寧に指導することが大切である。分数を学習するための教具は多くの種類が市販されているが、幼児のおままごと用の玩具を用いたり、折り紙を折って切ったりする活動なども効果的である。

　また、通分や約分を伴うやや複雑な分数の計算の場合には、両手を使って点字を読み取る力や記憶する力も必要となる。数学においてより複雑な数式の理解につなげていくために、小学部段階からの丁寧な指導が不可欠である。

（4）　単位の扱い

　数式中における単位については、算数・数学、理科ともに、日本語ではなくアルファベットによる表記を基本とし、外字符 ⠰ を前置する。小学部における本格的なアルファベット表記の指導は、第3学年のローマ字の指導からとなっているが、算数では第2学年からアルファベットの単位の学習が始まる。点字表記の指導としては、第2学年の算数に出てくる「cm」や「m」をはじめ、第3学年以降に出てくる「g」や「kg」、「cm²」、「m²」などの単位などを、単に記号の説明と意味だけでなく、「⠰ の後はアルファベットである」ことも、教科を越えて指導すると、他の単位やローマ字の学習へと結び付くことになる。しかし、この場合、児童の実態を十分に考慮した上で、指導内容を決定することが大切である。

　なお、式中の漢字や仮名の単位は、

⠰⠂⠦⠤⠦⠤⠦⠤⠦⠤⠦⠤⠦⠤⠦⠤⠦　（1メートル＝100センチメートル）のようにその部分を「言葉を囲むカッコ」 ⠦ ⠴ で囲み、アルファベットや数字と区別する。

　また、高等部の理科分野では、単位を明確に示す必要がある場合に単位カッコを用いる場合がある（第8章第4節1（4）を参照）。

2　数学の点字記号の構成と指導

(1)　数式の把握

　中学部からの数学においては、単純な数字であっても数学的な用法であれば数式として扱うことから、日本語文の中に現れる数式を識別することがまず必要になる。また、数式中に現れるアルファベットも増えることから、数字に続くアルファベットの書き方についても、数字の直後に数字と同形であるaからjまでのアルファベットの小文字が続く場合には外字符 ⠰ が必要なことにも注意しなければならない。例えば、$3x = a + 2b$ の数式の場合、x と a には外字符を前置する必要はないが、数字の直後の b の前には外字符 ⠰ を置き、⠼⠉⠭⠶⠁⠐⠖⠼⠃⠰⠃ と書く必要がある。

(2)　視覚的な表現と点字による表現の違い

　数式における視覚的な表現と点字による表現の違いで特に重要なのは、視覚でとらえる場合には二次元的に広がりのある表現がしばしば用いられるのに対して、点字では、触覚により継時的にとらえる一列の文字列によって表現することを基本としていることである。そのために、点字の数式を構成している「要素」は何か、そして、一列の流れの中のどこからどこまでが何の構成要素となっているのかを、正確に把握する指導が必要である。

(3)　根号

　根号 $\sqrt{}$ の点字符号は ⠸ である。ただし、一般の根号記号ではその横線を延長して根号の範囲を示しているのに対して、点字では ⠸ の直後の「1要素」（正負の符号が付かない数、正負の符号が付かない文字、囲みの記号で挟まれた部分、分数及び分数式、右下に添え字のあるもの、ダッシュ（プライム）のあるもの）だけが根号の中の部分であると考え、文字や記号が連続していても、最初の1要素以外は根号の外と判断している。根号の中が複数の要素の場合には、それらをブロックカッコ ⠦ ⠴ で挟んで全体を1要素と見なせるように表現する必要がある。

(4)　右下・右上の添え字

　墨字の数式における添え字を点字で表す場合には、基準となる要素の後

に、右下の付随的な要素の前置符号 ⠼ や右上の付随的な要素の前置符号 ⠘ を置いて、それぞれ直後の1要素のみが添え字として扱われる。添え字部分が複数の要素の場合（(3)に記したように、「－1」も正負の符号が付いた数であるから、複数の要素である。）は、それらをブロックカッコ ⠣ ⠜ で挟んで、全体を1要素と見なせるように表現する必要がある。また、高等部の数学では、右下の添え字として一桁の数字が出てくることがよくある。右下に添えられた文字が一桁の数字の場合に限り、a_2 を ⠁⠢⠆⠔ のように下がり数字を用いた略記法で表されることも多い。また、右上の添え字として累乗を表す指数が頻繁に出てくる。その中で、2乗と3乗を表す場合に限り略記法が用いられ、2乗は ⠘⠆、3乗は ⠘⠒ と表されることにも留意する必要がある。

3　算数・数学における点字学習上の配慮事項
(1)　日本語の点字と数式の点字との違い

　まず、日本語の点字と数式の点字とは、同形の点字も多いが用法は全く異なる。数式においては、基本的に使用する文字の種類がアルファベット系列である。そのため、数符から始まる場合を除き、数式には数式指示符 ⠼ を前置するが、外字符と同形であるので、数式なのか単なるアルファベットなのかを判断することが必要である。

　また、数式中に日本語を書くときには、日本語の部分を「言葉を囲むカッコ」 ⠦ ⠴ で囲まなければならない。これは日本語点字表記の第1カッコと同形であるが、当然ながら用法は全く異なる。数式中の小カッコ ⠦ ⠴ も、日本語点字表記の外国語引用符と同形であるが、全く別の記号である。

　さらに、同じ点字数学記号の中であっても、根号や添え字などで、一般に線の長さや文字の大きさ、又は位置によって表現している一つの要素の範囲を点字で示す場合は、「ブロックカッコ」を使用するが、これは数式中の小カッコと同形である。

　なお、1(3)でも記したとおり数学及び理科系以外の教科において、数字だけからなる分数を書き表す場合は、分数囲み記号を省略してもよいこととなっているが、それは、数学や理科においては数式等の表現が正確であることを重視しているのに対して、一般の日本語点字表記では、記号のマス数をできるだけ少なくし、読み速度にも影響しないようにしているた

めである。このように、表記がなぜ異なるのかの意味について考えさせることも必要である。

(2) 数学用語と漢字の意味との関連付け

　特に算数段階における用語の説明については、児童の興味を喚起し、探究心を育むようにすることが大切である。例えば、「小数」の「小」は、「少ない」ではなく「小さい」であること、「分数」の「分」は、時間の単位の「分」と同じ「分ける」意味の漢字であること、丸い「円」は、「通貨の100円」の「円」と同じ漢字であり、大昔の通貨が円形を基本としていたことと関係していることなどのように、数学用語と漢字の意味とを結び付けて指導することが効果的である。

(3) 数式の書き方の指導

　ノートに数式などを記述・記録する際には、読み直しがしやすく、探索性が高いレイアウトなどの指導も重要である。

　数式の特徴をとらえることの重要性は前述のとおりであるが、式の構成要素や関係などを正確にとらえられるようになるためには、短期的な記憶力が必要である。その力を育てるためにも、要素を意識して読み上げる練習や書き留める練習が有効である。学習者の習熟度に合わせて、一度に意識する量に配慮できると、より効果的である。

　後から読み返しやすい記録を作成する際には、式変形では ＝ の前での改行や、式のまとまりを同じ行で確認できるよう意識的に改行することなどが重要である。また、文章中の式を探しやすくするための工夫として、独立した式を3マス目や5マス目から書く工夫や、式の後のマス空けなどの工夫も指導できるとよい。後から読み返しやすい記録の取り方については、点字学習者にもその意義を理解させる指導も大切である。

(4) 墨字による数式の表現の把握

　点字の数式の取り扱いに十分に習熟した学習者には、墨字を使用する学習者と共に学習する場面などを踏まえて、点字の継時的な一列の表現として読み取った数式を、墨字では2次元的にどのように表現されているのかを頭の中で思い浮かべたり、表面作図器で表現したりするなど、点字の表現と墨字の表現の相違を伝えることも、数式への理解を深め、数学への関

心を高める上で有効である。

4　触察の基礎となる教材

　文部科学省では、小学部算数科第1学年の点字教科書において、原典とする第1学年の検定済教科書の内容に基づく第1巻に先立って、触運動及び触覚による認知の基礎的練習のための教材として「触って学ぶ導入編」を独立して示している。

　この中では、

　　　○　触運動を制御して滑らかな指たどりができるようにすること。
　　　○　手指を協調させて、図形などの触覚的観察能力を高めること。
　　　○　円、三角形、四角形など基本図形のイメージを明確にすること。
　　　○　向こう（上）、手前（下）、左、右、左向こう（左上）、左手前
　　　　　（左下）、右向こう（右上）、右手前（右下）の8方向を明確にする
　　　　　こと。

を主なねらいとして、基本的な図形の弁別、曲線と直線の弁別、基準点と方向の認識、交差する複数の線の弁別などに関する触察教材を収録している。また、円、三角形、四角形の弁別に関する冒頭の教材は真空成型器（サーモフォーム）によるものであるが、これは、面として表される図形から輪郭のみで表される図形へ、さらには輪郭が点の集合体として表される図形へと移行することを考慮している。

　これらの触察に関する技能の習得により、算数・数学の内容理解においても、より複雑な図形の認識、表やグラフの形状の認識につながっていくほか、正しい形状を理解した上での作図や描画につながっていく。

　なお、実際の指導に当たっては、本教材に限定せず、具体的な教具を用いたり児童の発達段階に合わせた教材を補ったりして効率的な学習を展開する工夫が必要である。また、本教材で取り扱う内容のすべてを最初に指導しなければ、算数科の指導ができないというものではないことに留意する必要がある。

5　算数・数学における図表の扱い

　算数・数学においては、表や図形、グラフなども多く取り扱われる。目で見る場合には、それらの全体像を確認した上で、必要な部分に注目できるが、手で触る場合には、指先から得られる情報を頭の中でつなぎ合わせ

て全体像をとらえていくこととなる。そのため、全体の構造や外形などをとらえやすくなるような配慮が必要である。

　例えば、表であれば、縦と横（行と列）の構造をとらえやすいものがよい。特に、小学部の段階では、3行×3列などの要素数の少ない表から始めて、行と列の関係を意識して触る練習が必要である。

　平面図形については、外形を正確にたどれる図を準備することが不可欠である。なお、外形をたどって形を認識できるよう、点字教科書では線分の長さが等しいことを表すマークなども、辺に交差させずに表されている。また、原典とする検定済教科書ではあえて斜め向きで表された図形が掲載されることもあるが、そのまま触図にすると図形の特徴が捉えられなくなる。触図にする場合は、1本の辺など、基準になるものを水平や垂直に描くこと、複数の図形を比較する課題では図形の向きをそろえることなども大切な観点である。

　立体図形については、墨字で表現する場合には見取図が多用されている。しかし、見取図は立体を俯瞰した図であり、立体を触って得られる情報とは異なるため、そのまま触図にしても立体図形として読み取ることができない。そのため、点字教科書では投影図や展開図、断面図などで表現している。ただし、どの図においても、平面図から立体図形をイメージすることは容易ではなく、実物を用いた活動の積み重ねが不可欠である。

　グラフについては、小学部や中学部段階では、方眼の上に描かれることが多く、点字教科書では方眼を裏線で表現することで、グラフそのものがとらえやすくなるように配慮されている。ただし、原典とする検定済教科書の方眼の数をそのまま触図にすると、一目盛りが小さくなってしまい、指で目盛りの数を数えられなくなる点に留意する必要がある。小学部や中学部段階では、方眼の一目盛りの大きさを1.5cm程度にすることが理想である。また、中学部の後半や高等部段階になると、グラフの概形から情報を読み取るなど、必ずしも方眼で目盛りを数える必要がなくなってくる。その場合には、必要な情報を精選して触図にすることが大切である。また、複数のグラフが一つのグラフ用紙に一度に表されていることもある。特にグラフが交差する場合には、グラフが多く描かれているとそれぞれのグラフをとらえられなくなる。何本以上になるととらえづらいのかという点については、グラフの交差の状況や児童生徒の触図の経験にもよるため一概には言えないが、点字教科書では一つのグラフ用紙には、3本以上のグラ

フを描かないように配慮されている。

　また、二つの図形が交差したり、2本以上のグラフが交差したりする場合に、どちらの形状もとらえづらくなってしまう場合や、主となるものがあり、その形状をより正確に認識させたい場合には、片方の線の点を抜くという手法を用いることもある。その場合にも、交点とその前後の線の動きを正しく認識し、二つの図形等を認識できるよう、基本的な図形を正確にとらえる練習が重要である。

　加えて、表や図形、グラフの特徴を正確にとらえるためには、これらを提示する際には児童生徒の体の正面に置き、両手で触るように指示することが重要である。両手の使い方については、提示物によって変わってくるが、基準点を意識しながら全体をとらえられることや読み取るべき情報をどのように認識させるかによって工夫が必要である。

　なお、触図化の方法を含めた触図についての詳細は、第7章「図形触読の学習」、日本点字委員会編集・発行の「数学・情報処理点字表記解説2019年版」（令和元年11月）の第2部10.3「図」及び文部科学省が点字教科書を編集・発行する際に示す「点字教科書編集資料」を参照されたい。

6　筆算と珠算・そろばん

　小学校学習指導要領では、第2学年以降で筆算を扱っている。点字を用いて学習する児童に対しても、筆算の原理を指導することは、計算の進め方を理解し思考に活用しようとする態度を育て、2次元的な縦・横の関係を活用した思考や考察の力を養う意義がある。しかし、盲児が実際に点字を用いて筆算を行うことは、計算を正確に速く行うための手段としては実用的ではない。

　点字を用いて学習する児童にとって、筆算に代わる計算方法としては、視覚障害者用のそろばんを用いた珠算が最も適切であるといえる。珠算では、位を揃えて数を置き、珠を操作し、位取りを確認しながら数を読み取ることが必要となる。このことは、十進法の仕組みの理解につながっており、そろばんは数概念の指導や数の導入期の指導においても活用可能な教具であるといえる。

　また、一般のそろばんでは、利き手の親指と人差し指の二指で操作するのに対し、視覚障害者用のそろばんでは、両手の親指、人差し指、中指を用いて操作し、「六指法」と呼ばれる。したがって、珠算による計算技能

を習得するためには、珠算が必要になる以前から、適切な指遣いができるよう見通しを持って計画的に指導を開始し、そろばんを操作する力を身に付けておく必要がある。そして、練習に繰り返し取り組むことにより、運指に習熟することが大切である。さらに、単に数の操作のみに陥らないように、数量の感覚を持つことが大切であるとともに、そろばんを用いなくても計算できる暗算の力を育てることも必要である。

　このことから、文部科学省では、小学部算数科第2学年の点字教科書において、「珠算編」を独立して示している。また、児童生徒の技能の取得や向上を評価する機会として、全国盲学校長会主催の「全国盲学校珠算競技大会」が隔年で開催されており、小学部及び中学部の児童生徒を対象として、読上算・読上暗算・乗算・除算の4種目の総合成績による競技を行っている。加えて、日本商工会議所の主催による「視覚障害者珠算検定試験」も毎年実施されており、点字・墨字別にAクラス（最上級、一般の珠算検定試験の3級に相当）からFクラスまでが試験種目として設定されている。

　なお、視覚障害者用のそろばんは、試験等を受ける際には解答に必要なものとして点字器や拡大読書器などと同様に扱われていることが多く、その持込や使用にあたっては事前の申出が必要となる場合はあるものの、その可否が問われるものではないことに十分留意する必要がある。

第 4 節　理科における配慮事項

1　理科の点字表記の概要

　　理科で記される文章は、基本的には、日本語の点字表記（『日本点字表記法　2018 年版』）と、算数・数学の点字表記（『数学・情報処理点字表記解説　2019 年版』）により表記されるが、これに加えて、化学式や化学反応式の点字表記など、理科に特有な点字表記がある。したがって、理科の学習における点字学習指導としては、日本語の点字表記及び算数・数学で学ぶ数式の点字表記を基礎としつつ、教科特有の表記について、学習内容と関連させながら習得できるよう指導していくことが大切である。

　　なお、理科の点字表記の詳細や留意事項については、日本点字委員会編集・発行の『理科点字表記解説　2019年版』を参照されたい。

　　以下、理科の点字表記の概要について解説する。

（1）物理分野の点字表記

　　物理分野で扱う式の点字表記は、算数・数学の数式の点字表記に準じて表記する。

　　Ｖ＝ＲＩ

　　電圧＝抵抗×電流

　　電圧 ［Ｖ］＝抵抗 ［Ω］ ×電流 ［Ａ］

　　３Ｖ＝３０Ω×０．１Ａ

　　３＝３０×０．１

（2）化学分野の点字表記

　　元素記号を用いて、物質を構成している元素の種類と数を表す「化学式」や、化学反応を化学式の組み合わせで表す「化学反応式」の点字表

記は、日本語の点字表記や算数・数学の点字表記とは異なる体系で表記される。元素記号は、英文字の大文字一文字、または、大文字一文字と小文字一文字からなり、現在、確認されている全ての元素の記号はこの規則に従っている。化学分野での点字表記は、このような元素記号についての共通理解を前提として、点字による化学式をできるだけ煩雑にしないように考案されてきた。化学分野では、化学式や化学反応式が頻繁に用いられることから、化学式の点字表記は、少ないマス数で表記できるように、特に、大文字符や「下がり数字」の表し方に特徴がある。算数・数学の数式とは異なる点字表記であることに留意しながら、系統的に指導する必要がある。

ア　化学式や化学反応式の点字表記

化学式の元素記号は英文字で表す。しかし、それぞれの元素記号に外字符 ⠰ や大文字符 ⠠ を付けることはしない。化学式の始まりを明確にするために、化学式の最初には、化学式の指示符 ⠰ を付ける。なお、化学式が元素記号から始まる場合には、最初の元素記号のみ、大文字符 ⠠ を付ける。また、墨字で右下の添え字として書かれている化学式の原子数は、点字では元素記号の後に数符なしの「下がり数字」で表す。

H_2O

□□⠰⠠⠓⠆⠕

化学式中の小カッコ（　）は、数式で用いる ⠦　⠴ ではなく、⠣　⠜ を用いる。

$Ca(OH)_2$

□□⠰⠠⠉⠁⠣⠕⠓⠜⠆

一般文章中に化学式を書き表す必要がある場合にも、化学式の点字表記を用いる。文中では化学式の前は一マス空け、後ろの仮名との間も一マス空ける。

工場からのCO_2の排出量に留意する。

コージョーカラノ□⠰⠠⠉⠕⠆□ノ□ハイシュツリョーニ□リューイ□スル。

化学反応式では、最初の化学式が元素記号から始まる場合には、この最初の元素記号のみ、化学式の指示符と大文字符を付ける。また、化学式に係数がある（化学式の前に数字が付いている）場合には、化

学式の指示符は付けず、係数の直後の元素記号のみ、大文字符を付ける。なお、化学反応式中の ＋ や → などの記号は、その両側を一マス空けて表記する。これは、化学反応式中で一マス空けずに一続きに書かれていると、原子数を表す「下がり数字」として誤読されるためである。小カッコ（　）に ⠿ ⠿ ではなく、⠿ ⠿ を用いるのも同じ理由からである。これらの表記は、算数・数学の数式の点字表記と異なる点であるので、注意して指導に当たる必要がある。

$C + O_2 \rightarrow CO_2$

⠿⠿⠿⠿⠿⠿⠿⠿⠿⠿⠿⠿⠿⠿⠿⠿

$2H_2 + O_2 \rightarrow 2H_2O$

⠿⠿⠿⠿⠿⠿⠿⠿⠿⠿⠿⠿⠿⠿⠿⠿⠿⠿⠿⠿

　次の化学反応式は1行に書ききれないため、1行目の最後に式継続符 ⠿ を付して2行目に続けている。2行目は ＋ や → などの記号から始める。生徒がノートに化学反応式を書く際には、1行にどこまで書くことができるのか見通しをもたせながら指導することが重要である。読み取りに際しても、2行にわたって書かれていることなどに注目させ、化学反応式の全体像が把握できるよう、丁寧に指導する必要がある。

$H_2SO_4 + Ba(OH)_2 \rightarrow BaSO_4 + 2H_2O$

⠿⠿⠿⠿⠿⠿⠿⠿⠿⠿⠿⠿⠿⠿⠿⠿⠿⠿⠿⠿

⠿⠿⠿⠿⠿⠿⠿⠿⠿⠿⠿⠿⠿⠿⠿⠿

　次の例は、物質名が日本語で表されている場合の化学反応式の表記である。日本語部分は ⠿ ⠿ で囲んで表し、この場合も前後は一マス空けるようにする。

水素＋酸素→水

⠿⠿⠿⠿⠿⠿⠿⠿⠿⠿⠿⠿⠿⠿⠿⠿⠿⠿⠿⠿⠿⠿

　次の例は、イオンの記号を含む化学式の表記である。墨字で右上の添え字として書かれている ＋ や － の記号は、点字では元素記号の後に ⠿ を書き、その後に続けて ＋ ⠿ や － ⠿ を必要数書く（4価以上のイオンを表す場合には、別の表記となる）。

$H_2SO_4 \rightarrow 2H^+ + SO_4{}^{2-}$

⠿⠿⠿⠿⠿⠿⠿⠿⠿⠿⠿⠿⠿⠿⠿⠿⠿⠿⠿⠿⠿⠿

イ　構造式や示性式の点字表記

　構造式は、原子の結合の様子が分かるように書かれたものであり、点字では、価標（線）や点字価標記号と点字を用いて表記される。一方、示性式は、原子団の組み合わせが分かるように書かれたものであり、点字のみで表記される。盲生徒にとっても構造式は分子の構造を理解する上で有効であるから、構造式と示性式は、特に導入期においてはできるだけ併記して提示することが望ましい。

　構造式は、縦や斜めの価標（線）により図的な表現として示されることがあり、このような触図の性格をもつ構造式を盲生徒が書くことは困難である。しかし、示性式は、盲生徒が点字で表記できることから、分子構造を表す際には、示性式を使用することが基本となる。

　構造式が墨字で1行に書かれている形式の場合は、点字価標記号を用いて、点字でも墨字と同様に1行の形式で表記することができる。なお、一つの構造式の中では、点字価標記号と、縦や斜めの価標（線）に使う作図線を、同時に使うことがないように注意する。図的な表現で示された構造式の触図化や図の読み取りの配慮については、第7章図形触読の学習及び日本点字委員会編集・発行の『理科点字表記解説2019 年版』の「第5部　図表について」を参照されたい。具体例は、「2　理科における触図の扱い　(2)　化学分野　ア　構造式」にも示す。

エチレン（C₂H₄）

（示性式）CH₂＝CH₂（ ⠦ は二重結合 ＝ を表す点字価標記号）
⠀⠀⠿⠼⠿⠿⠼⠿⠿⠼

（構造式）

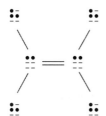

(3)　生物分野や地学分野の点字表記

　生物分野や地学分野においても、物理分野や化学分野における点字表記を用いることが基本となるが、その他、特に注意を必要とする表記は

次のとおりである。

生物分野で遺伝子を表記する際は、顕性（優性）遺伝子を大文字で、潜性（劣性）遺伝子を小文字で表す。そのため、顕性（優性）遺伝子は大文字符 ⠠ を付けた英文字で、潜性（劣性）遺伝子は ⠰ を付けた英文字で表す。英文字が表す意味を考えて、それぞれの文字に ⠠ や ⠰ を付けて表記する必要がある。

ＡＡＢＢ　⠰⠠⠁⠠⠁⠠⠃⠠⠃

ＡａＢｂ　⠰⠠⠁⠰⠁⠠⠃⠰⠃

地学分野での経度・緯度や方角、走向・傾斜の表記の例は次のとおりである。

１３９°４６′Ｅ　３５°４３′Ｎ

（東経１３９°４６′、北緯３５°４３′）

⠼⠁⠉⠊⠰⠙⠀⠼⠙⠋⠤⠠⠑⠀⠼⠉⠑⠰⠙⠀⠼⠙⠉⠤⠠⠝

ＮＮＷ（北北西）

⠰⠠⠠⠝⠝⠺

Ｎ２５°Ｅ　３０°ＳＥ（走向Ｎ２５°Ｅ、傾斜３０°ＳＥ）

⠰⠠⠝⠼⠃⠑⠰⠙⠠⠑⠀⠼⠉⠚⠰⠙⠠⠠⠎⠑

(4) 単位の表記

単位は、単位を表す外字符を付けて表記する。⠰ は外字符と同じ記号であるが、外字符ではないので、英文字の読み方ではなく、単位としての読み方になる。単位の読み方を（　）内に示す。

m	⠰⠍	（メートル）
ｋｇ	⠰⠅⠛	（キログラム）
m^3	⠰⠍⠩	（立方メートル）
m／s	⠰⠍⠌⠎	（メートル毎秒、メートル毎セカンド、メートルパー秒、メートルパーセカンド）
℃	⠰⠙⠠⠉	（ドシー）
%	⠰⠏	（パーセント）

なお、単位を明確に示す必要がある場合には、単位記号を単位カッコ ⠐⠶　⠶⠂ で囲んで書き表すこともできる。なお、物理分野や化学分野では、単位カッコを使用して表記する箇所と使用せずに表記する箇所が混在することがあるので留意して指導する必要がある。単位カッコの

使用例（計算式中の数字に添えられている単位記号の例）を以下に示す。

$V＝8\,cm^2×4\,cm＝32\,cm^3$

（点字）

(5) 理科の専門用語の切れ続き

　生物名や化学物質名などの専門用語は、複合名詞の内部の切れ続きの原則に準じて書き表す（意味上の区切りごとに一マス空けて書き表す）ことが原則である。ただし、比較的長い生物名や化学物質名などは、一つの名称であることを明らかにするため、一続きに書くか、一マス空けて書き表すか、意味上の区切りごとに第1つなぎ符 を挟んで書き表す。

　二酸化炭素

（点字）

　ナナホシテントウ

（点字）

(6) 理数系の文章における表記上の配慮

　理数系の文章では、英文字（またはギリシア文字）と漢字や仮名の間は、第1つなぎ符 を挟まずに、一マス空けることが多い。 が ダッシュ（プライム）（′）と同形であり、混同を避けるためである。

　N極 （点字）

2　理科における触図の扱い

　理科の授業では触図が多く用いられることから、触図についても丁寧に指導する必要がある。触図化の方法を含めた触図についての詳細は、第7章　図形触読の学習、第8章第2節　社会科における配慮事項、第8章第3節　算数・数学科における配慮事項及び日本点字委員会編集・発行の『理科点字表記解説　2019年版』の「第5部　図表について」を参照されたい。

　理科の触図には、概念を図示したものや、具体的な事物・事象を図示し

たものがある。物理、化学、生物、地学の各分野における触図の具体例を次に示す。触図とともに、触図のもととなった原図（視覚的な図）を掲載している。図は、日本点字委員会編集・発行の『理科点字表記解説　2019年版』及び『文部科学省著作教科書特別支援学校中学部視覚障害者用　理科3－10』から引用、または、新規に作成したものである。

（1）物理分野

　ア　重力や垂直抗力の矢印が描かれた物体を横から見た図

　　　次の図 8-4-1 は、触図化の配慮を踏まえた上で、視覚的な図と似たような表現で触図化されている。図 8-4-1 には、重力を表す矢印と垂直抗力を表す矢印が描かれている。図中でこれら二つの矢印を正確に表そうとすると、二つの矢印は重ねて描く必要があり、触覚的に識別することが困難となる。そのため、二つの矢印は離して描かれている。

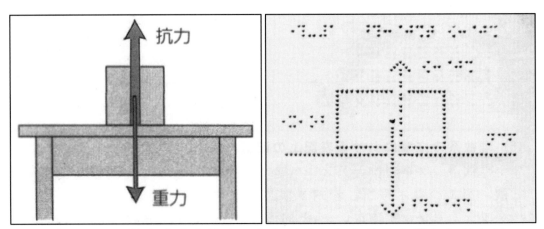

図 8-4-1　重力や垂直抗力の矢印が描かれた物体を横から見た図

イ　電気回路の記号

　　次の図 8-4-2〜図 8-4-6 は、触図化の配慮を踏まえた上で、視覚的な図と似たような表現で触図化されている。

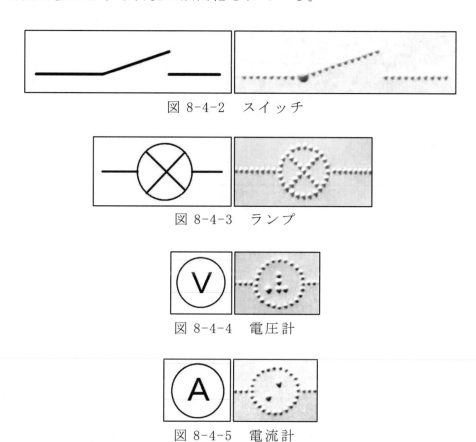

図 8-4-2　スイッチ

図 8-4-3　ランプ

図 8-4-4　電圧計

図 8-4-5　電流計

図 8-4-6　回路図

(2) 化学分野

ア　構造式

　　構造式の縦や斜めの価標（線）は作図線で描かれ、元素記号は点字で書かれている。作図線は点字よりも小さい点を用い、細い線で表す。（図 8-4-7）

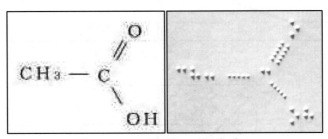

図 8-4-7　酢酸の構造式

イ　実験装置を横から見た図

　　次の図 8-4-8 は、触図化の配慮を踏まえ、簡略化した上で模式的に描かれている。ガスバーナーやスタンドなどの実験器具は省略されており、加熱により気体が発生していることや、その気体を石灰水に通して調べる様子が読み取れるように配慮されている。

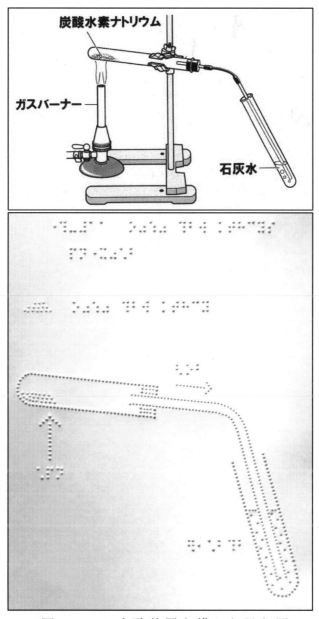

図 8-4-8　実験装置を横から見た図

(3) 生物分野

ア　細胞の断面図

　　原図が詳細に表現されていたとしても、触図では簡略化やデフォルメされて、模式的に描かれている。なお、原図にある引き出し線は触図では使用されず、図中に言葉で説明が加えられている。これらの言葉は必要に応じて略記されており、図の前には凡例が示されている（図 8-4-9）。

　　生物分野に限ったことではないが、断面図を示す場合には、横断面や水平面など、どの面で切ったものであるか、また、その面をどの方向から見たものであるかを分かるように指導することが大切である。あわせて、図の縮尺（スケール）がどのくらいであるかを意識して図を読み取るように指導することも大切である。

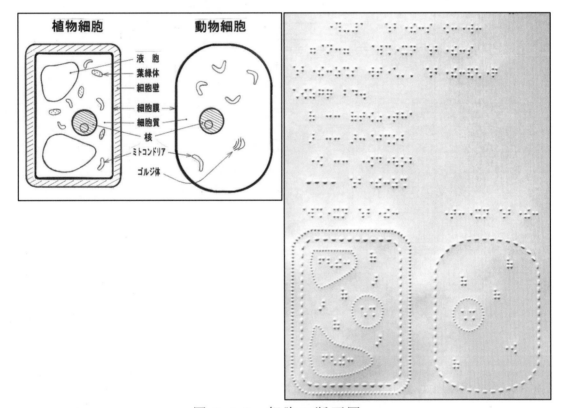

図 8-4-9　細胞の断面図

（4）地学分野

ア　太陽系の天体の公転軌道

　　原図では、公転軌道を斜め上方向から見た様子が示されているが、触図では、真上から見た様子に置き換えられている（図 8-4-10）。これは、斜め上方向から見た様子をそのまま触図化してしまうと、公転軌道が楕円であるかのように誤解されてしまう恐れがあるためである。なお、原図にある引き出し線は触図では使用されず、図中に言葉で説明が加えられている。これらの言葉は必要に応じて略記されており、図の前には凡例が示されている。なお、原図で太陽系の天体の公転軌道が1枚で示されている場合には、触図では2枚の図（太陽から火星までの図、木星から冥王星までの図）に分けるなど触図化に当たり配慮が必要である。

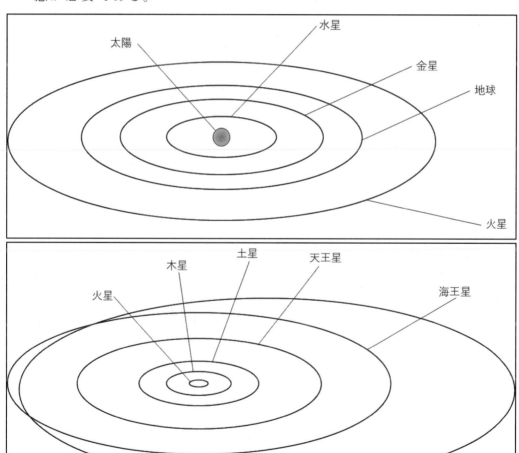

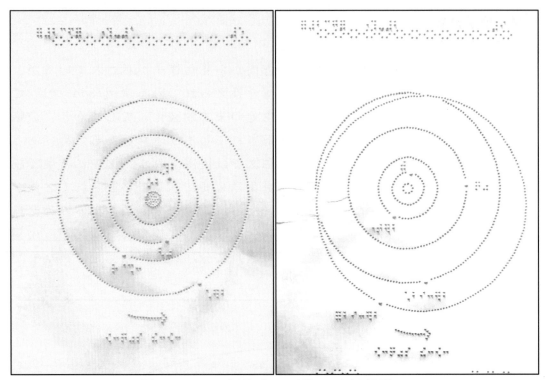

図 8-4-10　太陽系の天体の公転軌道

イ　地球の公転軌道と季節ごとの地球の位置、地軸の傾き

　　原図では、地球の公転軌道を斜め上方向から見た図の中に、季節ご
との地球の位置と地軸の傾きの様子が描かれており、１枚の図として
示されている。一方、触図では、地球の公転軌道の公転面に垂直な方
向から見た図（真上から見た図）と、水平な方向から見た図（真横か
ら見た図）の二つの図に分けて示されている（図 8-4-11）。

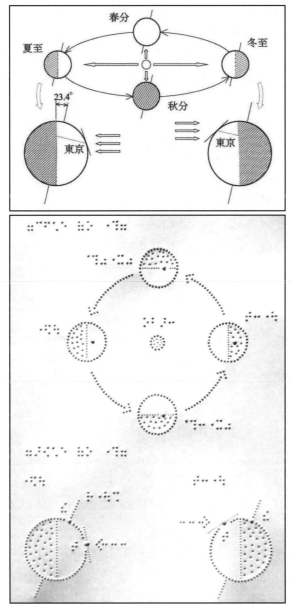

図 8-4-11　地球の公転軌道と季節ごとの地球の位置、地軸の傾き

(5) 触図の指導上の配慮事項

　ア　実物や模型と触図の対応

　　　盲児童生徒は、実物や模型の触察経験を積み重ねていくことによって、事物や事象、動作等の具体的なイメージをもてるようになる。そのため、触図の指導に当たっては、実物や模型と触図を対応させるなどして、触図が示す内容を具体的にイメージできるように指導していくことが重要である。事物や模型と触図を対応させる際には、その触図が、事物や模型をどの方向から見たものであるか意識できるように指導する必要がある。

　イ　図の表題と「図の説明」（凡例）の理解

　　　一般的に、触図には表題や、表題のすぐ後に「図の説明」（凡例等）が示されている。触図の読み取りに当たっては、初めに表題や図の説明を把握した上で、触図の本体について理解できるよう指導していくことが重要である。

　ウ　触図の読み取りにおける教師の役割

　　　視覚的な図と異なり、触図の読み取りは一目瞭然とはいかない。触図の全体像を理解するためには、指先から得た情報を経時的に認識し、頭の中でつなぎ合わせていく必要があるため、いかに盲児童生徒の触察経験が豊かであっても、初めて触る触図を正確に理解することは難しいことが多い。そこで、触図の読み取りに当たっては、教師が盲児童生徒に対し注目すべき点を順に提示するなど、丁寧に指導していく必要がある。

　　　教師は、まず、触図の表題を盲児童生徒と一緒に確認し、その触図に描かれている内容を大まかに説明する。このとき、触図に示された内容を、実物や模型と対応させながら説明できるとよい。次に、触図中の基点となる場所を一緒に確認し、基点から手指を順に動かしながら触図の全体像に迫っていけるよう、説明を続けていく。

　　　例えば、「(1) 物理分野」で示した「ア　重力や垂直抗力などの矢印が描かれた物体を横から見た図」を説明する際には、まず、触図の表題を盲生徒と一緒に確認し、続けて、触図の概要（机などの水平面に四角い物体が置かれていることや、その様子を横から見た図であること）を説明する。このとき、実際に机の上に物体を置いて、実物と触図を対応させながら説明できるとよい。そして、図の中央付近には

２本の矢印があり、それぞれ違う向き（上下方向）に伸びていることや、これらが重力や垂直抗力を表す矢印であることを説明する。２本の矢印の起点の位置や、矢印の長さの関係について発問するなどして、図を読み取る（図から理解する）ための観点を与えていくことが大切である。また、盲生徒に触図の内容を言葉で説明させてもよい。盲生徒が触図の内容を正しく読み取れているかどうか把握することができ、指導に生かすことができる。

エ　他教科等の学習との連携

理科では、この項で示した触図以外にも、グラフや表も多く登場する。触図やグラフ、表の読み取りについては、小学部から高等部の各段階において、算数・数学など他教科等の学習とも連携しながら指導していく必要がある（第７章　図形触読の学習、第８章第２節　社会科における配慮事項、第８章第３節　算数・数学科における配慮事項及び日本点字委員会編集・発行の『理科点字表記解説　2019 年版』の「第５部　図表について」参照）。

オ　盲児童生徒によるグラフの作成

文部科学省著作教科書視覚障害者用（点字版）の理科には、グラフ用紙が掲載されたページがある。このグラフ用紙などを活用し、盲児童生徒自身がグラフを作成する経験をすることも大切である。グラフの作成は盲児童生徒にとって難しい作業であるから、グラフの作成に慣れていくためにも小学部段階から繰り返し経験できる機会をつくっていくことが必要である。また、グラフの作成に十分に慣れていない段階では、盲児童生徒の実態に応じて教師が作成を手伝うなどして、グラフが作成できる達成感をもてるように配慮することが重要である。

実験結果をグラフ用紙にプロットする（記録する）際には、触って分かりやすい厚みのあるシール（フェルトシールなど）を活用し、貼っていくとよい。シールを貼って記録する方法の他に、マップピンなどを用いて点を打ち記録する方法や、教師がルレットを用いてグラフ用紙の裏面から線を引き、表面に凸線のグラフを描き記録する方法、罫線引き用のテープを表面に貼って記録する方法などがある。

使用するグラフ用紙は、凹点の方眼が分かりやすく、便利であるが、盲児童生徒の実態に応じ、凸面の方眼を利用してもよい。凹点の方眼は、シールやルレットによる線が方眼に邪魔されずに目立ち、グラフ

の形が読み取りやすくなるという利点がある。一方、凸点の方眼は、方眼の中にシールやルレットによる線が埋もれてしまい、グラフが読み取りにくくなってしまうことがあるので、注意して利用したい。

3　指導上の配慮事項

(1)　小学部・中学部・高等部の各段階における指導

　　理科の点字表記の指導は、理科の授業内に行うことが中心となる。

　　小学部段階では、英文字による単位の表記や、算数の数式の点字表記の読み書きに慣れるよう指導を進めていくことが重要である。

　　中学部段階では、化学分野において元素記号や化学式が登場する。元素記号や化学式の点字表記は、日本語や算数・数学の数式の点字表記とは大きく異なることから、丁寧に指導していく必要がある。ただし、点字表記のみを取り上げて指導するのではなく、元素や化学変化についての単元の学習内容に関連させながら、点字表記の理解が進むよう、指導を行っていくことが重要である。

　　高等部段階では、分野（科目）ごとに、より複雑な理科の点字表記に習熟できるよう指導していくことはもちろんのこと、点字をもとに学習内容を十分に理解したり、的確に表現したりできるように指導していくことが大切である。

　　なお、中学部段階以降では、Ωなどのギリシア文字も使用するので、授業で取り上げる度に、読み書きに慣れるよう指導する。

　　小学部から高等部までの各段階において、単位の表記は特に使用頻度が高いことから、読み書きがスムーズにできるよう指導していく必要がある。

(2)　数式の点字表記の理解

　　特に物理分野の学習では、数式の点字表記の知識が基礎となる場合が多いので、小学部から高等部までの各段階で扱われる数式の点字表記に習熟できるよう指導していくことが重要である。

(3)　点字表記の使い分け

　　理科の点字表記は、分野（科目）によって表記の仕方が異なるが、例えば、全体が化学の内容であっても、化学式以外の数式や単位があった

場合には，数学や物理の点字表記の規則に従って書く必要がある。このように，分野（科目）の種類によってではなく，物理量を表しているのか、化学反応式として扱われているのかなど、内容によって点字表記の使い分けを判断できるように指導していくことが重要である。特に、物理分野に現れる核反応式や素粒子の扱い、化学分野での物理量の関係式などの表記の際には注意が必要である。

(4)　文部科学省著作教科書視覚障害者用（点字版）の活用—理科を中心として—

　現代社会では、視覚による認知や情報処理、視覚情報の活用が特に求められており、昨今の大学入試においても複数の図や大量の情報を瞬時に読み取ったり比較したりして解答を導き出すような出題が多くみられる。このような視覚優位とも言える現代社会において、理科の文部科学省検定教科用図書（以下、「原典教科書」という。）はビジュアライズされた内容になっており、これをもとに著作教科書視覚障害者用（点字版）（以下、「著作教科書」という。）を編集することは容易ではない。しかし、盲児童生徒が主体的に学習に取り組めるような内容にするために、編集に当たっては、視覚障害教育でこれまでに積み重ねられてきた指導実践や、教師による授業研究、教材研究などの不断の努力の成果が大いに反映されている。そのため、著作教科書は、改訂版が発行されるたびに充実した内容となっている。以下、令和3年発行の中学部の理科の著作教科書を例に、編集上の配慮事項を紹介する。

　まず、各学年10分冊程度ある著作教科書の第1分冊は資料編となっており、原典教科書の巻頭資料や巻末資料がまとめて掲載されている。また、観察や実験の基礎操作なども掲載されている。ただし、基礎操作の内容は、原典教科書の内容とは異なっており、盲生徒が聴覚や触覚など、視覚以外の感覚を十分に活用して自然の事物・事象を認識し、理解することができるように変更されている。特に、薬品の扱い方や感光器の使い方などは、特別支援学校（視覚障害）の理科において特徴的な内容であり、原典教科書と異なっている。詳細は「点字教科書編集資料」を参照されたい。なお、この資料編には、ルーペや顕微鏡の使い方も掲載されている。これらの道具を盲生徒が直接使用することはないが、道具についての基礎的な知識を知っておいてほしいとの願いから、原典教科書

の内容が削除されずに掲載されているものである。

　次に、ほぼ全ての観察や実験の内容が変更されている点は大きな特徴である。特に化学分野の実験では、原典教科書において視覚により確かめるようになっている部分が、聴覚や触覚により確認できるような実験の方法に変更されている。本来、自然の事物・事象は多面的であり、視覚以外の感覚で認識できることは非常に多く、著作教科書に掲載されている観察や実験の方法で自然の事物・事象に迫ることは大きな意義がある。各観察・実験の詳細については、「点字教科書編集資料」を参照されたい。

　最後に、観察や実験以外の原典教科書の本文の内容は、盲生徒の障害の状態や特性に適切に応じ、必要な配慮として、「変更」「差し替え」「追加」「削除」などの編集が加えられ、点字化が行われていることが挙げられる。例えば、本文中に示された写真などは触図化することが難しい場合が多いため、写真等の情報は文章に置き換えられている。このとき、原典教科書と著作教科書で、教科書を通して得ることができる情報に差異が無いように配慮され、文章化されている。一方、生徒の興味・関心を惹くために原典教科書に掲載されている特殊な内容の写真については、基本的な事項に置き換えて触図化されたり、文章化されたりしている。例えば、原典教科書において単元の最初のページに、大きくしゅう曲した地層の写真が掲載されて興味・関心を惹くようになっていたとしても、著作教科書ではそれをそのまま触図化してはいない。著作教科書では、水平に積み重なった基本的な地層の様子に置き換えて触図化し、地層の学習の導入の図として掲載している。この他、盲生徒に対しては、指導内容を適切に精選し、基礎的・基本的な事項から着実に習得できるように指導する必要があることから、原典教科書に掲載されていない内容であっても、著作教科書においては、必要となる内容や資料を追加して掲載している。指導内容のつながりや順序に配慮して、著作教科書では原典教科書とは異なった内容の配列に変更していることもある。

　このように、著作教科書は、原典教科書と比べて内容の変更や追加等があり異なる部分もあるが、理科における特質及び盲児童生徒の障害の特性に応じるため、工夫や配慮事項、異なる内容等を踏まえ、効果的に資質・能力を育む指導ができるように活用していくことが大切である。

第 5 節　英語科における配慮事項

1　英語の点字表記の概要
(1)　英語点字とは

点字のアルファベットは、後掲の表1のように、

　　a　⠁　b　⠃　c　⠉　d　⠙　e　⠑　f　⠋　……

となっている。これは点字の五十音の「あ　い　う　る　ら　え……」と同形なので、日本語点字の中では外字符　⠰　を前置して、

　　a　⠰⠁　b　⠰⠃　c　⠰⠉　d　⠰⠙　e　⠰⠑　f　⠰⠋　……

と書き表す（外字符のほかに外国語引用符という囲み記号もある）。しかし、英語点字においては、文字はアルファベットであることが前提なので、外字符は不要である。英語点字では、英単語は次のように表記する。

　　dad（お父さん）　⠙⠁⠙　　　　face（顔）　⠋⠁⠉⠑

なお、実際の英語の教科書などでは、英語の部分と日本語の部分が混じっている。その書き分け方については本項の（10）で述べる。

小・中・高等部の児童生徒に現在指導されている英語点字は、UEB（統一英語点字）と呼ばれ、英語圏で共通の表記体系である。本書では UEB のごく入門的な事柄しか述べていない。そのため実際に指導に当たる際は、本項の（12）に挙げる参考文献等により、UEB に対する理解を深められたい。

(2)　グレード1とグレード2

英語点字には、グレード1（grade 1）とグレード2（grade 2）という二つの表記法がある（「1級」、「2級」と呼ばれることもある）。

グレード1は、墨字に対応するアルファベット、数字、句読符類と、点字独特の大文字符や書体の指示符などで構成される。いわば、初歩段階の英語点字である。小学部第5学年から中学部第1学年までの英語の授業では、グレード1の読み書きを指導する。また、小・中・高等部の英語科以外の教科書等においては、英語の語句や固有名詞などは原則としてグレード1で表記される。グレード1の表記法については、本項の(3)〜(5)にてその概略を知ることができる。

グレード2は、26字のアルファベットに加え、綴りを縮めて少ないマ

ス数で書き表すための 182 の縮約（contraction）を使用する。これにより、グレード２はグレード１に比べ紙面が約 30％節約され、読み書きともに効率的に行うことができる。英米の点字図書・資料はほとんどがグレード２で書かれており、グレード２が英語点字のスタンダードといえる。

　次に、同じ言葉をグレード１とグレード２で書いてみる。

　　Learn from yesterday（昨日から学べ）

　　［グレード１］

　　　　L e a r n 　 　 f r o m 　 　 y e s t e r d a y

　　［グレード２］

　　　　L e ar n 　 from 　 y e st er day

　縮約については、本項の(6)を参照されたい。

　著作教科書は、中学部第２学年から第３学年にかけて、縮約を７段階に分けて順次導入するよう編集されている。縮約は数が多く、習得にはある程度の英語の知識と語彙が必要なため、段階を追って学習する構成となっている。高等部段階の英語の読みと書きの学習には、グレード２の習得が不可欠といっても過言ではない。

　なお、英語科以外の教科書中に出てくる英語の語句や固有名詞などの英語表記については、原則としてグレード１によるが、高等部の教科書については、教材の目的によってはグレード２で書かれることもある。

(3) アルファベットと大文字を示す記号

英語のアルファベット（alphabet）を表 8-5-1 に示す。

表 8-5-1　アルファベット

⠁	⠃	⠉	⠙	⠑	⠋	⠛	⠓	⠊	⠚
a	b	c	d	e	f	g	h	i	j
⠅	⠇	⠍	⠝	⠕	⠏	⠟	⠗	⠎	⠞
k	l	m	n	o	p	q	r	s	t
⠥	⠧	⠺	⠭	⠽	⠵				
u	v	w	x	y	z				

1 語はひと続きに書き、語と語の間は一マスあける。

　　lemon cake（レモンケーキ）　　⠇⠑⠍⠕⠝　⠉⠁⠅⠑

大文字を示す記号を表 8-5-2 に示す。

表 8-5-2　大文字を示す記号

⠠	大文字符（capitals prefix）
⠠⠠	大文字単語符（capitals word indicator）
⠠⠠⠠	大文字パッセージ符（capitals passage indicator）
⠠⠰	大文字終止符（capitals terminator）

　点字のアルファベットは、前に記号が何も付かなければ小文字、大文字符が前置されればそれに続く 1 文字が大文字となる。

　　Louis Braille（ルイ・ブライユ）　　⠠⠇⠕⠥⠊⠎　⠠⠃⠗⠁⠊⠇⠇⠑

2 文字以上の語全体が大文字のときは、大文字単語符を前置する。

　　NEW YORK（ニューヨーク）　　⠠⠠⠝⠑⠺　⠠⠠⠽⠕⠗⠅

　ハイフンで結ばれた複合語やアポストロフィの入った語が全て大文字の場合は、ハイフンやアポストロフィの後に大文字符または大文字単語符が必要である。

FIR-TREE（モミの木）

⠠⠋⠊⠗⠤⠠⠞⠗⠑⠑

BETTY'S HAT（ベティーの帽子）

⠠⠠⠃⠑⠞⠞⠽⠄⠎⠀⠠⠠⠓⠁⠞

　全部大文字の語が3語以上続く場合は、最初の語に大文字パッセージ符を前置し、終わりを大文字終止符で示す。このとき、マスあけから次のマスあけまでを1語と数える。

THE SOUND OF MUSIC（サウンド・オブ・ミュージック）

⠠⠸⠞⠓⠑⠀⠎⠕⠥⠝⠙⠀⠕⠋⠀⠍⠥⠎⠊⠉⠸⠄

(4) 数字

　数字とそれに関連する記号を表8-5-3に示す。数字は日本語点字と同じであるが、小数点と桁区切りのコンマは日本語点字とは異なる。

表 8-5-3　数字と数字に関連する記号

⠼　数符（numeric prefix）									
⠁	⠃	⠉	⠙	⠑	⠋	⠛	⠓	⠊	⠚
1	2	3	4	5	6	7	8	9	0
⠲　.　小数点、ピリオド（period）									
⠂　,　桁区切りのコンマ（comma）									

　　2023　⠼⠃⠚⠃⠉

　　3.14　⠼⠉⠲⠁⠙　　（日本語点字では ⠼⠉⠐⠂⠁⠙）

　　50,000　⠼⠑⠚⠂⠚⠚⠚　　（日本語点字では ⠼⠑⠴⠼⠚⠚⠚）

　数字の直後に小文字の a〜j が続く場合は、そのままでは数字に読めてしまうので、間に1級記号符（grade 1 symbol indicator）⠰ を挟む。数字の直後に小文字の k〜z が続く場合、あるいはマスあけや大文字符などの記号が入る場合は、数字とは読めないので1級記号符は不要である。

　　8m 95cm（8メートル95センチメートル）　⠼⠓⠍⠀⠼⠊⠑⠉⠍

　　3D（3次元）　⠼⠉⠠⠙

(5) 句読符

　句読符（punctuation）のうち主なものを表 8-5-4 に示す。疑問符や丸カッコのように、日本語と英語で墨字の記号は共通でも、点字の記号が異なるものがある。

表 8-5-4　句読符

⠂	,	コンマ (comma)
⠆	;	セミコロン
⠒	:	コロン (colon)
⠲	.	ピリオド (period)
⠖	!	感嘆符 (exclamation mark)
⠦	?	疑問符 (question mark)
⠄	’	アポストロフィ (apostrophe)
⠤	-	ハイフン (hyphen)
⠤ ⠤	—	ダッシュ (dash)
⠲ ⠲ ⠲	...	エリプシス (ellipsis)
⠌ ⠌	/	スラッシュ (slash)
⠦ ⠴	(	丸カッコ (parenthesis)
⠴ ⠴	)	
⠦ ⠴	[	角カッコ (bracket)
⠴ ⠴	]	
⠦	"	ダブルコーテーションマーク (double quotation mark)
⠴	"	
⠠ ⠦	'	シングルコーテーションマーク (single quotation mark)
⠴ ⠄	'	

　句読符を書く位置と順序、前後のスペースのあけ方は、原則として墨字どおりとする。日本語点字の句点の後は二マスあけであるが、英語点字のピリオドの後は一マスあけである。段落の始めは、英語でも日本語と同様二マス下げる。

　Long, long ago, there was a fox.　He lived in a hole.

　（むかしむかし、1 匹のキツネがおりました。彼は洞穴に住んでいました。）

□□⠠⠇⠕⠝⠛⠂□⠇⠕⠝⠛□⠁⠛⠕⠂□⠞⠓⠑⠗⠑□⠺⠁⠎□
⠁□⠋⠕⠭⠲□⠠⠓⠑□⠇⠊⠧⠑⠙□⠊⠝□⠁□⠓⠕⠇⠑⠲

“No,” said Paul.

(「いいえ」とポールは言った。)

□□⠦⠠⠝⠕⠂⠴□⠎⠁⠊⠙□⠠⠏⠁⠥⠇⠲

(6) 縮約

縮約（contraction）とは、英語の綴りを縮めて少ないマス数で書くための点字記号の総称である。英語点字のスタンダードであるグレード２において、縮約は重要な役割を果たす。

UEB には 182 の縮約があり、それらは点字の形と働きによって次の９つに分類される。

縮約の分類

1　アルファベット縮約語[1)]（alphabetic wordsign）23 個
2　強縮約語[2)]（strong wordsign）6 個
3　強縮約[3)]（strong contraction）5 個
4　強縮約部[4)]（strong groupsign）12 個
5　下がり縮約語[5)]（lower wordsign）6 個
6　下がり縮約部（lower groupsign）10 個
7　頭字縮約[6)]（initial-letter contraction）33 個
8　末字縮約部[7)]（final-letter contraction）12 個
9　短形語[8)]（shortform）75 個

《注》

1）縮約語（しゅくやくご）(wordsign)：語全体を表す点字記号。

2）強（きょう）(strong)：点字の形に関する用語。マスの上の点（①④の点）と下の点（③⑥の点）の両方があり、かつ、マスの左の点（①②③の点）と右の点（④⑤⑥の点）の両方があることを、UEB では「強い形」と定義している。形がしっかりしていて読み間違いがないというような意味。

3）縮約（しゅくやく）(contraction)：語全体も語の部分となる文字列も表す点字記号。なお広義には、「縮約語」、「縮約部」、「縮約」及び「短形語」の４類型を一括して、「縮約」と呼ぶこともある。

4）縮約部（しゅくやくぶ）（groupsign）：語の部分となる文字列を表す点字記号。

5）下がり（さがり）（lower）：点字の形に関する用語。①の点と④の点のいずれも含まないという意味。

6）頭字（とうじ）（initial-letter）：語の始めの文字から作られた。

7）末字（まつじ）（final-letter）：語の終わりの文字から作られた。

8）短形語（たんけいご）（shortform）：語頭などの綴りの一部を取り出したもので、語を表す点字記号。「省略形」と呼ばれることもある。

　中学部英語の著作教科書では、縮約を第2学年から第3学年にかけて、次のⅠからⅦの7段階に分けて順次学習するよう編集されている。この7段階は、前述のUEBの縮約の9分類とは、分類の仕方や提示順序が少し異なっている。これは、学習・指導のしやすさ、縮約の出現頻度などを考慮し、学習段階を編成しているためである。

Ⅰ　一マスで語全体を表す縮約

表 8-5-5　一マスで語全体を表す縮約

(a) アルファベット縮約語			
⠃	but	⠏	people
⠉	can	⠟	quite
⠙	do	⠗	rather
⠑	every	⠎	so
⠋	from	⠹	that
⠛	go	⠥	us
⠓	have	⠧	very
⠚	just	⠺	will
⠅	knowledge	⠭	it
⠇	like	⠽	you
⠍	more	⠵	as
⠝	not		

(b)　強縮約（1語を表す用法）

　　　　　⠆⠆　　　and

　　　　　⠰⠆　　　for

　　　　　⠰⠆　　　of

　　　　　⠰⠆　　　the

　　　　　⠆⠆　　　with

(c)　強縮約語

　　　　　⠡⠂　　　child

　　　　　⠩⠂　　　shall

　　　　　⠹⠂　　　this

　　　　　⠱⠂　　　which

　　　　　⠳⠂　　　out

　　　　　⠌⠆　　　still

［(a)の例］

　You can swim.（あなたは泳げます。）

　　　⠽⠀⠉⠀⠎⠺⠊⠍⠄

［(b)の例］

　The Old Man and the Sea（老人と海）

　　　⠹⠀⠕⠇⠙⠀⠍⠁⠝⠀⠯⠀⠹⠀⠎⠑⠁

［(c)の例］

　This child is hungry.（この子供は空腹だ。）

　　　⠹⠀⠡⠀⠊⠎⠀⠓⠥⠝⠛⠗⠽⠄

　なお、a，i，o を除く単独のアルファベットは、アルファベット縮約語
と区別するため、1級記号符 ⠰⠄ を前置する。

　　Q and A（質問と答え）

　　　⠰⠟⠀⠯⠀⠰⠁

　　e-mail（電子メール）

　　　⠰⠑⠤⠍⠁⠊⠇

Ⅱ 二マスで1語全体又は部分を表す縮約

表 8-5-6 頭字縮約

⑤の点と組み合わせるもの

⠿⠙	day	⠿⠮	there
⠿⠑	ever	⠿⠡	character
⠿⠋	father	⠿⠹	through
⠿⠓	here	⠿⠱	where
⠿⠅	know	⠿⠸	ought
⠿⠇	lord		
⠿⠍	mother		
⠿⠝	name		
⠿⠕	one		
⠿⠏	part		
⠿⠟	question		
⠿⠗	right		
⠿⠎	some		
⠿⠞	time		
⠿⠥	under		
⠿⠺	work		
⠿⠽	young		

④⑤の点と組み合わせるもの

⠿⠥	upon	⠿⠮	these
⠿⠺	word	⠿⠹	those
		⠿⠱	whose

④⑤⑥の点と組み合わせるもの

⠫ ⠳	cannot	
⠓ ⠮	had	
⠍ ⠁	many	
⠎ ⠏	spirit	
⠺ ⠗	world	

⠹ ⠗	their

You cannot smoke here. （ここではタバコを吸えません。）

⠠⠽ ⠫ ⠎ ⠍⠕⠅ ⠓⠑⠗ ⠲

I sometimes go there alone.

（私はときどき一人でそこへ行きます。）

⠠⠊ ⠎⠕⠍⠑⠞⠊⠍⠑⠎ ⠛⠕ ⠹⠻ ⠁⠇⠕⠝⠑ ⠲

Ⅲ　一マス又は二マスで語の部分を表す縮約

表 8-5-7　一マス又は二マスで語の部分を表す縮約

(a)　強縮約（語の一部を表す用法）	
⠯	and
⠿	for
⠷	of
⠮	the
⠾	with

(b) 強縮約部

⠡	ch		⠌	st
⠣	gh		⠜	ar
⠩	sh			
⠹	th		語頭には使えないもの	
⠱	wh		⠬	ing
⠫	ed			
⠻	er			
⠳	ou			
⠪	ow			

(c) 下がり縮約部（語のどの部分にも用いるもの）

⠢　　en
⠔　　in

(d) 末字縮約部（語頭には使えない）

④⑥の点と組み合わせるもの		⑤⑥の点と組み合わせるもの	
⠨⠙	ound	⠰⠑	ence
⠨⠑	ance	⠰⠛	ong
⠨⠝	sion	⠰⠇	ful
⠨⠎	less	⠰⠝	tion
⠨⠞	ount	⠰⠎	ness
		⠰⠞	ment
		⠰⠽	ity

［(a)の例］

soft candy（ソフトキャンディー）

⠎⠕⠖ □ ⠉⠁⠝⠙⠽

［(b)の例］

high school（高校）

⠓⠊⠣ □ ⠎⠡⠕⠕⠇

three sisters（3人姉妹）

⠀⠀⠼⠒⠀⠎⠊⠎⠞⠑⠗⠎

She's singing Jingle Bells.（彼女はジングルベルを歌っている。）

[（c）の例]

He went to India.（彼はインドへ行った。）

[（d）の例]

I placed the television set on the counter carefully.

（私は注意深くテレビをカウンターの上に置いた。）

　二通り以上の縮約の使い方が可能な場合は、原則としてマス数が少ない方を選択する。

　　they（彼らは／彼女らは）　　○ ⠿⠿　　× ⠿⠿⠿

　　science（科学）　　○ ⠿⠿⠿⠿⠿　　× ⠿⠿⠿⠿⠿⠿

　二通り以上の縮約の使い方が可能で、マス数が同じ場合は、強縮約を他の種類の縮約より優先する。また、①④の点を含む縮約を下がり縮約部より優先する。

　　brother（兄弟）　　○ ⠿⠿⠿⠿　　× ⠿⠿⠿⠿⠿

　　then（その時）　　○ ⠿⠿　　× ⠿⠿

　複合語の要素をまたいで縮約を使うことはできない。

　　homeroom（ホームルーム）　　○ ⠿⠿⠿⠿⠿⠿⠿　　× ⠿⠿⠿⠿⠿⠿

　　lighthouse（灯台）　　○ ⠿⠿⠿⠿⠿⠿⠿⠿　　× ⠿⠿⠿⠿⠿⠿⠿

Ⅳ　短形語1

表 8-5-8　短形語1

最初の二マスを残して後ろを省略するもの

⠁	about		⠃	below
⠁	according		⠃	beneath
⠁	after		⠃	beside
⠁	again		⠃	between
⠁	also		⠃	beyond
⠃	because		⠃	blind
⠃	before		⠑	either
⠃	behind		⠋	friend

骨組みだけを残して、母音などを省略するもの

	children			such
	could			today
	first			tomorrow
	good			tonight
	him			would
	its			your
	letter			above
	little			afternoon
	much			afterward
	must			against
	paid			braille
	quick			great
	said			together
	should			

Tom told him a good news.

（トムは彼に良い知らせを伝えた。）

- 297 -

短形語は、一定の条件で派生語や複合語にも使用する。

braille letters from her boyfriend

（彼女のボーイフレンドからの点字の手紙）

⠠⠃⠇ ⠇⠑⠞⠞⠻⠎ ⠋ ⠓⠻ ⠃⠽⠋⠗⠊⠑⠝⠙

なお、短形語と同じ文字列の略称などは、短形語と区別するため、1級記号符 ⠰ を前置する。

CD（コンパクトディスク）　　⠰⠠⠉⠙

V　短形語2

表 8-5-9　短形語2

最初の三マスを残して、後ろを省略するもの

⠁⠉⠗	across	⠁⠇⠹	although
⠁⠇⠍	almost	⠊⠍⠍	immediate
⠁⠇⠗	already	⠝⠑⠉	necessary
⠁⠇⠺	always	⠝⠑⠊	neither
⠁⠇⠞	altogether	⠏⠻⠓	perhaps

—self, —selves が付く語の一部を省略するもの

⠍⠽⠋	myself	⠕⠎⠋	oneself
⠽⠗⠋	yourself	⠹⠽⠋	thyself
⠓⠍⠋	himself	⠳⠗⠧⠎	ourselves
⠓⠻⠋	herself	⠽⠗⠧⠎	yourselves
⠭⠋	itself	⠮⠍⠧⠎	themselves

ｅを省いて現在分詞を作る語の一部を省略するもの

⠿ conceive			⠿ perceive
⠿ conceiving			⠿ perceiving
⠿ deceive			⠿ receive
⠿ deceiving			⠿ receiving
⠿ declare			⠿ rejoice
⠿ declaring			⠿ rejoicing

Perhaps her help is not necessary.

（たぶん彼女の助けは必要ない。）

He always cooks for himself.

（彼はいつも自炊している。）

VI 下がり記号で語全体を表す縮約

表 8-5-10 下がり縮約語

⠢	be
⠶	were
⠦	his
⠴	was
⠣	enough
⠔	in

Were you in your room?

（あなたはあなたの部屋にいましたか？）

be, were, his, was の下がり縮約語は、下がりの句読符と接することができない。

No one knew who he was.

（彼がだれだか、だれも知らなかった。）

⠠⠝⠕ ⠐⠕ ⠅⠍⠑⠺ ⠱⠕ ⠓⠑ ⠺⠁⠎⠲

enough, in の下がり縮約語が下がりの句読符と接する場合、①④の点を含む文字または記号とつながっていれば縮約語を使用してよいが、そうでなければ縮約語を使用することができない。

“In Japan.”

(「日本では。」)

⠦⠠⠊⠝ ⠠⠚⠁⠏⠁⠝⠲⠴

His smartphone was—or rather is—in his locker.

（彼のスマートフォンは彼のロッカーの中にあったというよりも、むしろロッカーの中にある。）

⠠⠦ ⠎⠍⠜⠞⠏⠓⠐⠕ ⠺⠁⠎⠠⠤⠕⠗ ⠗ ⠊⠎⠠⠤⠔
⠦ ⠇⠕⠉⠅⠻⠲

Ⅶ　下がり記号で語の部分を表す縮約

表 8-5-11　下がり縮約部

(a) 語頭にのみ用いるもの

⠆	be
⠒	con
⠲	dis

(b) 語中にのみ用いるもの

⠂	ea
⠆	bb
⠒	cc
⠖	ff
⠶	gg

［(a)の例］

When will the speech contest begin?

（弁論大会はいつ始まりますか？）

⠠⠱⠢ ⠺ ⠮ ⠎⠏⠑⠑⠡ ⠒⠞⠑⠌ ⠆⠛⠔⠦

［(b)の例］

He plays on a soccer team.

（彼はサッカーチームでプレーしている。）

⠿⠿⠿⠿⠿⠿⠿⠿⠿⠿⠿⠿⠿⠿⠿⠿⠿⠿⠿⠿⠿⠿⠿⠿⠿⠿⠿

be, con, dis の下がり縮約部は、語頭の be, con, dis で 1 音節を形成している場合に使用する。

［縮約部を使用する］

believe（信じる）　⠿⠿⠿⠿⠿⠿⠿

convenient（便利な）　⠿⠿⠿⠿⠿⠿⠿

display（表示）　⠿⠿⠿⠿⠿

［縮約部を使用しない］

better（より良い）　⠿⠿⠿⠿⠿

best（最も良い）　⠿⠿⠿

disc（ディスク）　⠿⠿⠿⠿

dish（皿）　⠿⠿⠿

(7)　書体を示す記号

　墨字の印刷物にはさまざまな書体が使われるが、とりわけ英文においては、強調する語句や外国語（英語以外の言葉）などを書き表すため、イタリック体（斜めの書体）が重要な役割を果たす。UEB では、イタリック体を示すのに表 8-5-12 に掲げる記号を用いる。

表 8-5-12　イタリック体を示す記号

⠿⠿	イタリック単語符（italic word indicator）
⠿⠿	イタリックパッセージ符（italic passage indicator）
⠿⠿	イタリック終止符（italic terminator）

　イタリック体の語には、イタリック単語符を前置する

I like *manga*.

（私は漫画が好きです。）

⠿⠿⠿⠿⠿⠿⠿⠿⠿⠿⠿⠿

　イタリック体の語が 3 語以上続くときは、最初の語にイタリックパッセージ符を前置し、終わりをイタリック終止符で示す。このとき、マスあ

けから次のマスあけまでを 1 語と数える。

　　Stand by Me

　　（スタンド・バイ・ミー）

　　　⠠⠎⠞⠁⠝⠙⠀⠃⠽⠀⠠⠍⠑

　なお、イタリック体を示す記号は英語点字の初学者にはやや煩雑である
ため、英語点字の句読符の読み書きに十分習熟していない中学部第 2 学年
までは、記号を省略するか、イタリック体の語句をダブルコーテーション
マーク ⠦ ～ ⠴ で囲むなどして、シンプルな表現になるよう配慮するのが
望ましい。

(8) 貨幣単位などの記号

　貨幣単位などの記号のうち主なものを表 8-5-13 に示す。

表 8-5-13　貨幣単位などの記号

点字	記号	名称
⠈⠑	€	ユーロ (euro)
⠈⠇	£	ポンド (pound)
⠈⠎	$	ドル (dollar)
⠈⠽	¥	円 (yen)
⠘⠚	°	度 (degree)
⠨⠴	%	パーセント (percent)
⠈⠔	＊	アスタリスク (asterisk)
⠈⠯	&	アンパサンド (ampersand)
⠈⠔	@	アットマーク (commercial at)
⠈⠣	˜ ～	チルダ、波形ダッシュ (tilde, swung dash)
⠈⠸	＿	アンダーバー (low line)
⠨⠐	・	ビュレット (bullet)

¥10,000（1 万円）　　⠈⠽⠼⠁⠚⠂⠚⠚⠚

75%（75 パーセント）　　⠼⠛⠑⠨⠴

(9) 修飾符

　フランス語のアクセントやドイツ語の変母音など、アルファベットに添
える種々の記号を、修飾符（modifier）と総称する。英文中でも、外国語

由来の言葉を書き表すのに必要となることがある。UEB の修飾符のうち主なものを表 8-5-14 に示す。

表 8-5-14　修飾符

	´	アキュートアクセント（アクサンテギュ）（acute accent）
	`	グラーブアクセント（アクサングラーブ）（grave accent）
	^	サーカムフレックス（アクサンシルコンフレックス） （circumflex）
	¨	ウムラウト（トレマ）（diaeresis）
	¸	セディラ（セディーユ）（cedilla）

　　　café（カフェ）

　　　À La Carte（アラカルト）

　なお、修飾符は、二マス目が縮約と同形で（例えばアキュートアクセント 　　、グラーブアクセント 　　 の二マス目はそれぞれ強縮約部 st, ch と同じ形）、英語点字の初学者にとってはかなり紛らわしい記号といえる。よって、縮約を一通り学ぶ中学部第 3 学年までは、導入には慎重を期すのが望ましい。

(10) 外字符と外国語引用符

　日本語中にアルファベットを表す場合は、表 8-5-15 に掲げる記号を用いる（これらは日本点字委員会が定める記号である）。

表 8-5-15　外字符と外国語引用符

	外字符
～	外国語引用符

　日本語中の文字として用いるアルファベットには、外字符を前置する。略称など 2 文字以上の場合でも、一つの外字符に続けて書き表す。

　　語尾の y を i に変えて es を付ける。

　大文字には大文字符を前置し、2 文字以上が全て大文字の場合には、二

重大文字符（UEB の大文字単語符に当たる）を前置する。縮約や修飾符の付いた文字を外字符で書くことはできない。

Uターンする　⠰⠠⠥⠀⠕⠒⠴⠀⠹⠙

ALT　⠰⠠⠠⠁⠇⠞

SDGs　⠰⠠⠠⠎⠙⠛⠰⠎

日本語中に英語の語句や文を書き表すときは、原則としてその前と後ろを外国語引用符で囲む。外国語引用符の内側は、UEB の表記規則に従い、グレード２の場合は縮約を用いる。

new の反意語は old。

⠦⠝⠑⠺⠴⠀⠎⠀⠥⠴⠃⠐⠪⠄⠀⠦⠕⠇⠙⠴⠲

経済学（economics）を学んだ。

⠫⠃⠐⠱⠃⠐⠡⠩⠶⠦⠑⠉⠕⠝⠕⠍⠊⠉⠎⠴⠶⠔⠀⠵⠅⠴⠐⠕⠲

sandwich(es) サンドイッチ

［グレード１］

⠦⠎⠁⠝⠙⠺⠊⠉⠓⠐⠣⠑⠎⠐⠜⠴⠀⠱⠴⠐⠞⠃⠂⠗

［グレード２］

⠦⠎⠯⠺⠊⠡⠐⠣⠑⠎⠐⠜⠴⠀⠱⠴⠐⠞⠃⠂⠗

日本語中であっても、英語の語句や文が改行して書かれていれば、原則として外国語引用符で囲む必要はない。

I like traveling.

私は旅行が好きです。

［グレード１］

⠀⠀⠠⠊⠀⠇⠊⠅⠑⠀⠞⠗⠁⠧⠑⠇⠊⠝⠛⠲

⠀⠀⠄⠕⠳⠄⠀⠈⠚⠪⠒⠐⠡⠀⠹⠣⠐⠟⠹⠲

［グレード２］

⠀⠀⠠⠊⠀⠇⠀⠞⠗⠁⠧⠑⠇⠬⠲

⠀⠀⠄⠕⠳⠄⠀⠈⠚⠪⠒⠐⠡⠀⠹⠣⠐⠟⠹⠲

同じ段落内に英語と日本語が混在する場合、日本語部分をカッコ ⠶～⠶ で囲んで書き表す方法もある。これは UEB が定める記号ではなく、日本点字委員会が日本独自の表記として認めたものである（『日本点字表記法　2018 年版』１編４章６節３．(1)）。

I am in Nara. 私は奈良にいます。

［グレード１］

⠀⠀⠿⠿⠿⠿⠿⠿⠿⠿⠿⠿⠿⠿⠿⠿⠿⠿⠿⠿⠿⠿⠿⠿⠿⠿⠿⠿

⠿⠿⠿⠿⠿

［グレード２］

⠀⠀⠿⠿⠿⠿⠿⠿⠿⠿⠿⠿⠿⠿⠿⠿⠿⠿⠿⠿⠿⠿⠿⠿⠿⠿

⠿⠿⠿⠿⠿

（11）発音記号

　点字の発音記号（万国音標文字）を表 8-5-16 に示す。これは、Daniel Jones 式の記号を元に 1933 年にイギリスで定められた点字記号である（UEB の記号ではない）。『日本点字表記法　2018 年版』2 編Ⅲ．4．に一覧が掲載されており、点字教科書でもこの点字記号が用いられている。

表 8-5-16　発音記号

⠘〜⠘	［ ］	発音記号符
⠒	：	長音符
⠁	´	第１ストレス符
⠢	`	第２ストレス符

母音

（英字と同形の文字）		（その他の文字）	
⠁	a	⠣	ɑ
⠑	e	⠮	æ
⠊	i	⠯	ʌ
⠕	o	⠿	ɜ
⠥	u	⠫	ɔ
		⠢	ə
		⠌	ɪ
		⠳	ʊ

子音

　　（英字と同形の文字）　　　　　　（その他の文字）

⠃　　b　　　　　　　　　⠬　　ŋ

⠙　　d　　　　　　　　　⠮　　θ

⠋　　f　　　　　　　　　⠹　　ð

⠛　　g　　　　　　　　　⠯　　ʃ

⠓　　h　　　　　　　　　⠱　　ʒ

⠚　　j

⠅　　k

⠇　　l

⠍　　m

⠝　　n

⠏　　p

⠗　　r

⠎　　s

⠞　　t

⠧　　v

⠺　　w

⠵　　z

　発音記号の前後ろは発音記号符で囲む。第1ストレス符・第2ストレス符は、該当する母音に前置する。

　　[dʒǽpəníːz]（Japanese の発音）

　斜体の文字には ⠨ を前置する。⠨ は次の1文字が斜体であることを示す。

　　[kάːr]（car の発音）

　発音記号中の（）は ⠶～⠶ で表す。

　　[brǽn(d)njúː]（brand-new の発音）

　英単語と発音記号を並べて書く場合は、原則として英単語を外国語引用符で囲む。

apple [ǽpl]

　　⠿⠿⠲⠿⠿⠿⠿⠿⠲⠿⠿⠿⠿⠿⠿⠿⠿⠿⠿⠿⠿⠿⠿⠿⠿⠿⠿⠿

　なお、辞書や単語集では、見出し語を囲む外国語引用符は省略することが多い。これは、行頭の見出し語を検索しやすくするためである。

apple [ǽpl]〔名詞〕りんご

　　⠿⠿⠲⠿⠿⠿⠿⠿⠿⠿⠿⠿⠲⠿⠿⠿⠿⠿⠿⠿⠿⠿⠿⠿⠿⠿⠿⠿⠿⠿⠿⠿⠿⠿⠿⠿⠿⠿⠿⠿⠿⠿⠿

(12)　英語点字の動向と参考文献

　現在英米をはじめとする英語圏各国で使用されている英語点字は、UEB（Unified English Braille、統一英語点字）と呼ばれる。UEB が使われるようになったのは比較的新しく、イギリス、アメリカでの本格導入は2016 年からである。それまで各国の英語点字表記法の間には僅かながら差異が見られたが、UEB により統一が図られた。

　日本では長らくアメリカ式の英語点字（EBAE: English Braille American Edition）が主流であった。しかし、英語圏の動向を踏まえ、英語の教科書・試験問題等については、日本点字委員会の指針に基づいて、次のように UEB の導入が進められてきた。

・中学校の教科書等―2016 年度から

・高等学校の教科書等―2017 年度から学年進行で

・大学入学試験―2020 年 4 月入学の試験から

　著作教科書の中学部英語は 2016（平成 28）年度用から UEB に切り替えられ、同小学部英語は初めて発行された 2020（令和 2）年度用から UEB が使用されている。

　一方、これまでに点訳された英語の読み物や学習参考書の中には、EBAE（旧表記法）で書かれたものが多数含まれている。新旧の表記法を比べると、EBAE から UEB に移行するに当たり、縮約が 9 つ廃止され、カッコ類など形が大きく変わった記号もいくつかある。したがって、既存の点訳資料を教材等として活用する際は、UEB 表記であるかの確認が重要である。

　UEB の表記規則については、次の資料が参考となる。

The Rules of Unified English Braille Second Edition 2013, International Council on English Braille（ICEB のウェブサイトより 2013 年以降の規則の追加・修正も含めダウンロード可 https://iceb.org）

　　『全訳 UEB 規則集』筑波技術大学、2018（同大学リポジトリよりダウンロード可　http://hdl.handle.net/10460/00002177）
　　『新版 UEB ベーシックマスター　英語点訳の基礎』福井哲也著、2021、日本ライトハウス（http://www.lighthouse.or.jp/tecti/）

2　指導上の配慮事項
(1)　英語点字の初期指導

　墨字では、仮名や漢字とアルファベットの字形が全く異なるのに対して、点字では、日本語も英語も同じ６点の組合わせで表現するため、日本語と英語の違いを直観的に捉えることが難しい。また、視覚障害のない児童は、学校以外の場所でも、看板や商品のパッケージ、テレビの画面など、様々な場面で日常的にアルファベットや英単語を目にすることができるのに対して、盲児がそれらに出会う機会は非常に少ない。そのため、英語点字の導入期においては、点字教科書に加えて、自作のプリントや点字の単語カード、マグネット式のカレンダーや時間割表などの補助教材を適宜活用しながら、英語点字に日常的に触れられる環境を整え、児童が興味を持って楽しく学習を進められるように工夫する必要がある。

　一方、点字のアルファベットのa〜jは数字の１〜０の字形に対応しており、また、a〜jに点字の３の点を加えるとk〜tになるというように、規則的で覚えやすい側面もある。

　ただし、英語点字では記号類の表記が日本語点字のそれらと一部異なっている（例えば句読符のうち疑問符は、日本語点字では ⠐⠂ と書くが、UEB では ⠦ と書く）。また、大文字やイタリック体などはアルファベットに記号を付加して表現するなど、点字独特の規則もいくつか存在する。これらは、英語学習の過程で実際に該当の表記が出てくる度に、丁寧に指導して定着を図っていかなければならない。

　なお、発展学習として、墨字のアルファベットの字形を取り扱う場合もある。日本語には、Tシャツ、Uターン、L字管のように、アルファベットの字形を知っていると意味が理解しやすくなる言葉がある。また、自分のイニシャルの字形を知りたい児童生徒も多いと思われる。あくまでアルファベットの点字表記が十分に定着していることが前提であるが、児童生徒の興味・関心に合わせて、活字体の大文字から順に紹介するとよい。

（2）縮約の指導

　前述のとおり、英語点字にはグレード１とグレード２という二つの表記法があり、中学部第２学年から第３学年にかけて、グレード２（縮約）を段階的に学ぶことになっている。具体的には、中学部英語第２学年の著作教科書第１巻から、分冊ごとに７段階に分けてグレード２を導入していく。著作教科書の各分冊の冒頭に、当該の巻で導入する縮約とその用法・用例がまとめて示されている。

　縮約は数が多く、その規則も煩雑であるため、生徒の中には「グレード１の方が簡単」、「点字使用者だけグレード２を余分に学ぶ理由が分からない」などと感じる人がいるかもしれない。しかし、グレード２は触読の効率性を高める非常に効果的な表記法である。グレード２の熟達者にとって、グレード１で書かれた英語点字は極めて読みにくいものである。実際、高等部英語科の点字教科書は原則としてグレード２で書かれており、また高校・大学等の入学試験における英語の科目や、英語関連の公的な検定試験などにおいても、グレード２が用いられるのが一般的である。そのため、グレード２の学習の初期の段階で生徒自らがその利便性に気付き、将来の見通しをもって意欲的に学習に取り組めるように支援する必要がある。

　以下は、縮約を段階別に指導する際の主な留意事項である。

　縮約語、頭字縮約、短形語などを覚えると、本来の綴りを忘れがちになる。それを補うための工夫としては、授業中にフルスペルを口頭で確認する、小テストで縮約とフルスペルの両方を書かせるなどが考えられる。

　新しい縮約が出てきたら、同じ縮約を使う複数の単語を繰り返し指で読んで、点字の字形と音をマッチングしながら覚えていくことが有効である。例えば、末字縮約部の一つである ful ⠿ ⠇ が出てきた際には、useful, beautiful, wonderful, careful などの既習の単語をまとめてノートに書いたり読んだりするとよい。

　前述のとおり、グレード２（縮約）は７段階に分けて順次導入することになっている。これにより、一部の縮約しか学んでいない時期に、一旦不完全な表記を用いなければいけない場合が度々ある。例えば、‘your’や‘about’は頻出語であるにも関わらず、強縮約を学ぶ第Ⅲ段階では、それぞれ ⠽⠗ ⠁⠃⠞ と書き、「短形語１」を学ぶ第Ⅳ段階に到達して初めて、完成形である ⠽⠗ ⠁⠃ という表記を知ることになる。縮約を種類別に系統的に教えていくことを最優先しているために、やむを得ずこの

ような矛盾が生じてしまう。まず教師が縮約とその指導順序を適切に理解した上で、丁寧に指導しなければならない。なお、生徒の英語点字の熟達度や興味・関心等に応じて、完成形が別に存在することを予告したり、完成形の表記を先に教えたりすることが有効な場合もある。

(3) 縮約以外の表記の指導

　UEBには、縮約以外にも丁寧な指導を要する表記がいくつかある。

　例えば、小数点や数字の桁区切り、「%」や「℃」など、日本語点字とUEBで表記が異なるものがある。すなわち、日本語の文章の中で読み慣れていた記号類であっても、それが英語点字の中に出てくれば、UEBの規則に従って日本語点字とは異なる書き方で表現されるのである。また、大文字と小文字の書き分けやイタリック体の表し方、修飾符の使い方など、UEBには煩雑なルールも存在する。

　通常は、英語の教科書の本文等に上記の記号類が出てきた時に初めて、その点字の表記と出会うことになる。しかし、入学試験における英語の科目や、英語関連の公的な検定試験などを受験する場合などには、UEBの記号類を意識的に学習しておいた方が望ましいこともある。なお、著作教科書の別冊資料編にUEBの表記法の概要がまとめて掲載されているので、それを活用して系統的に指導することもできる。

(4) 英語学習全般について

　最後に、点字で学ぶ児童生徒に英語を指導する際の全般的な留意事項についていくつか述べる。

　外国語教育においては、イラスト、写真、動画といった視覚教材を手掛かりとして、読む・聞く・話す等の活動を進めていく学習スタイルが一般的である。しかし、盲児童生徒にとって触図の読み取りは容易でなく、図が表しているものを即時的にイメージして活動の手掛かりとすることは難しい。そこで、補助教材として具体物や効果音付きの音声教材を用意したり、児童生徒自身が身体を動かす体験活動を取り入れたりするなどの工夫が求められる。また、外国語教育において日本語を介さない指導を重視するという考え方は重要であるが、盲児童生徒の場合は、必要に応じて日本語の音声や点字を用いることもやむを得ない。実際、著作教科書では、イラストや写真を日本語の単語や説明文に置き換える配慮を度々行っている。

　リスニングテストでは，メモを取ったり選択肢を読んで解答を書いたりするのに時間がかかることを考慮して、解答時間を十分に保障しなければならない。また、イラストやグラフなど、視覚的な選択肢を点訳する際には、解答に必要な情報を精選し、複数の選択肢を効率的に比較できるように工夫することが重要である。

　英語の学習では、辞書を引く活動が必須である。中学部英語の著作教科書には別冊の資料編が用意され、その中には、第1学年から第3学年で学ぶ語句を網羅した英和単語集が掲載されている。点字で学ぶ生徒には、まずこの単語集の使い方を指導し、自分で語句の意味等を調べる習慣を身に付けるように支援する。掲載語や用例がさらに多い点字の英和辞書もいくつか出版されているので、学校図書館でそれらに触れて、辞書の使い方についてより詳しく学習するとよい。また、点字ディスプレイ装置とともに使う電子辞書も、検索性や携帯性に優れた便利なツールである。このような電子機器を生徒が自由に活用できる環境が整い、主体的な学習活動の一助となることが期待される。

第6節　点字楽譜指導における配慮事項

　音楽は古今を問わず、視覚障害者にとって特に重要な芸術であり、点字楽譜は欠くことのできない重要な楽譜表現形式である。

　そして、五線譜は図的表現であるのに対して点字楽譜は文字記号表現と、表現形式が根本的に異なっているため、点字楽譜の特性に沿った指導への配慮が必要である。

　点字楽譜記号の使い方や表記上の留意点の詳細については、1984（昭和59）年に発行された、文部省編集・発行の『点字楽譜の手引』[1)]を参照されたい。なお、その後に変更されている部分について最後に付記した。

1　点字楽譜の特徴と五線譜との基本的な違い

　五線譜は、音の高さと長さ及び各パートを図形的に表現し、直感的に捉えやすい形式であるが、点字楽譜は音高や音長その他を6点の点字により、文章を読むように辿る形式である。点字楽譜の指導に当たっては、まずはこの基本的な違いについて、十分に理解しておく必要がある。

(1)　五線譜の特徴

　点字楽譜の表現方法を理解するためには、五線譜には次のような特性があることを確認しておく必要がある。

　ア　音の高さと長さの図形的な表現

　五線譜は、音の高さと長さの図形的な表現であるため、五線譜の導入段階では、音の動きを図として描くことで、視覚的に「ドレミ」の音階へと導き五線譜の学習に結び付けている。また、教科書などにおいて、旋律や和音の学習、音楽鑑賞などで、音高や音長の流れを視覚的に分かりやすくするために、図形的な表現がよく用いられている。

　イ　五線譜の歌詞と音符や各パートなどの縦横の読み取り

　五線譜では、併記されている様々な記号を読まずに音符の部分だけを辿って読み取ったり、必要に応じて各記号も併せ読んだりするなど、一つの楽譜を選択利用することができる。また、視覚では上下左右の比較も容易なため和音の把握も一目でできる。音符の部分とその下の歌詞を見比べながら歌ったり、他のパートが併記されている場合も、その動きを視野に入れながら、必要なパートを読み進めたりすることができる。

　ウ　五線譜は読み取りながら演奏できる

　五線譜を読むのは目で、楽器を演奏するのは主に手指であるため、楽譜を読み取りながら歌ったり楽器を演奏したりすることができ、初見による演奏もよく行われている。

　エ　学習段階の異なる楽譜記号の表現

　教科書においては、児童生徒が直接学習する部分以外に、該当学年の教科学習段階にはない楽譜記号が先行して使用されていることがよくある。また、様々な該当学年の発声音域や使用楽器の演奏しやすさに配慮して移調・編曲されている楽譜が掲載されたり、指導者用の伴奏譜も併記されたりする。これらは、文字の大きさやページのレイアウトによって、児童生徒が使用する部分とは、おおむね区別されている。

(2) 点字楽譜の特徴

　点字楽譜は、教会のオルガン奏者にもなったルイ・ブライユが考案した。1924 年頃には触覚に最適な 6 点による 4 行配列を考案して音符配列とし、1834 年及び 1837 年には点字楽譜の全容を発表した（図 8-6-1）。それ以来、この点字楽譜は世界に広まり約二百年にもわたって世界中で使用され、これ以上優れた方式はないとすら言われている。

　点字楽譜は、指で一マスずつ読み取っていく文章であり、一目で周辺の音符の概要まで読み取れる五線譜とは基本的に異なる表現形式である。そのため、点字楽譜には、前述した「五線譜の特性」はなく、次のような「点字楽譜の特性」があることを十分把握しておくことが必要である。

　ア　点字楽譜は順にたどる文字記号の連続

　点字楽譜は、音符や休符を一マスで表現し、それを 1 行の点字として並べ、点字の文字と同様に順に触読して読み取り、音高やリズム、諸記号を全て記憶してから演奏に使用する文字譜である。

　イ　和音の表現

　同時に演奏される和音の重なりの表現も、横一列の記号点字列の中に表現する。

　ウ　各種記号

　タイやスラー、スタッカートなど、強弱や速度、曲想の記号や用語など、種類の異なる様々な楽譜記号も、点字楽譜の横一列の点字の中に全て織り込んで書く表現形式である。

教会のオルガン奏者にもなった、点字考案者のルイ・ブライユは、点字に触れた当初から点字楽譜の考案に没頭していたとみらる。14歳のとき、触察に最適の4点の配列に下2点を加え、10×4行で構成された「6点の4行配列」（図A）を考案し、音符の考案にも行き着いていたとされている。

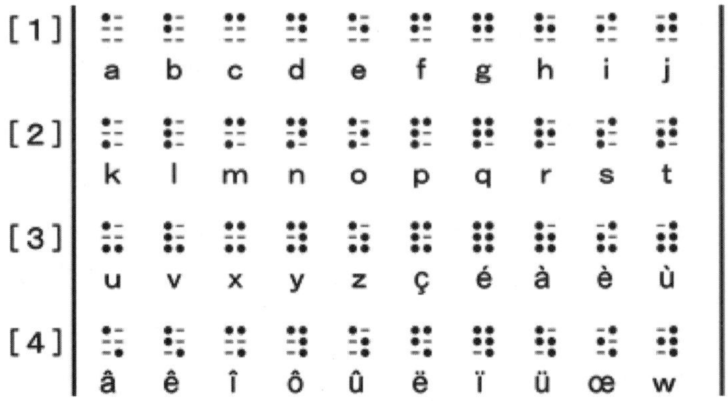

図A　「ブライユの4行基本配列」（1829年発表）

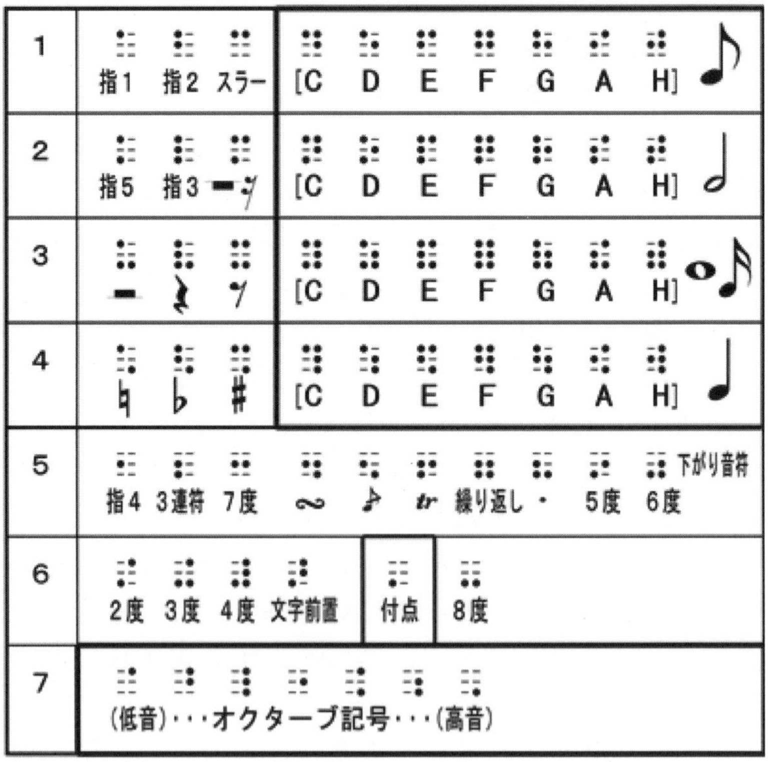

同級生から早く文字をと急かされてアルファベットをその4行に当てはめ、パリ盲学校生徒に広まった1825年（16歳）が点字考案年となった。

この「4行配列」は1829年に世界で初めて発表された。その表題は、「言葉、音楽そしてグレゴリオ聖歌を点を使って書くための盲人用の方法」としていたにも関わらず点字楽譜は含まれていなかった。それは当初の点字器が溝型構造であったために考案が遅れたと推測され、「④⑤⑥の点に

図B　「ブライユの点字楽譜記号」（1837年～現在）

よるオクターブの記号」を加えて点字楽譜の体系を整えて、ブライユは1834年に概要を、1837年に改定版として発表した（図B）。この点字楽譜記号は、200年を経た今日も、全世界の視覚障害者にとって、音楽の重要な表現手段となっている。

図8-6-1　ブライユの点字基本配列表と点字楽譜記号

エ　点字楽譜の読み取り

　五線譜は図的表現のため、主となる音符だけを目で追いかけて読んだり、和音としての流れを読み取ったりするだけでなく、音符と歌詞やピアノの右手と左手の楽譜のような上下の関係も、目を移しながら読み取ったりすることもできる。しかし点字楽譜は、1行の点字の流れの中に、音符や休符だけでなく和音や諸記号も書き込まれた、基本的には「記憶のための文字譜」である。そのため、音符だけを拾い出して追いかけるだけでも容易ではなく、ましてや他のパートの情報まで得ながら読み進めることはかなり困難である。

オ　点字楽譜を読みながらの演奏は困難

　点字楽譜は「一マスずつ手指で読み進んで記憶する楽譜」であり、特に手を使って演奏する楽器については、点字楽譜を読みながら同時に演奏することはできない。いわゆる「初見演奏」についても、「五線譜の全体を点訳した点字楽譜を、できるだけ速く読み取り、全部記憶して演奏する」ことに置き換えることになる。

カ　邦楽の絃譜なども点字楽譜で表現

　箏曲や三絃など絃譜（いとふ）等で表された邦楽の楽譜も点字楽譜で表現されて広く利用されている。そのほか、タブ譜をはじめ、様々な楽器の演奏表現についてもブライユの点字楽譜の書き方を踏まえて工夫されているが、図形的な表現が多くあり、それらの全てが点字楽譜として表現できるわけではない。

2　点字楽譜の表し方と指導上の留意点

　点字楽譜の学習については、特に音符やオクターブの記号、和音の表現など基本的に五線譜とは大きく異なる記号などの指導方法や提示の順序を独自に設定しなければならないこともあり、適切な教材を用意することが望まれる。

(1) 点字楽譜の音符や休符の表現

　点字の音符は、点字一マス6点で、幹音となる音の高さと基本の長さを同時に表現している。点字の上の4点（①②④⑤の点）の組合わせで幹音の高さ（ドレミファソラシ）を、下の2点（③⑥の点）の組合わせで全音符・2分音符・4分音符・8分音符の長さを表している。また、オクター

ブの違いは、その前置点によって表現される。そのため、点字楽譜の基本的な音高表現には、五線及び音部記号は必要ではない。

　ア　点字楽譜の音符の指導

　　五線譜は、音の高さと長さの図形的な表現であるため、学習の初期段階では、音の動きを視覚的な図として描くことで五線譜へと導入している。一方、点字楽譜は文字譜であるので、音高と鍵盤とを結び付けるなど点字の音符記号への適切な指導を工夫する必要がある。

　　五線譜の音符については、4分音符、8分音符、2分音符は小学2年生で、全音符は3年と、段階を追って提示されている。点字楽譜の音符については、その構造を説明することが、音符の理解につながるので、次の（例1）のような説明を適切な段階で提示することが望まれる。

　イ　休符や付点の学習

　　休符や付点については、小学2年から小学4年で学習するが、点字楽譜では、次の（例2）や（例3）のようにまとめて示すことも必要になる。

　（例1）

　　　　（1）　オンプ（オトノ　タカサト　ナガサ）

　　テンジ　ヒトマスノ　6テンワ、

　ウエ　4テンガ　オトノ　タカサ（「ドレミファソラシ」）

　シタ　2テンガ　オトノ　ナガサヲ　アラワシテ　イマス。

　　　（点字）　　　　（8ブ　オンプ）

　　　（点字）　　　　（4ブ　オンプ）

　　　（点字）　　　　（2ブ　オンプ）

　　　（点字）　　　　（ゼンオンプ）

　　　（点字）　　　　（16ブ　オンプ）

　　（16ブ　オンプワ　ゼンオンプト　オナジデ、

　1ショーセツノ　ナカノ　カズデ　クベツ　シマス。

　ショーセツノ　クギリワ　ヒトマスアケデス。）

　　　（「ガクフノ　キゴー」ニワ　（点字）　ヲ　ツケマス。）

　（例2）

　　　　（2）　キューフ

　　ゼンキューフ　（点字）

　　2ブ　キューフ　（点字）

　　　4ブ　キューフ　⠿⠿⠿
　　　8ブ　キューフ　⠿⠿⠿
　　16ブ　キューフ　⠿⠿⠿
　（16ブ　キューフワ　ゼンキューフト　オナジデ、
　1ショーセツノ　ナカノ　カズデ　クベツ　シマス。
（例3）
　　　　（3）　フテン
　　フテンワ　オンプヤ　キューフノ　アトニ　「⠂」ヲ
ツケテ　アラワシマス。
　⠿⠿⠿⠿⠿⠿⠿⠿⠿⠿⠿⠿
　⠿⠿⠿⠿⠿⠿⠿⠿⠿⠿⠿⠿

(2) 点字楽譜の音符のオクターブの区別

　点字楽譜の音符のドからシの記号は幹音の表現であり、どの高さのオクターブかは、音符に④⑤⑥の点の組合せの記号を前置することで表している。このオクターブの高さを表す記号は音列記号とも言う。

　ア　オクターブの高さの記号

　音符には、中央のドからシには ⠼ 、1オクターブ高いドからシには ⠼ 、1オクターブ低いドからシには ⠼ を前置する。低い音から高い音へ並べると、4分音符の「ド」の音は ⠼⠼　⠼⠼　⠼⠼ となる。

　イ　オクターブの記号の省略の扱い

　オクターブの記号は全ての音符に付けるわけではなく、この段階では「近い高さの音符に移るときには省略し、離れた高さに移るときには付ける」程度の説明を行う（例4）。詳細な規則については、3度や6度などの「音程」を学習した後となる（例5）。

　ウ　オクターブの記号の学習と音部記号の扱い

　音高を決定する五線とト音記号・ヘ音記号は、おおむね小学3年と5年で学習することを踏まえて、点字楽譜における「音高は幹音とオクターブの記号による表現」であることを学習する。

　「五線と音部記号」については、墨字楽譜表現の知識としての学習になる。ただし、五線譜を拡大して使用することもある弱視児の場合は、墨字使用児童とともに五線上の音高についても学習しておく必要がある。

（例4）

　　　　（4）□オクターブノ□キゴー

　　□マンナカノ□タカサノ□オンプワ

サイショニ□「5ノ□テン」□⠿⠿⠿⠿⠿⠿⠿⠿⠿

　　□タカイ□オトニワ□「46」□⠿⠿⠿⠿⠿⠿⠿⠿

　　□ヒクイ□オトニワ□「456」□⠿⠿⠿⠿⠿⠿⠿⠿

　　□⠿⠿⠿□⠿⠿□ヒクイ・□マンナカ・□タカイ

（「オクターブノ□タカサ」ノ□キゴーデス。）

　　□（レイ□1）□□「ハルノ□オガワ」ノ□サイショ

　　□⠿⠿⠿⠿⠿⠿⠿⠿□（ミソラソ□ミソドド）

　　□（レイ□2）□□「ユカイナ□モッキン」ノ□テイオンブ

　　□⠿⠿⠿⠿⠿⠿□（ドソ□ドソ）

（例5）

　　　　（5）□オクターブノ□キゴーノ□ショーリャク

　　□オナジ□オクターブノ□ナカデワ、

　□⠿⠿⠿⠿⠿⠿⠿⠿⠿⠿

ノヨーニ□アマリ□ハナレテ□イナイ□オンプエノ□トキワ

「5ノ□テン」ナドヲ□ショーリャク□デキマス。

　　□オナジ□オクターブデモ、□オオキク□ハナレタラ

ツケマス。□□⠿⠿⠿⠿⠿⠿⠿⠿⠿⠿

　　□トナリノ□オクターブエ□ウツル□トキワ

　□⠿⠿⠿⠿⠿⠿⠿⠿⠿⠿⠿⠿⠿⠿⠿⠿⠿

ノヨーニ□チカイト□ショーリャク□シ、□ハナレタラ

オクターブノ□キゴーヲ□ツケマス。

　　□（オナジ□オクターブノ□ナカデワ、□マエノ

オンプトノ□アイダガ□5□ドマデワ□ショーリャク

デキマス。□□トナリノ□オクターブエ□ウツル□トキワ、

3□ドマデワ□ショーリャク□デキマス。）

(3)　点字楽譜の諸記号について

　点字楽譜の諸記号の学習は．晴眼児が五線譜の諸記号について学習するのに合わせて進めるが、(1)と(2)で述べたように、点字楽譜独自の表現で

ある音符及びオクターブの記号の学習時期については独自に決める必要がある。その他の記号については、五線譜の各記号の学習に合わせて適切な時期に学習することになる。

ア　小節の区切りと点字楽譜のつなぎ、複縦線

　　小節の区切りは点字楽譜ではマスあけで表現するが、小節の途中でマスをあけて用語を入れたり、行を移すときに、「点字楽譜のつなぎ」を入れることについても説明する必要がある（例6）。

　　五線譜の複縦線は細い線が2本になるだけなのでよく用いられているが、点字楽譜の複縦線 ⠶⠶⠶ はしっかりと触読する記号なので、拍子の変わり目などには用いず、曲の大きい変わり目に用いている。

（例6）

　　　　（6）　ショーセツノ　クギリト　ツナギノ　キゴー
　　ショーセツノ　クギリワ　ヒトマス　アケマスガ、
　ショーセツノ　トチューデ　マスヲ　アケタリ、
　ギョーヲ　ウツス　トキワ、　数5ノ　テンヲ　ツケテカラ
マスヲ　アケルカ　ギョーヲ　ウツシマス。　　コノ
数5ノ　テンヲ　「テンジ　ガクフノ　ツナギ」ト　イイマス。
　　　　（パフ）　　⠿⠿⠿

イ　拍子記号や繰り返し記号

　　4分の2などの拍子記号は小学3年で学習するので、そこで説明する。くり返し記号は小学4年と小学5年で学習するので、そこで説明する。

ウ　臨時記号と調号

　　臨時記号の ♯、♭ は小学4年で学習するので、そこで説明する。

　　移調の調号についての学習については中学校段階とされているが、実際の教科書の楽譜においては、発声音域や使用楽器に配慮して移調された楽譜が掲載されている。点字教科書でもそのまま点訳されているため、階名の扱いその他、配慮が必要なことがある。

エ　タイとスラー、スタッカートなど、強弱記号

　　タイの記号の説明は小学3年にあるが、スラーについての説明は明確にはされていない。しかし、点字楽譜においてはスラーの記号は重要であり、タイとともに簡単に説明しておく必要がある。なお、タイやス

ラーが連続するときの「独自の省略方法」については、必要とする楽譜があったときに説明すればよい。

　スタッカートなどの記号についても、必要なときに説明すればよいが、和音と誤解されるときは③⑥の点を添えることにも注意する（例7）。

　強弱記号については小学4年で学習するので、点字楽譜記号もそれに併せて説明すればよい。松葉型の記号の点字楽譜の終わり記号の省略についての説明も、その学習が必要な楽譜が出現したときでよい。なお、この記号の後に③の点を付ける場合についてはどこかで触れた方がよい（例8）。

（例7）

　　　　（7）□スタッカート・□アクセントナド
　　□スタッカート・□アクセント・□テヌートノ□キゴーワ
オンプノ□マエニ□カキマス。
ソノ□キゴーガ□ワオンノ□キゴート□マチガウ
トキワ□⠿3⠿6ノ□テンヲ□マエニ□ツケマス。
　　（レイ）□□⠿⠿
　□⠿⠿⠿⠿⠿⠿⠿⠿⠿⠿⠿□⠿⠿⠿⠿⠿□⠿⠿
　　（「スタッカートノ□レンゾク」ノ□カキカタ）
　□□⠿⠿⠿⠿⠿⠿⠿□⠿⠿⠿⠿

（例8）

　　　　（8）□キョージャクノ□キゴー
　　□ピアノ・□フォルテ・□クレシェンドナドノ
キゴーノ□スグ□アトニ□⠿1⠿2⠿3ノ□ドレカノ
テンガ□アル□トキワ□「⠿3ノ□テン」ヲ□ツケマス。
　　□⠿⠿⠿⠿⠿⠿⠿⠿□⠿⠿⠿⠿⠿⠿⠿⠿⠿⠿⠿⠿

（4）和音の表現

ア　縦に重なった和音

　和音は五線譜では縦に重ねて表現されているが、点字楽譜では、1行の中に、主となる音符（和音の最低音または最高音）を書いて「重なる音」はその後に並べて表現している。その「重なる音」の部分は、高さを示す上4点を1点下げた「下がり音符」としている。

　和音については、小学5年で和音を学ぶので、そこで点字楽譜の和音

の表記について説明することが望まれる（例9）。

（例9）

　　　　（9）□オトノ□カサナリ（ワオン）

　　オトノ□カサナリ（ワオン）ワ、□サイショノ□オトノ

アトニ、□カサナル□オンプノ□ウエ□4テンヲ□1テン□サゲテ

⠿⠿⠿⠿⠿⠿⠿⠿⠿⠿⠿⠿⠿⠿⠿⠿⠿⠿⠿⠿⠿

ノヨーニ□カキマス（サガリ□オンプ）。

　　「ドミ」ノ□ワオン□⠿⠿⠿⠿⠿□⠿⠿⠿⠿⠿

　　ワオンノ□「ドミソ□ドファラ□シレソ」

　　□⠿⠿⠿⠿⠿⠿□⠿⠿⠿□⠿⠿⠿

　　（オクターブノ□キゴーワ、□ワオンノ□サイショノ

オンプノ□ウゴキニダケ□ツケマス。）

イ　異なるリズムで重なった和音

　ピアノやギターなどで、リズムが異なる音の重なりもよくある。点字楽譜では、小節ごとにパートを分けて ⠿⠿ を挟み、1行の中に並べて表現している。中学器楽のギター曲にこの表現がある（例10）。

（例10）

　　　　（10）□コトナル□リズムデ□カサナッタ□オト

　　フタツノ□オトガ□コトナル□リズムデ□カサナッタラ

1ショーセツゴトニ□オンプヲ□ナラベテ□⠿⠿⠿⠿□ヲ

ハサミマス。□□「ブルタバ」ノ□ギター□パートノ

サイショノ□1ショーセツワ□ツギノヨーニ□ナリマス。

　　□⠿⠿⠿□⠿⠿⠿⠿⠿⠿⠿⠿⠿⠿

ウ　音符法と音程法

　点字楽譜における和音の書き方については、ブライユが考案した音程法が世界に広まり、我が国においても、音楽の専門的分野や邦楽分野では音程法が使用されている。ただし、我が国の初等中等教育においては、歴史的な経緯により、1954年の国際点字楽譜会議で提唱された音符法が導入されて定着している。そのため、初等中等教育では主として音符法が使用されていることを踏まえておく必要がある。なお、中学点字教科書の巻末にまとめられているピアノ伴奏については、音程法によって記載されている。

3　点字楽譜に必要なレイアウトの工夫

　五線譜による楽譜は図形的な表現であり、音の高さと長さだけの読み取りも、和音の縦の重なりも様々な記号等の読み取りも直感的にできる。

　五線譜の情報が一つの点字楽譜に織り込まれて点訳されているときは、①必要なパートの音符の流れのみを探し出して記憶する、②和音として同時に演奏する音符を記憶する、③強弱などの記号部分を読み取る、④記憶していた①～③を重ね合わせて記憶し直す・・・というような、1行の中から必要な情報を抽出しながら記憶する作業の積み重ねとなる。また、点字楽譜は、基本的に横一列の点字の流れの中の様々な情報の記憶であり、音符と歌詞や他の声部間の相互の関係などを読み取ることは困難である。

　このような特性から、点字楽譜は適切にレイアウトすることによって、各記号などの対比をしやすくし、理解を高める工夫がされている。

(1) 歌の楽譜のレイアウト
　ア　楽譜導入期の歌詞と「ドレミ」

　楽譜の導入期においては、楽譜記号の学習以前であるため、「ドレミ」と歌詞の対応表現となる。墨字では、まとめて視覚的に分かりやすい図になっていても、点字では行の対比表現となり、行をまたぐ動きはやりにくいため、まずは2行セットに限定する。次の（例 11）においては、墨字は一つの図でも、「ドレミ」と歌詞、「ドレミ」と指記号のように分けて示している。

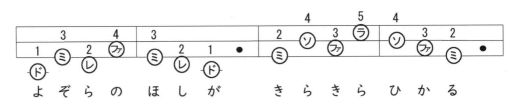

図 8-6-2　うたとけんばんハーモニカ

（例 11）

・・・

□□⠫⠴⠐⠥⠴□⠥⠒⠾⠇⠡

⠶⠐⠞⠛⠷⠶□□⠐⠞⠷⠛⠢⠥□□□⠷⠛⠐⠞

⠶⠬⠐⠧⠶□□□⠼⠁⠼⠉⠼⠃⠼⠙□⠼⠉⠼⠃⠼⠁

・・・

イ　歌詞と楽譜を行単位でひとまとまりとしたレイアウト

教科書等で用いられている歌の点字楽譜の大部分は、最初に歌詞の行を書き、その下に楽譜の行とする2行を一組の段としている。そして、歌詞の適当な区切り目から段を変えて表現している。これは、楽曲全体のどの部分かを把握しにくい点字楽譜において、多くの曲は歌詞の流れで判断した方が分かりやすいからである。なお、逆に、楽譜の行・歌詞の行の順とする表記もあり、専門的な分野などでよく使用されている。

楽譜の行の行頭には、楽譜を表す ⠠⠄ を前置している。やや複雑な曲においては、歌詞の行頭に言葉を表す ⠰⠆ も前置している（例 12)。

（例 12)

□□□□（１１）□カシノ□ギョート□オンプノ□ギョー

□□ウタノ□「カシ」ト□「オンプ」ワ、

⠰⠆・・・□（カシノ□ギョー)

□□⠠⠄・・・□（オンプノ□ギョー)

ノ□レイアウトト□シ、□カシノ□テキトーナ□キレメカラ

ツギノ□カシノ□ギョー・□オンプノ□ギョーヲ□カキマス。

□□カシノ□ギョーノ ⠰⠆ ワ、□ワカリヤスイ□トキワ

ショーリャク□シテ□イマス。

なお、歌詞の行も楽譜の行も、長くなったときには次の行に二マスずらすなどして書き続け、実際の一つの段の行数は3行や4行などとなることが多い。

ウ　歌詞と音符の対比

歌曲の楽譜については、音符と歌詞の対応が必要になる。そのとき、一つの歌詞を伸ばして複数の音符で歌ったり．複数の歌詞を一つの音符で歌ったりすることがあり、記号を使って一つ一つ対応させる書き方がある（例 13)。しかし、低学年段階から導入すると難しすぎるため、低学年では使用せず、学年進度に応じて「注」とするなど（例 14)、表現方法を工夫しながら段階的に導入する。

（例 13）

　　□□□□（１２）□カシト□オンプ

　　□□カシト□オンプノ□カズワ□オナジデス。

　　⠿⠿カエルノ□ウタガ□キコエテ□クルヨ

　　□□⠿⠿⠿⠿⠿⠿⠿⠿⠿⠿□⠿⠿⠿⠿⠿□⠿⠿⠿⠿⠿

　　・・・

　　□□ヒトツノ□カシヲ□ノバシテ□イクツカノ□オンプデ

　　ウタウ□トキ、□ソノ□カシニワ□「⠿3⠿6ノ□テン」ヲ、

　　オンプニワ□スラーヲ□ツケマス。

　　⠿⠿ ［ハ⠿ル］ノ□オガワワ□・・・

　　□□⠿⠿⠿⠿⠿ ［⠿⠿⠿⠿⠿］⠿⠿⠿⠿⠿□・・・

　　・・・

　　□□イクツカノ□カシヲ□ヒトツノ□オンプデ□ウタウ□トキ、

　　ソノ□イクツカノ□カシヲ□⠿□⠿デ□ハサミマス。

　　⠿⠿ ［⠿アーイ］ ［⠿アイ⠿］□ ［⠿アーイ］ ［⠿アイ⠿］□・・・

　　□□⠿⠿⠿⠿⠿⠿⠿⠿⠿□・・・

（例 14）　　「待ちぼうけ」

図 8-6-3　「待ちぼうけ」（「小学生の音楽５」より　教育芸術社　令和４年
　　　　　度発行）

　　□□□□⠿⠿⠿⠿

　　マチボーケ□マチボーケ□アル□ヒ□セッセト□ノラカセギ

　　□□⠿⠿⠿⠿⠿⠿⠿⠿⠿□⠿⠿⠿⠿□⠿⠿⠿⠿⠿

　　・・・

　　□□⠿チュー⠿□□「マチボーケ」ノ□「ボー」と□

　　「セッセ」ノ□「セッ」ワ□ヒトツノ□オンパフデ

　　ウタイマス。

(2) 歌や器楽の楽譜理解に必要な構成要素と順序

ア 歌の楽譜理解に必要な構成要素

歌の指導については、読譜が不十分な段階でも歌えることが必要であるので、点字教科書では、おおむね次のような構成になっている。

①最初に「歌詞」のまとめ書き

②次に、強弱記号などを付けない音符と休符等の「主旋律の楽譜」

③強弱記号なども付け加えた「パート別の楽譜」

歌の指導では、まずは主旋律を歌うことが多いので、音符と休符による「主旋律の楽譜」の必要性は高い。一行に何もかも含んだ点字楽譜を提示するのではなく、①～③のように、段階を分けた楽譜等を順に提示しているので、児童生徒それぞれの学習進度に合わせることもできる。

イ 器楽の構成

器楽曲では、リコーダーや鍵盤ハーモニカなどの楽器別のパート譜として記載されている。ピアノ譜と同様、最初に小節番号を付して各行を書き始めることもある。

4 点字楽譜による音楽指導の配慮事項

点字楽譜は、音の高さや長さが図的に表現されている五線譜とは全く違った「文字譜」であるため、楽譜指導上、五線譜とは異なった指導方法となる部分も多い。

(1) 点字楽譜記号学習の指導時期や留意点について

2や3で述べたように、点字楽譜の諸記号も、五線譜と同様に扱えるものは、学年進行と共に学習できる。

しかし、点字楽譜独自の構造である、「音符の成り立ち」、「オクターブの記号」、「和音の書き方」、「レイアウトの工夫」などについては、それぞれまとまった説明が必要であるが、どの学年で学習するかについては明確にはされていない。そのため、これらの点字楽譜記号についても、関連する項目を踏まえて学習できるように準備しておく必要がある。

点字楽譜独自の記号体系については、それぞれまとまった説明が必要となるが、特に点字楽譜の学習を始める時期が遅かった児童生徒については、これらの基本的な説明を確実に受けられるよう配慮する必要がある。

(2) 点字楽譜は「固定ド」の表記

　調号については、中学校で、♯（ト長調又はホ短調）及び　♭（ヘ長調又はニ短調）を学習することになっている。

　図的表現の五線譜では、音の相対的高さをさっと視認してその調子の階名への読み替えができて音程を取りやすいため、歌唱曲の五線譜の指導においては、「移動ド唱法」を中心にした階名読みが広く行われている。しかし、点字楽譜は幹音表示の「固定ド」の表現であり、点字楽譜使用者に、移調した階名の「ドレミ」での歌唱を求めることは望ましくないことに留意する必要がある（例 15）。

　　（例 15）

　　　　□□□□（１３）□イチョート□オンカイ

　　　□テンジノ□⠿⠿⠿⠿⠿⠿⠿⠿⠿⠿⠿⠿⠿⠿⠿⠿

　　ナドワ、□ハチョーノ□「ドレミファソラシ」ト

　　オナジ□タカサノ□オンプデス。

　　　（カイメイノ□「ドレミファソラシ」デワ□アリマセン。）

　　　□□ヘチョーチョーノ□カイメイノ□「ドレミファソラシ」ノ

　　テンジワ、□ジツオンデワ

　　　□□⠿⠿⠿⠿⠿⠿⠿⠿⠿⠿⠿⠿⠿⠿⠿⠿

　　ト□ナリマス。

5　点字楽譜の諸記号について

　点字楽譜記号の使い方や表記上の留意事項については、次の資料に詳しく記載されているので、利用されたい。

　文部省（現、文部科学省）編集・発行『点字楽譜の手引』、1984[1]

　1992 年にスイスで開催された点字楽譜国際会議での決定を受けて、

　"New International manual of Braille Music Notation", by The braille music subcommittee, World Blind Union, 1996[2]

が発行された。これは、各国における点字楽譜の扱いは各国に委ねた上で、国際的にやりとりをする楽譜についてはこの「manual」によるとされている。日本においては、1954 年のパリでの点字楽譜国際会議[3]以来の経緯があり、そのまま全て採用すると混乱を招きかねないので、留保されている。

(1) 音部記号の変更について

　小学部・中学部段階の一般教科書（点字教科書）＊⁹においては、音部記号は五線譜における記号としての扱いになっており、点字楽譜の表現として使用していない。専門的な領域では世界共通の音部記号の使用が広まっており、1992年の国際会議の決定に基づく記号とする必要がある。

　（　）内は『点字楽譜の手引』Ｉ３（5）の記号。

　　ト音記号　⠦⠧⠼　　（⠴⠧⠼）

　　ヘ音記号　⠦⠷⠼　　（⠴⠷⠼）

　　ハ音記号　⠦⠯⠼　　（⠴⠯⠼）

(2) 「オクターブの記号（音列記号）」の用語について

　幹音の音符に前置するオクターブの違いを表す記号の名称を、「オクターブの記号（音列記号）」とする。

　従来は「音列記号」の名称で扱われてきたが、従来から用語としての分かりにくさが指摘されてきた。英語名は octave marks でもあるので、「オクターブの記号」を主として用いる。なお、日本では「8va」の名称を「オクターブ記号」と称することもあるが、「オッターヴァ」の名称がよく使われている（通常の点字楽譜においては、五線譜とは異なり「8va」はほとんど使用しない記号でもある。）。

<参考資料>

1）文部科学省『点字楽譜の手引』、日本ライトハウス発行、1984

2）"New International Manual of Braille Music Notation" by The Braille Music Subcommittee, World Blind Union, 1996

3）鳥居篤治郎・林繁男『世界点字楽譜解説』、1972

第 7 節　情報処理用点字の指導

　日本点字委員会が定める点字体系の一つに、情報処理用点字がある。これは、プログラミング言語やデータ言語などのコンピューター言語で記述されるソースコードや、インターネット上のアドレスなどを表記するための点字体系である。このような表記対象は、記述や伝達での厳密さが特に求められるため、情報処理用点字ではそれに適する点字記号や表記規則が定められている。この点字体系の使用に際しては、点字記号や表記規則についての適切な指導を、各教科等と連携しながら行う必要がある。情報処理用点字に関する参考資料としては、日本点字委員会の『数学・情報処理点字表記解説 2019 年版』の「第 3 部　情報処理点字表記の体系」などがある。

1　情報処理用点字の使用範囲

　情報処理用点字で表記するのは、「コンピュータープログラムや Web ページのソースコード」、「インターネット上のアドレスや SNS アカウント」、「コンピューターのコマンドやシステムメッセージ」などである。これらの主要部分は、いわゆる半角文字の英数字と記号類で記述されている。それゆえ、情報処理用点字は、半角文字を対象とする体系である。

　情報処理用点字が使われるのは、以下のことを点字を介して行う場合と、それらに関連する点訳や点字での記述を行う場合である。

a)　ソースコードの開発や作成
b)　ソースコードやコマンドの入力
c)　ソースコードやシステムメッセージの出力
d)　メールアドレス、URL、アカウントなどの入出力

　通常の文章や数式などの表記には、情報処理用点字は用いない。また、点字データの読み書きは PC の点字エディター（点訳ソフト）や点字ディスプレイ装置での入出力によって行うが、その場合の点字はどのような表記体系でもよい。

2　情報処理用点字の概要

　情報処理用点字は、墨字との相互変換が完全に行えるように定められた表記体系である。ここでは、その概要を紹介する。

(1) 対象字種

　情報処理用点字は、JIS（日本産業規格）の文字コード規格 X 0201「情報交換用符号」で規定されている 158 種のキャラクター（半角の英字・数字・片仮名・記号）に対する点字記号を中核に構成されている。半角の間隔（スペース）もキャラクターの一つとなっている。

(2) 点字記号

　半角の英数字と関連記号 95 種のキャラクターに対する点字記号は、表 8-7-1 の通りである。英字と数字は、一般の点字記号と同一である。括弧類や演算記号などは、一部は点字数学記号などと共通するが、異なるものもあるので、指導に際しては留意する必要がある。

　半角の片仮名と関連記号 63 種は近年ほとんど使われなくなったので、その点字記号は参考という位置付けになっている。点字記号にはほかに、表 8-7-2 に示す前置符や行継続符などがある。

(3) 前置符

　前置符は、点字記号の墨字キャラクターへの対応付けを、英大文字・英小文字・数字・片仮名のどれにするかを切り替えるための点字記号である。この切り替えができることによって、一つの点字記号に複数の墨字キャラクター、例えば、点字記号 ⠁ に "A" "a" "1" "ア" の 4 種のキャラクターが割り当てられている。

(4) 3種類の表記体系

　行頭やマスあけ（半角の間隔）の後などで前置符が明示されていない場合の暗黙の状態を、基本の状態という。基本の状態は、英大文字か英小文字のどちらかでなければならない。基本の状態が英大文字である表記を「大文字基本表記」という。基本の状態が英小文字の表記には「小文字基本表記」と「標準表記」があり、その違いは、連続する英大文字に大文字符と二重大文字符のどちらを前置するかである。最近では、一般の英語点字と同じように二重大文字符を使う標準表記が、多く用いられている。

　＜例＞　EXAMPLE of Braille

大文字基本表記　⠈⠑⠭⠁⠍⠏⠇⠑⠀⠕⠋⠀⠠⠃⠗⠁⠊⠇⠇⠑

小文字基本表記　⠘⠑⠭⠁⠍⠏⠇⠑⠀⠕⠋⠀⠠⠃⠗⠁⠊⠇⠇⠑

標準表記　　　⠿⠒⠿⠒⠿⠒⠿⠿⠿⠿⠿⠒⠿⠒⠿⠿⠿⠒⠿⠿⠒⠿⠿⠒⠿⠒⠿

(5)　行の折り返し

　墨字の 1 行の記述が点字では複数行にわたる場合、行を折り返した後の継続行の先頭に、行継続符を記す。

(6)　他の点字体系との切り替え

　情報処理用点字での記述を他の表記体系での記述の中に挿入する場合や、その逆の場合には、表記体系を切り替えるための囲み記号を用いる。

3　使用上の留意事項

　情報処理用点字の指導や、この点字体系を用いる教材作成では、次の点に留意する。

(1)　前置符の使用

　前置符は表記に欠かせないものであるが、用い過ぎは読み書きの妨げになる。その出現頻度を減らすための仕組みや適切な用法を理解することが大切である。

(2)　点字体系の切り替え

　プログラムのソースコードやインターネット上のアドレスなどが一般の文章や数式、外国語などと混在する場合の点字による表記では、表記体系の適切な選択と切り替え及び切り替えの明示が重要である。

(3)　点字記号の追加

　情報処理用点字で定められていない記号や表記については、矛盾のない範囲で適宜、点字記号や表記方法を追加する。ただし、その使用は限定的なものとし、十分な説明を添える必要がある。

表 8-7-1　英字系のキャラクターの点字記号
（上段：キャラクター、点字記号　　下段：読み）

		02	03	04	05	06	07
0		SP 間隔（スペース）	0	@ アットマーク	P	` アクサングラーブ	p
1		! 感嘆符	1	A	Q	a	q
2		″ 引用符	2	B	R	b	r
3		# シャープ	3	C	S	c	s
4		$ ドル	4	D	T	d	t
5		% パーセント	5	E	U	e	u
6		& アンパサンド	6	F	V	f	v
7		' アポストロフィ	7	G	W	g	w
8		(小かっこ開き	8	H	X	h	x
9		) 小かっこ閉じ	9	I	Y	i	y
10		* アスタリスク	: コロン	J	Z	j	z
11		+ プラス	; セミコロン	K	[大かっこ開き	k	{ 中かっこ開き
12		, コンマ	< 小なり	L	¥ 円	l	| 縦線
13		− ハイフン・マイナス	= イコール	M	] 大かっこ閉じ	m	} 中かっこ閉じ
14		. ピリオド	> 大なり	N	^ ハット	n	~ オーバーライン （チルダ）
15		/ スラッシュ	? クエッションマーク	O	_ アンダーライン	o	

表 8-7-2　その他の点字記号

（１）　前置符の点字記号

　　　　　⠐⠃　　　　　　英小文字符

　　　　　⠠⠂　　　　　　英大文字符

　　　　　⠠⠂　　　　　　単独大文字符（標準表記）

　　　　　⠠⠄ ⠠⠂　　　　二重大文字符（標準表記）

　　　　　⠼　　　　　　　数符

　　　　　⠠⠄　　　　　　仮名符

　　　　　⠰　　　　　　　仮名・記号遷移符

（２）　点字体系を切り替えるための点字記号

　　　　　⠰⠃ ⠰⠃　　　　一般の日本語点字中の情報処理用点字挿入

　　　　　⠰⠃ ⠰⠃　　　　情報処理用点字中の一般の日本語点字挿入

　　　　　⠰⠆ ⠰⠂　　　　情報処理用点字中の漢点字挿入

　　　　　⠰⠆⠂ ⠰⠆⠂　　情報処理用点字中の六点漢字挿入

（３）　その他の点字記号

　　　　　⠒　　　　　　　行継続符

　　　　　⠢　　　　　　　「間隔」の存在を明確に示すための意味あるスペース

　　　　　⠐　　　　　　　拡張符（記号の最初の部分）

第9章　中途視覚障害者への点字学習指導

　早期に点字の学習を始める場合は、触運動の基礎的な技能などを、発達の段階に応じて学習の中で関連付けて習得することができるため、比較的スムーズに点字学習指導に取り組み、触読能力も着実に伸びていくことが多い。しかし、中途視覚障害者の場合は、墨字での学習が進んでから点字学習に切り替えることになるので、早期に点字の学習を始める場合とは、異なった配慮が必要である。特に、年齢が上がるにつれて、触読への取組をはじめ、様々な面で困難を伴うようになり、触読ができないケースもみられる。このように、今まで使用していた墨字体系から点字への取組に移る場合には、乳幼児期からの取組とは異なったプログラムが必要になる。

　ところで、墨字から点字へ切り替える際に考慮すべきは、児童生徒の視力や視野が最も大きい要素であるが、これらは個人差が大きく一概にその数値を示すことは難しい。大切なことは、いくら墨字を読むことができても学習の効率が悪い場合は、学習するための情報源として墨字を活用しているとは言えないことである。例えば、小学校の中学年になっても1分間に100文字を下回るようでは学習の遅れが目につくようになり、点字への切り替えを考慮する必要があろう。その適切な判断は、指導に当たる教師の重要な専門性の一つでもある。

第1節　中途視覚障害者への点字学習指導の工夫と配慮

　中途視覚障害者の場合、視覚障害になった年齢やそれまでの学習状況などによって、点字学習への導入方法が大きく異なってくる。第1章第2節の3にも述べたように、早期に視覚を活用することができなくなった視覚障害者の点字触読については、特に小学部第1、2学年のあたりで飛躍的に伸び、触読のための手指の操作も小学部第3学年あたりで完成するとみられている。また、中学部第1、2学年あたりにも触読が飛躍的に伸びる時期がある。しかし、中途視覚障害者の場合は、点字の学習を始める時期が一人一人異なっているので、触読の伸びなども一様ではない。したがって、点字の学習を始める時期によって、指導内容や指導方法を工夫することが大切である。このように、中途視覚障害者の場合は、個々の実態に

よって対応に違いがあることに留意する必要がある。

　中途視覚障害者への点字学習指導に当たって特に重要なことは、いかに点字学習への動機付けを行うかということである。

　小学部段階から点字学習指導を行う場合には、常用する文字として点字を学習の中に位置付け、その大切さを理解させることは比較的容易である。中学部や高等部以降の中途視覚障害者の場合は、視覚障害の受容の問題も大きな要因となるので、この点についての配慮が必要である。また、墨字による学習がほぼ定着した段階で点字へ切り替えることになるため、点字触読が思うように進まないこともある。したがって、中学部や高等部以降の段階から点字学習指導を開始する場合は、点字学習を行う目的意識をしっかりともつことができるようにすることが大切である。このことがその後の点字学習の進み具合にかなり影響する。通常は、点字学習の開始年齢が高くなるほど触読の習得に時間がかかるので、点字学習の意欲を高める取組が、年齢が高くなるにしたがって重要になる。点字という新しい文字に取り組んで、それが使いこなせるようになるにつれて喜びを感じることは直接的な動機付けとなる。点字のもつおもしろさを知ることが学習の意欲につながることや何かを書いてみたいという思いが点字の学習に結び付くことなども考えられる。点字を習得するメリットは大きい。自分で点字のメモを書くためには、点字を読めるようになることが必要である。また、親しい友達と手紙を交換することが楽しみとなる場合もある。インターネットからの豊富な点字データを点字ピンディスプレイで読んだり、音声でも読むというような楽しみも可能となる。さらに、各種の試験を点字で受験するというのも重要な目標設定である。

　このように、中途視覚障害者に対する点字学習指導を行うに当たっては、学習への動機付けと、興味や意欲を持続できるようにするための工夫と配慮が必要である。

第2節　中途視覚障害者への点字学習指導の方法

　中途視覚障害者への点字学習指導の場合も、点字触読への導入については「第4章」、点字の書きの学習への導入については「第5章」の方法が基本となる。しかし、中途視覚障害者の場合は、既に墨字での学習を経てきているので、点字の読みや書きの学習の順序や方法については、それぞ

れの実態に対応することが必要になる。

　中途視覚障害者への点字学習指導における実態把握に当たっては、行動観察や諸検査を通して、一般的な発達や障害の状態を把握すること、特に、視覚・聴覚・触覚の機能、運動機能、情緒の安定の状態などを把握しておくことが大切である。また、墨字で読み書きしていた頃の状況、特に、語彙の習得状況、話の大意を要約して整理する能力、話の先を予測する能力、現代仮名遣いや句読法などの漢字仮名交じり文の表記法の理解の程度、複合語の構成や文の構造の理解の程度などについて、的確に把握しておく必要がある。

　触読の基本となる動作の実態把握については、まず、机に正対して椅子に座った状態で、両腕のコントロール、両手の分業と協応動作、両手指の分化と組合せによるタッピング動作、指先でビーズ玉を数える動作、布地の違いやサンドペーパーの粗さを弁別する力などを確認し、特に、両手の指先の触覚弁別力については、丁寧に確認しておくことが大切である。

1　中途視覚障害者の触読学習

　中途視覚障害者への点字学習指導を行う場合、触読から先に入るのがよいのか、書きから先に入るのがよいのかは人によって異なる。書きについては、年齢にかかわらず比較的習得しやすいが、触読については、一般的に点字学習の開始年齢が高くなるにつれて、学習上の困難が次第に大きくなることに留意しなければならない。したがって、書きへの取り組みも行いながら、触読へのアプローチをより重視して、その習熟を図るようにすることが望ましい。読みから先に入る場合も書きから先に入る場合も、両者を関連付けた学習が効果的であるので、個別の指導計画を作成する際にも十分配慮し、読み書きの学習が相乗効果をもたらすように創意工夫することが大切である。

(1) 触読への導入

　中途視覚障害者への触読の指導に関しても、第4章第1節の「両手読みの動作の習得」から取り組むのが適当である。ただし、次のことに留意しておく必要がある。
　ア　手の水平移動
　　中途視覚障害者の場合、触って読むことに慣れていないため、手の横

方向への動きが点字の読みに適した動きになっておらず、肘関節や肩関節を中心とした円弧を描くことが多い。そのままでは点字触読に支障を来すので、まず凸線を 15cm ほど（点字用紙 1 行）真横にたどる練習を行い、次に線を二重線（⠿または⠛）にし、そして点字の「⠿」の連続を横にたどる学習へと発展させるようにする。

　中途視覚障害者にとっては、手を動かすことがなかなかスムーズにできない場合もあるので、焦らずにゆっくりと指導することが大切である。特に、両手の協応については、利き手はよくても、もう一方の手がうまく動かない場合も少なくない。いずれも、これまでの生活の中で、このような手や指の使い方をする必要がなかっただけに、従来の慣れた動きを変えることは容易ではないが、個々の実態を的確に把握した上で、適切な指導を心掛ける必要がある。

イ　大きい点字の利用

　中途視覚障害者の場合、点字の読み取りに困難を感じている人は多い。しかも、指先の知覚鈍麻がみられることも少なくない。そのような場合は、マス間・点間・行間の広い点字を用いて初期指導を行うことは大変有効である。このように「大きい点字」とは、点間やマス間の寸法を少し広げるなど、点字に慣れていない人にも読みやすくした点字のことである。大きい点字の場合に最も重要なのは「マス間」である。また行を横へ正しくたどることができるように行間を十分に取ることも必要である。しかし、日本の通常の点字印刷物のマス間では、狭すぎることがよくある。欧米式の点字はマス間は大きいが、インターポイントのため行間が狭く、日本の点字はマス間は狭いが、インターラインのため行間が広いので、この両者の広い方を取り入れた点字教材の活用が有効である。ただし、初期指導の段階ではこの「大きい点字」を用いるとしても、慣れるにしたがって日本のマス間の狭い点字でも触読できるように指導することが大切である。

　また、触読の取組には時間がかかるので、興味を持続させるための創意工夫が必要である。例えば、趣味など、本人が興味・関心をもっている読み教材を使用したり、録音物と並行して触読したり、デジタル音声データによってその読み速度を変えたり、パソコンの利用として6点入力にも取り組んだりするなど、いろいろなことが考えられる。

(2) 中途視覚障害者を対象とした触読教材とその指導法

　中途視覚障害者を対象とした触読教材がいくつか開発されている。その一つは、独習用の点字入門書として編集されたものである。点字学習は専門機関で適切な援助を受けながら行うのが望ましいが、それが不可能な視覚障害者も少なくなく、これはそうした点字学習希望者のための独習用教材として作成された。点字の学習を始めた直後は、点字を触れるときの触圧が高く、合わせて同じページを何度も読み直すことが多い。そのため、通常の点字用紙では、用紙に打ち出された点が早い時期に摩滅してしまう。これは学習の継続が困難となり、学習者の意欲を削ぐことにもつながるので、UV 印刷による点字を採用している。また、前項で述べたとおり、中途視覚障害者に対して点字の触読を困難にしている原因の一つは点字の大きさにあると言われる。日本の点字の大きさは海外のものに比べ中途視覚障害者には読みにくいので、この指導書ではパーキンスブレイラーに近いサイズを採用している。

　また、中途視覚障害者の多くは中高年であり視覚障害児に比べて触知覚がはるかに劣っていることから、当然ながら視覚障害児の学習とは異なるとして独自の指導法を提起したものもある。点字は、指を平らにして左から右に移動するよりも、指を少し立てて 1 段ずつ上から下に触るほうが理解しやすい。しかし、これは伝統的に点字を読むときにしてはならないと厳しく言われ指導されてきた指使いである。タブー視される最大の理由は、「速く読めるようにならない」からである。中高年の中途視覚障害者の点字学習にあっては、「点字を読めるようになる」ことがまず重要であり、「速く読める」ことは次の課題である。したがって、横方向だけでなく、縦方向の動きも取り入れた触読法を取り入れている。また、触覚の鈍さを補う最大の武器は推測読みである。中途視覚障害者は日本語の文章の経験も豊富なので、推測を働かせて、点字を半分は頭で読むつもりで取り組むことが大切であり、初期指導では特に「読めた」という自信が点字触読のモチベーションにつながる。

　ところで、中途視覚障害者の大きな課題は点字を読む速さであり、年齢と同様に個人差が大きい。当初は点字 1 ページ（かな文字で 350 字程度）をおよそ 1 時間かかって読める速さであるが、これを 30 分以内、15 分、10 分、5 分と速く読めるように練習していく。例えば、中高年の中途視覚障害者では半年から 1 年の学習で、1 ページ 10 分から 5 分を目標にす

る。また、指の垂直・水平運動による点字学習は、速読には向かない。点字を読む力が向上したら、垂直・水平運動の読み方から、できるだけ垂直運動をしないように心掛け、水平運動で読むように指導することが大切である。

　また、触読の取組には時間がかかるので、興味を持続させるための創意工夫が必要である。例えば、趣味など、本人が興味・関心をもっている読み教材を使用したり、録音物と並行して触読したり、デジタル音声データによってその読み速度を変えたり、パソコンの利用として6点入力にも取り組んだりするなど、いろいろなことが考えられる。

(3) 墨字と点字の仮名遣いとの違い

　墨字の仮名遣いを習得している中途視覚障害者の場合、点字の仮名遣いとの違いの学習が必要となる。墨字では、例えば、「が」を書くとき、「▨」を書いてからその右肩に濁点の「゛」を後で書くのに対して、点字では濁音の「▨」を「か」よりも先に書くこと、同様に、半濁音符「▨」も先に書くということなどを学習する。このとき、点字ではなぜそのように書くのかということについても指導しておくことは、点字の理解を深め、触読に習熟することにもなる。すなわち、触読は、継時的な読み取りであり、先に濁音の符号「▨」があってから「か」がくれば、元に戻ることなく「が」と読むことができる。半濁音などについても同じである。また、濁点や半濁点に似た前置点には、拗音符「▨」や拗濁音符「▨」、拗半濁音符「▨」などもあり、このような④⑤⑥の点のみの組合せは、それぞれの主となる仮名よりも先に書くこと、そして、④⑤⑥の点のみの組合せは、後のマスとの密着性が強いことの感触を、自らの触読を通して理解しておくことが大切である。

　また、拗音や特殊音の構成、助詞「は、へ」を「わ、え」と書くこと、数字やアルファベットの表記、記号類など、墨字とは異なる面が少なくないので、その違いに気付かせながら触読の学習を進めていく必要がある。

(4) 触読の発展的な学習

　点字1文字1文字の読みが定着してくると、単語や短い文章を読む学習へと移り、点字の分かち書きを意識した学習へと発展する。この場合、中途視覚障害者一人一人がもっている言語能力や墨字についての知識を生か

しながら、適切な指導を行うことが大切である。ただし、点字の触読が未熟な段階では、文の大意を要約したり、先行予測したりする能力によって前後を判断しながら触読の不十分さを補うことができるが、必要に応じて読解力を高めるための教材を工夫することが重要である。そのほか、点字触読の発展的な学習として、点字による表記と現代仮名遣いや漢字仮名交じり文の句読法の比較の学習、複合語内部の切れ続きの学習、書き方の形式の学習などがあるが、個々の実態に応じて、概要の説明でとどめたり、選択的に指導を行ったりするなど、弾力的な対応を工夫することが望ましい。

2　中途視覚障害者への点字の書き方の指導

中途視覚障害者の場合は、既に墨字を知っているため、書き方の指導には、早期に視覚を活用することができなくなった視覚障害者への指導とは異なる面がある。しかし、触読との関連性が重要なのは同じである。特に、書き方の指導を行う場合に、例えばパーキンスブレイラーで、まず①②③の点の組合せの点字を書いた後に、すぐ触読させて確認することから始めていくと、触読能力も合わせて高めていくことができ効果的である。

中途視覚障害者の場合は、既に文字形成が完成又は完成に近付いている段階での点字学習指導であるため、それまでの墨字や言葉についての理解や経験をできるだけ生かしながら、点字特有の説明を織り交ぜていくことが、点字の学習効果を高めるためにも望ましい。

(1)　中途視覚障害者への書き方の指導の特徴

墨字を習得している中途視覚障害者に対する点字の書き方の指導においては、五十音表によって指導する方法が理解しやすい。それは、五十音のうち、「あ、か、さ、た、な、は、ま、ら」の各行の仮名40文字は、①②④の3点の組合せによる母音と③⑤⑥の3点の組合せによる子音によって構成されており、大変分かりやすいからである。残りの「わ行」は「あ行」を一番下まで下げ、それを母音として含む「や行」は④の点を子音とし、拗音の文字構成につながっているのである。

しかし、五十音表による点字構成にとらわれると、6点の組合せの母音と子音による形だけを覚えることになりがちで、「書き」よりもはるかに困難な触読の習得に大きく影響する可能性がある。特に点字盤での「書き」

の学習を行うときには、凸点側の表と凹点側の裏の両方の点字パターンをマス単位で覚えようとしがちであり、注意が必要である。やはり、触読はもとより、点字盤などで書くときも、①②③の点が先にあって、その次に④⑤⑥の点というのが、学習指導の順序であることを念頭に置いておくことが重要である。

　なお、点字盤の場合は、読みと書きの点の順序を直接対応させることが可能であるが、点字タイプライターやパソコンの6点入力の場合は、6点を同時に押す方式のために、点の順序を直接対応させることはできない。それでも、左側に①②③の点、右側に④⑤⑥の点のキーが配列されているパーキンスブレイラーであれば、点字の読みと書きの方向が一致しているので、混乱を避けることができる。この場合、書き独自の動作として、手指の運動のイメージで自然に操作できるように練習することが大切である。学習の最初から、文字や符号に対応した手指の組合せの動作を体得させることに指導の重点を置いて、①②③の点の指と④⑤⑥の点の指という感覚ももちながら6点の組合せを同時に押すように指導する。

(2) 墨字の構成と指導の留意点

　ア　墨字と点字の仮名遣いとの違い

　　普通の文字の仮名遣いを習得している中途視覚障害者への書き方の指導に当たっては、点字の仮名遣いとの違いの学習が必要となるが、このことについては、1の(3)で述べたのと同趣旨であるので、参照されたい。

　イ　墨字では小さく書かれる文字

　　墨字では、促音「っ」や拗音の「ゃ、ゅ、ょ」、特殊音の中の「ぁ、ぃ、ぅ、ぇ、ぉ」が小さい文字で書かれるが、点字の場合は、文字の大きさを変化させると触読が困難になるために、別の記号を用意したり、二マスを組み合わせたりして表現を工夫している。まず、促音の「っ」は、語頭に出てくることはなく、「あ」や「わ」と誤読されることがないので「⠰」が当てられている。長音「ー」も語頭には出ず、「う」との誤読はまずされないので「⠒」が当てられているが、この用法については現代仮名遣いとは違いがあるので留意する必要がある。

　　拗音の「ゃ、ゅ、ょ」については、墨字では「い列」（き、し、ち、に、ひ、み、り）の仮名に「や行」の小文字を添えることで表している

が、点字では、例えば、「きゃ、きゅ、きょ」は、「y」の子音「⠈」を
前置して、その後に行の子音と母音を組み合わせた文字「か、く、こ」
を書いて、「きゃ、きゅ、きょ」を表している。拗濁音「ぎゃ、ぎゅ、
ぎょ」についても、点字は「y」と「濁点」を組み合わせた「⠘」を前
置するなど、理にかなった構成となっている。点字の拗音体系は、墨字
にはない特徴をもっていることを説明することも、点字への理解を深め
ることになる。この場合、既に習得しているローマ字の構成によって説
明すると理解しやすい。

　中途視覚障害者の場合は、特殊音を含む言葉についても形成されてお
り、使用頻度が非常に少ない特殊音については一覧表を参考にするよう
にして、負担過重にならないような配慮が大切である。

ウ　長音「ー」

　長音は、墨字では、外来語や擬声語・擬態語の伸ばして発音する部分
に用いて、漢語部分には通常用いない。しかし、点字では、仮名で「う」
と書かれていて伸ばして発音する部分に長音符「⠒」を用いることに
なっている。そのため、「空気」や「お父さん」の「う」の部分は長音
で表すことを指導する。これは、点字が発音に近い表記であり、触読の
しやすさにつながっているためである。

エ　助詞「は、へ」

　発音に近い点字表記としてのもう一つの特徴は、助詞「は、へ」の表
記である。仮名文字を書いてきた中途視覚障害者にとっては、墨字で助
詞を「わ、え」と書くことは間違いとされてきたので、抵抗感がある。
しかし、点字では読むとおりに「わ、え」と書くことを指導して、慣れ
てくると、比較的容易に受け入れられる。なお、助詞の「を」はそのま
まであるので注意する必要がある。

オ　数字とアルファベット

　6点の組合せで表す点字では、前置符号によって、同じ点字を数字と
アルファベットに読み分けていること、また数符や外字符は、その後に
何が来たら日本語に戻るのかについて、第1つなぎ符も合わせて、しっ
かりと学習しておく必要がある。なお、数字については、点字の数字と
仮名の使い分けが、漢数字とアラビア数字の使い分けと同じではないこ
と、アルファベットについても、外字符で表すものと外国語引用符で表
すものに区分されることなどに留意する必要がある。

カ　記号類

　記号類については、点字でも記号が定義されている。墨字に用いられる文章記号の種類は数多く、用途も様々である。点字の場合は、触読を考えると記号の種類をあまり多くすることはできない。そこで、点字記号では、墨字に用いられる文章記号と一対一で対応している記号はむしろ少なく、点字記号は用途や意味を分類して的確に使い分ける記号となっている。

(3)　点字仮名の分かち書き

　墨字では漢字が含まれていて、自立語の最初にあらわれて意味を一目で明らかにしていることが多いため、分かち書きの必要性は少ない。しかし、墨字でも小学1年の読み物のように仮名文字だけになると、分かち書きが必要になる。点字においては、仮名点字が一般表記であるため、分かち書きによって読みやすくしている。ただし、正確に分かち書きを行うには、文法の知識も必要になる。通常、読みでは内容を理解することが大切なので、初期の段階では、あまり細かい分かち書きの規則の知識は必要なく、それぞれの目的に応じた指導上の配慮が重要である。

(4)　点字の書きの指導

　書字用具としては、初期段階ではパーキンスブレイラーを用いるのが適当である。この点字タイプライターの基本操作については、第5章を参照されたい。

　学習の最初から、文字や符号に対応した手指の組合せの動作を体得させることに指導の重点を置き、教材の提示順序としては、例えば、「（メ）」、「（フ）」、「（ニ）」、「（④⑤⑥の点）」、「（カ）」、「（ヤ）」などでキーの基本操作を学習させ、次いで、ア行、ナ行、カ行、ハ行、タ行、ラ行、サ行、マ行……などの順序に提示していけば、点字触読との並行学習も容易である。また、応用問題として、学習者が興味をもっている歌詞などの短い文を書きの教材に選ぶのも効果的である。

　なお、点字の書きの導入を点字タイプライターで行った場合は、点字盤や携帯用点字器などの使用法についても、点字の読み書きが実用的にできるようになった段階で指導する必要がある。

3　中途視覚障害者の電子機器利用への導入

　第 11 章に述べてあるように、点字データを扱う電子機器が着実に広がっており、中途視覚障害者にとっても、点字の読み書きはもとより、墨字へのアクセスでもこれらの電子機器がいろいろな可能性を与えてくれている。それを生かすには、例えば、6点入力ができるようになる必要があり、その習得で実用性が一挙に広がる。また、触読が苦手な場合には、点字ディスプレイのほうが刺激が大きいので、その使用が有効であり、音声との併用もできることから、両方の利点が活用できるこのような機器への興味が非常に強い中途視覚障害者も多いので、触読や書きの指導と並行して早めに取り入れることも考慮すべきである。

　なお、気を付けなければならないのは、点字の表記が、現代仮名遣いと一部異なることである。そのため、6点入力をする場合は、一般用の墨字のプリントや視覚障害のない人へのメールを書くときに、点字式で入力すると正しく仮名漢字変換ができないし、逆に点字プリントするときに墨字と同じように入力すると、点字としては不正確なものになってしまうからである。便利な機器であるだけに、使用目的をはっきりさせて、入力形式やソフトウェアを的確に選択する必要があることを指導しておくことが大切である。

第10章　点字使用者の漢字仮名交じり文体系の学習

　視覚障害者が、視覚障害のない人々とのコミュニケーションを行う場合、音声言語によるコミュニケーションは容易にできるが、文字言語によるコミュニケーションはそう簡単には成立しない。視覚障害者の文字である点字を読み書きできる視覚障害のない人はまだ少数であるために、点字によるコミュニケーションには限界があるからだ。しかし、ICT 機器のめざましい発展によって、視覚障害者がコンピュータにローマ字等で入力することにより漢字仮名交じりの文章を作成することがごく当たり前になってきている。

　このような状況を踏まえて、本章では、点字と墨字それぞれの表記の特徴を基盤として、点字使用者が漢字仮名交じり文体系について学習する意義とその内容、墨字文書作成のために理解しておきたい事項について述べる。

第1節　漢字や仮名文字について学習する意義

　点字は視覚障害者の文字としては極めて便利なものである。しかし、一般社会における文字言語の中心は漢字と仮名文字であって、点字は一部の人々の文字言語である。したがって、視覚障害者が社会生活をしていく上では、漢字や仮名文字についてある程度の知識をもち、理解していることが必須である。また、視覚障害者が墨字の表記についての知識・理解を深めておくことは、国語を正確に理解したり、適切に表現したりする上でも重要なことである。

　ところで、この漢字や仮名文字による表記には極めて多様な形式がある。字形を例にとってみても、漢字や仮名文字の場合は、書き方によって様々な特徴がみられる。活字などによる表記も千差万別である。これに対して点字の場合は、書き方の違いによる特徴はほとんどみられない。点字定規と点筆との関係で点の頭が尖っていたり、ふっくらとした感じになったり、また、点の書き方によって点の出方が薄い字やむらのある字、一点一点しっかりと書いてある字、点の先端が裂けている字などというように多少の違いがあるだけである。点字タイプライターや点字製版機を用いた点字

でも、点のふくらみや大きさなどにわずかな違いがあるだけで、字形には全く違いがない。むしろ点字では、字形が少しでも違えば別の意味を表す文字になってしまうのである。

　視覚障害のある児童生徒が、自分の文字でない墨字の表記に精通することは困難も大きいが、ICT 機器を使って自分で墨字の電子データを作成する場合等に、漢字仮名交じり文の表記に関する基礎的な知識を身に付けておくことは必要である。また、墨字の表記の多様さについての理解を深めることも望ましい。

　そのため、点字が一通り読み書きできるようになった段階で、漢字や仮名文字についての学習を始め、幅広い言語表記能力の向上を図ることは意義のあることである。

第2節　墨字と点字それぞれの表記の特徴

1　墨字表記の特徴

　点字使用者が墨字の文章を作成する場合、仮名遣い等、墨字表記の特徴を理解するとともに、適切な漢字・漢語に変換できることが必要となる。

　まずは、次に示すような墨字に関する知識をもち、理解を深めておくことが重要である。

(1) 漢字仮名交じり文は、通常は漢字と平仮名によって表記され、必要に応じて片仮名や数字、アルファベットなどが使われる。点字のような分かち書きはせず、漢字・漢語が点字における分かち書きの役割を果たしている。

　　ただし、幼児向けの童話や小学校低学年の教科書などは、点字と同じように分かち書きになっている。これは、漢字をほとんど使用せず、平仮名を主体とした文章だからである。平仮名、片仮名、ローマ字、点字など表音文字で文章を表記する場合は、意味のまとまりを把握しやすくするために、文節や単語による分かち書きが必要となる。

(2) 点字はすべて横書きであるが、墨字には横書きと縦書きがある。

(3) 片仮名は、次のような限られた範囲内で使用することになっている。

　　ア　外国の地名や人名を表記する場合

　　イ　外来語や外来音を表記する場合

　　ウ　動物名や植物名を仮名書きする場合

　　エ　擬声語や擬音語を表記する場合

(4) 戦後の国語改革の一環として当用漢字が採用され、画数の多い漢字や間違いやすい漢字については、旧漢字の字体や点画を簡略化した新字体が採用された。これは、平成 22 年改定の常用漢字表にも引き継がれている。しかし、名字などの固有名詞には旧字体の漢字がそのまま用いられていることがある。

　　例：渡辺（渡邊、渡邉）

(5) 漢字仮名交じり文では、漢字・漢語を多く用いると視覚的な印象は固くなり、仮名文字を多く使えば柔らかい感じを出すことができる。このような相違を知っておくことは、随筆、童話、小説、論説などの文章形態や文章の内容に合わせて、どのような墨字文にするかを検討する場合に参考にすることができる。

(6) 活字の字体は、明朝体、ゴシック体、教科書体など様々である。印刷物の視覚的な印象は、それぞれ使用する活字の字体によってかなりの相違がある。したがって、用途もおのずから異なってくる。例えば、ゴシック体は重厚であり、印象が強いので文章中で強調したい部分や見出しなどに多用される。明朝体は横線が細く小さな字でも読みやすいため新聞、雑誌などの印刷物に適している。近年は、より読みやすさを優先させた UD デジタル教科書体のようなフォントもデジタル教科書などで採用されている。

(7) 漢字には、楷書、行書、草書というような書体がある。点画を正確に書いたものが楷書で、標準的な書体である。行書や草書には、点画の省略や字形の崩しがある。

(8) 筆記する場合でも活字の場合でも、文字の大きさを自由に拡大・縮小することができる。また、縦に長い文字、横に広い文字など外枠に合わせてレタリング風に字体を変化させたり、装飾したりすることもできる。

(9) 筆記具は鉛筆、シャープペンシル、ボールペン、万年筆、毛筆、ICT機器など、多様である。用紙の種類や色、文字に用いる色などを工夫すれば、一つの芸術作品を制作するような楽しさを味わうこともできる。

　以上のような墨字表記の特徴についての知識・理解があれば、手紙を墨字に書き直してもらうといった身近な依頼をはじめ、壁新聞やポスターなどのレイアウトの工夫、社会的な活動における文書処理に至るまで、墨字

の文書作成に役立てることができる。

2　点字表記の特徴

　点字表記には、触読に適したように工夫された文字としての特徴がある。これは、墨字表記の特徴である多様性とは本質的に異なるものである。点字表記の体系については、第6章で詳しく述べているので、ここでは、墨字表記と比べての特徴について述べる。

　最も大きな特徴は、点字は、指先で直接触れた部分を継時的に読む文字であるということである。そのため、文字の大きさや字体がほぼ一定の単一規格であり、元に読み戻って判断しなくてもよいように、濁音符や拗音符等を前置するという記号体系になっている。

　また、6点の組合せで文字から表記符号まで表記の全てを構成しているので、前置する符号によって異なる記号体系を切り替えている。例えば、仮名の「る」を表す①④⑤の点の組合せが、数符を前置すると「4」、外字符を前置すると「d」、点字楽譜では8分音符の「ハ」を表すことになる。

　囲みの符号等についても、6点の組合せにより表現するため、墨字のような自由で多彩な表現は難しく、『日本点字表記法　2018年版』に定められたカギ類、指示符類、カッコ類の中から選択して使用することになる。オリジナルの囲み符号を自由に使えるようにすると、異なる文字や符号になってしまう恐れがあるからである。そのため、第1カギを、会話文にも、引用にも、強調の表記符号にも使用する場合がある。

　例えば、墨字の新聞などを点字で同等に表現する場合を想定する。書体や字の大きさ・太さなどに変化はつけられないため、見出しも本文も、ゴシック活字も明朝活字も同一規格の点字で処理することとなる。したがって、見出しには、カギ類、カッコ類、棒線を付けたり、書き出し位置を変えたりするという工夫が必要となる。また、ルビや、横書きされた文章中の語句の上下に注に近い内容が本文より小さい活字でルビのように添えられている場合の表記を、点字で表現するに当たっては、本文とは別に脚注などで処理しなければならない場合もある。

　このように、墨字表記の多様さに比べ、点字表記では触読文字であるという特性による影響を受けるが、点字模様のような装飾や枠囲み、様々なレイアウト等によって創意工夫できる面は十分にある。各点字出版社等の

出版物から、意匠を参考にするとよい。

第3節　墨字についての学習内容と方法

1　仮名文字学習の内容と方法

　点字を常用している視覚障害者が仮名文字を学習する目的は、次の3点にある。

(1) 平仮名や片仮名がどういうものなのかについて理解すること。

(2) 平仮名や片仮名と点字との共通点と相違点について理解すること。

(3) 漢字の字形に関連した基本的な点画の知識として、片仮名の字形について理解すること。

　平仮名や片仮名と点字との共通点は、ともに表音文字であるということである。原則として1音が1文字に対応しているが、1音を2文字で表記する拗音や外来音は、点字でも二マスを用いている。また、現代語表記では、ア行の「お」とワ行の「を」が同音であるが、別々の文字になっていることも同じである。

　点字は母音と子音との組合せで規則的に構成されているが、平仮名や片仮名にはそうした規則性がないため、一字一字をそのまま覚えなければならない。平仮名は漢字の草書体から生まれた文字であり、片仮名は漢字の一部分を抜き出して作られた文字である。このような仮名文字の由来などについては、小学部高学年になってから学習することになる。

　そのほかの点字と仮名文字との相違点については、次のような事柄を指導し、理解を深めることが望ましい。

(1) 点字は触読をする関係から清音の文字の前に濁点や半濁点を前置して濁音、半濁音を表記するが、平仮名や片仮名では、清音の仮名を書いてから濁点、半濁点を打つ筆順になっていること。

(2) 点字の促音は促音符を用いるのに対し、平仮名や片仮名では「つ（ツ）」を前の文字の後に小さく書く表記になっていること。

(3) 点字の拗音は拗音点を用いて表記するが、平仮名や片仮名ではイ列の文字の後に「や（ヤ）」、「ゆ（ユ）」、「よ（ヨ）」を小さく書く表記になっていること。

(4) 点字の長音符に当たる表記は片仮名にはあるが、平仮名にはないこ

と。」

　仮名文字の字形や用途については、その必要に応じて小学部低学年から指導することが大切である。ただし、この平仮名や片仮名の字形については、五十音の全てについて指導する必要はない。墨字についての関心を高めることをねらいとして指導するものであるから、学習する児童生徒の過重な負担にならないように留意すべきである。

　片仮名について言えば、にんべんの「イ」、うかんむりの「ウ」、しめすへんの「ネ」などのように漢字の部首や漢字の一部分として用いられる字形、「スキーで足をハの字に開く」、「机をコの字型に並べる」など日常生活で取り上げられるような字形に絞って指導する。また、「シ・ツ」、「ソ・ン・リ」、「コ・ユ」、「ナ・メ」のように字形の似通っている文字は、手書きでは正確に書かないと違う字になってしまうことなどを話題に挙げて学習を行うことも、片仮名についての関心を高めるのには効果的である。

　平仮名についても、「体をくの字に曲げる」、「への字のまゆ毛」、「のの字マッサージ」のように日常生活で話題となるような字形について重点的に指導する。また、片仮名と同様に「ろ・る」、「め・ぬ」、「い・り」、「き・さ」などのように字形の似通った文字について、その相違を確認する学習などは、平仮名への興味をもつために効果的である。

　また、平仮名と片仮名とで似通った字形になっている「う・ウ」、「も・モ」、「へ・ヘ」、「や・ヤ」、「り・リ」などについて、字形の相違を調べることなども、仮名文字への興味を喚起するのに適した学習内容である。

　字形について興味・関心の高い児童生徒には、平仮名の由来などの指導の折に、字形を弁別しやすい「か」、「け」、「せ」、「す」、「ろ」などについて漢字の楷書体・草書体と平仮名との比較をするのも、平仮名についての理解を深める一つの方法である。

　このような字形指導に当たっては、国語教科書に掲載されている平仮名・片仮名の字形一覧や、表面作図器などを用いて理解を深める配慮が重要であるが、字形を覚えることそのものがねらいとならないように留意すべきである。

　平仮名や片仮名の用途については、おおむね次のような事柄について指導することが望ましい。

（1）平仮名は、漢字仮名交じり文の仮名として用いられる文字であること。

(2)　片仮名は、漢字仮名交じりの文章中で、外来語や外国語を仮名書き
　　にする場合、動植物名を仮名書きにする場合、擬声語や擬態語を表記
　　する場合などに用いられる文字であること。

(3)　文章中で特に強調したい語句などに片仮名が用いられることもある
　　こと。

また、漢字の読み方を表すルビはおおむね平仮名であるが、国語辞典に
よっては、和語は平仮名、漢語は片仮名で見出し語を書き分けているもの
もある。

履歴書などの住所、氏名に振り仮名をつける場合には、平仮名、片仮名
の指定があることなども指導しておく必要がある。

2　漢字学習の内容と方法

点字を常用する児童生徒が漢字を学習する目的は、次の 3 点である。

(1)　国語を正確に理解し、適切に表現するために、漢字の音訓及び漢字
　　の成り立ちや部首など、漢字に関する基礎的な知識を習得すること。

(2)　墨字文章の作成において正しく漢字を使用するために、ICT 等を活
　　用して自分で調べる方法を理解し、調べられる技能を身に付けること。

(3)　漢字をはじめとする墨字全体について積極的に理解し、正しい表現
　　を学ぼうとする態度や意欲、習慣の育成を図ること。

点字を常用する児童生徒に対する漢字指導は、限られた学習期間や時間
内に行わなければならないので、おのずから指導内容は漢字の基礎的な知
識・理解にならざるを得ない。しかし、一つの最終目標として ICT 等を活
用して漢字仮名交じりの文章が書けるようになるということを想定すると、
特に (2) の目的の達成が大切である。この点は、漢字指導に当たって常に
念頭に置いておかなければならない留意事項である。

漢字は、字形と音訓と意味とが三位一体となっている文字である。しか
し、点字を常用する児童生徒に対する指導内容は、音訓と意味とに重点を
置き、字形については、音訓や意味の理解を促す付加的な要素として指導
する程度にとどめるべきである。

漢字の音訓の学習につながる導入としては、固有名詞である自分の氏
名・住所の漢字を的確に説明できるようにするのもよい題材である。「サ
カは坂道のサカ、つちへん」、「エはめぐみ」、「タツは干支のタツ」という

ように，漢字を特定できる熟語や部首、訓読み、用例により、自分の名前や住所に使われている漢字を説明できるようにする中で、興味・関心を高められるとよい。

　漢字の音訓は、意味との対応を重視しながら、小学部低学年の早い時期から段階を追って指導しなければならない内容である。特に、指導に当たっては、具体的な事物・事象と言葉とを対応させることによって音訓についても気付き、理解につなげていくことが大切である。

　例えば、「自転車」、「三輪車」、「車いす」という３語を実物と具体的に対応させる。それぞれの共通点や相違点を確認しながら、「シャ」と「くるま」は同じ漢字を使うことを説明する。そうした指導を繰り返すことによって、音訓の基礎的な理解を促したい。

　漢字の音訓についての主な指導内容は、次のとおりである。これらは、中学３年までの国語科の指導内容で一通り終えることになっているが、実際に墨字の漢字を読み書きしているわけではないので、墨字使用生徒とはおのずと到達目標は違ってくることに留意する必要がある。

(1) 字音と字訓の区別

(2) 「銀行、行列、行灯、行く、行う」の「行」のような複数の字音・字訓をもつ漢字

(3) 「創造」と「想像」のような同音異義語

(4) 「芸術」のような字音だけの漢字や「峠」のような字訓だけの漢字（国字）

(5) 「澄む」と「住む」のような意味の違う同訓異字

(6) 「測る」、「量る」、「計る」のように意味のよく似ている同訓異字

(7) 「花」と「華」、「収める」と「修める」のように同音同訓の漢字

　このような内容の系列上に、さらに、漢語と和語（大和言葉）の相違、混種語、熟字訓、熟語の構造などについての知識・理解の指導内容が続くことになる。

　これらのうち、特に留意しておきたいのは、漢語と和語による意味の相違についてである。漢語の「サクジツ」と和語の「きのう」は同様の意味であるが、同じ漢字を使っても「セイブツ」と「なまもの」、「シキシ」と「いろがみ」、「ニンキ」と「ひとけ」のように全く違った意味になるものがあることである。

　また、「風雨」と「あめかぜ」、「東西」と「にしひがし」、「屈伸」と

「のびちぢみ」といった例のように、漢語と和語とでは意味内容の前後が入れ替わることなどについても注意する必要がある。例えば、「風雨」と「あめかぜ」が同じ意味の漢語・和語であるということから、「フー」が「あめ」で「ウ」が「かぜ」であると早合点をすることがないように十分な配慮が必要である。

　常用漢字表の付表に挙げられている「今年」、「大人」、「小豆」などの熟字訓については、基本的な知識があるとよい。同じように漢字で「上手」と書いても、熟字訓の「じょうず」と訓読みの「かみて」、「うわて」があり、「下手」と書いて熟字訓の「へた」と訓読みの「しもて」、「したて」があることなど、学習活動における作品制作や舞台発表の際などの具体的な経験と結び付けやすい場で指導できるとよい。

　児童生徒によっては、思いもよらない勘違いをしている場合もある。例えば、「カンデンチ」の「カン」を「缶詰」の「カン」の漢字を使うというような勘違いをしている場合である。そのような場合、どうしてそう考えたのかを尋ねると、乾電池の触れることのできる部分は缶詰と同じ材質であるからだという、本人なりの理由が存在する。「乾く、乾燥のカン」を書くというのは墨字使用者にとっては日常的に目にしている漢字であるからごく当たり前ではある。頭ごなしに否定するのではなく、乾電池がなぜ「乾く」という漢字を使うかを調べるというように、「カン違いだったね！」と児童生徒自身が納得できるような指導を大切にしてほしい。

　マスクなどに使われる「フショクフ」も、音だけでは理解できにくい言葉の一つである。「フ」は打消しの意味の「不」、「ショク」は「織物の織る」、後ろの「フ」は「布」と伝えれば、漢字の説明によってそのもの自体の理解もできる。このような場合は、積極的に漢字の説明をしてほしい。

　なお、和語については、送り仮名の付け方の原則的なことを指導しておくことが望ましい。

　字形については、部首と漢字の構造とが主な指導内容である。具体的には、「へん」、「つくり」、「かんむり」、「あし」、「たれ」、「にょう」、「かまえ」の七つの区分と、これに属する主な部首の形とその部首が担う音や意味について指導する。

　漢字の構造については、象形、指事、会意、形声、仮借、転注の六書に関する知識をもたせ、理解を促すようにする。漢字の起こりからすると象形文字や指事文字についての理解に重点を置くことが考えられるが、音訓

の指導との関係で漢字の意味を二つ以上組み合わせた会意文字や、音声を担う部分と意味を担う部分とからなる形声文字についても基本的な知識として指導する。

　漢字の字形の学習は、漢字を日常的に見ている常用文字ではないことを踏まえ、字形を覚えることがねらいそのものにならないようにする。漢字の字形に触れることによって、漢字の成り立ちや部首の理解に役立てることがねらいである。字形について興味・関心をもち発展的に学習したい児童生徒には、以下のような発展教材を活用することができる。学校図書館でも常備してほしい。

　　　　◎　東京点字出版所「点線文字　改定常用漢字表」（平成 23 年）
　　　　◎　点字学習を支援する会「視覚障害者の漢字学習」

　漢字の筆順については、上から下へ、左から右へといった大まかな原則を指導しておくことが望ましい。

　いずれにしても漢字の指導は、国語科や自立活動の時間の指導に限らず、日常の学校生活のなかでも必要に応じて話題に挙げて指導していくようにする。そしてある程度の学習を積み重ねた段階で、それまでの知識を整理し系統付けるなどのまとめの指導をすることも大切である。

　漢字の学習に関する評価は、最初に述べた漢字の学習の目的(1)～(3)に沿って行うが、(2)の「墨字文章の作成において正しく漢字を使用するために、ICT 等を活用して自分で調べる方法を理解し、調べられる技能を身に付ける」ことが主となり、(1)の漢字に関する知識はそのためのもので、(3)の墨字について積極的に学ぼうとする意欲や態度を習慣化できるような支援が欠かせない。

　なお、点字使用児童生徒にとっては自分の文字が点字であり、日常的に漢字を見ている墨字使用児童生徒と同じ基準で漢字の知識を評価することはできない。

3　数字とアルファベットの学習内容と方法

　点字の数字は、表音文字である点字表記の中で唯一表意性をもつ文字である。したがって、漢字仮名交じりの文章を点字で表記する場合は、数字の表意性を重視して数字をそのまま用いて表記する語句もかなりある。数量や順序を意味する語句は、原則として数字を用いて表記するが、数量や順序を意味する語句であっても点字では仮名書きにしている語句があるの

で留意する必要がある。そこで、点字を常用している児童生徒には、点字で仮名書きされている語句で墨字では漢数字の表記になるものについての理解を深めるようにすることが大切である。

　点字では仮名書きされているが、墨字では漢数字の表記になる語句には次のようなものがある。

　(1)　数量や順序の意味をもつ和語

　　　これには、例えば、一つ、二人、三つぞろい、四日、五つ子、七草、八重桜、十日、二十日（はつか）、二十歳（はたち）、三十日（みそか）、三十一文字（みそひともじ）、二百十日などがある。

　(2)　数量や順序の意味の薄れた慣用語

　　　これには、例えば、一般的、四苦八苦、五目ずし、七面鳥、七転八倒、尺八、口八丁手八丁、掛け算の九九、十姉妹などがある。また、「たくさん」の意味の「一杯」、「最も」の意味の「一番」などもこれに当たる。

　(3)　地名や人名などの固有名詞

　　　これには、例えば、一宮、三陸沖、四国、八戸、九州、九十九里浜、樋口一葉、十返舎一九、直木三十五、一寸法師、三四郎、日本赤十字社などがある。

　数字のうちでも、特に算用数字については、日常生活においても使用する機会が多いので、0から9までの字形を凸図にして、確実に読み取ったり、書いたりすることができるように指導しておくことが必要である。

　アルファベットについては、大文字と小文字の区別をするとともに、教科の学習や日常生活などで使われている文字について、その字形も含めて理解を深めておくことが大切である。日常生活で使われているアルファベットは、A組、Bクラス、CD、GDP、3LDK、ICT、O型血液、AI、Uターンなどおおむね大文字であるが、kg、cmのような小文字もあるので、大文字表記なのか小文字表記なのかについては、常に関心をもつように指導することが大切である。点字の表記では、通常の日本語の文章中におけるアルファベットの大文字と小文字は原則的に書き分けることになっている。

第4節　墨字文書作成のための学習

本節では、点字を常用する児童生徒が、漢字仮名交じりの文章を作成す

るに当たって基本的に理解しておかなければならない事柄を、仮名遣い、漢字の使い分け、句読法、書き方の形式の4領域に分けて点字表記との関連を明らかにしながら述べる。本節の内容を指導する場は、国語科や情報科の授業であったり、自立活動の時間であったり、あるいは部活動であったりすることが考えられるが、いずれの場合においても、この4領域を含む漢字仮名交じり文の表記体系を総合的に踏まえて指導に臨むことが大切である。

　なお、令和4年1月に文化審議会から出された「公用文作成の考え方（建議）」は、漢字の使い方や送り仮名の付け方、外来語の表記、数字の使い方などの表記の原則が示されているので、指導に当たっての参考にできる。

1　仮名遣いに関する学習

　点字の基本的な仮名遣いは、「現代仮名遣い」（昭和 61 年7月1日付け内閣告示第1号、平成 22 年 11 月 30 日内閣告示第4号によって一部改正）に対応して定められている。この「現代仮名遣い」との相違は次の2点にある。

　（1）助詞の「は」、「へ」の表記

　（2）ウ列、オ列の長音の表記

　その他の点字の基本的な仮名遣いについては、「現代仮名遣い」と全く同じである。

　（1）の助詞「は」、「へ」の表記は、点字では明治 23 年に点字が日本語に翻案されて以来一貫して発音どおりに「ワ」、「エ」と表記してきているが、これによる不便や混乱はなく、改めて「ハ」、「ヘ」に変更しなければならない理由はない。しかし、漢字仮名交じりの墨字の文章にする場合には、助詞の「ワ」、「エ」は、「は」、「へ」と表記しなければならない。これは、「現代仮名遣い」では、「助詞の『は』は、『は』と書く。」（本文第2の2）、「助詞の『へ』は、『へ』と書く。」（本文第2の3）と規定されているためである。助詞の「ワ」、「エ」は、点字を常用する児童生徒には日常的に使い慣れている表記だけに、意識的に「は」、「へ」と表記することに心掛けないと、点字の表記のままになる可能性があるので指導上留意する必要がある。

　（2）のウ列、オ列の長音表記とは、「夕日」、「数学」、「通信」などのウ

列の長音が、点字では「ユーヒ」、「スーガク」、「ツーシン」のように長音
符で表記されていること、「幸福」、「能率」、「放送」などのオ列の長音が、
点字では「コーフク」、「ノーリツ」、「ホーソー」のように長音符で表記さ
れていることである。こうしたウ列、オ列の長音は、仮名文字では「う」
と表記するものであるが、漢字仮名交じりの文章中では、多くは漢字表記
に含まれてしまって仮名書きされることはほとんどない。ただ、「ハイキ
ングに行こう。」とか「弁当を食べよう。」などと用いる助動詞の「う」、
「よう」も点字では長音符を用いる表記なので、墨字にする場合には、特
に留意しておかなければならない事柄である。また、片仮名で表記される
「ニュース」、「スーツ」、「ソース」、「リモート」などの外来語中のウ列、
オ列の長音を「う」と表記してしまう誤解も起こりかねないので、注意す
る必要がある。

　こうしたことに関連して外来語と和語や漢語とを見分ける力を育てる指
導が大切である。また、墨字で片仮名書きにする言葉についての知識が、
確実に身に付いているかどうかを、折に触れて確認する必要がある。

2　漢字の使い分けに関する学習

　墨字の文書作成に当たっての漢字の使い分けには、同音異義語の書き分
けと、漢字をどの程度文章中に使用するかという二つの課題がある。

　同音異義語の書き分けは、同音異義語についての知識の量が決め手にな
る。「雨」と「飴（あめ）」のような和語の同音異義語は比較的少ないが、
漢語の同音異義語は極めて多い。どういう言葉に同音異義語があるのかに
ついては、平素から言葉について関心をもつように心掛けていることが大
切である。漢字・漢語に無関心なまま ICT 機器などで文章を書こうとする
と、予想もしないような漢字変換になっていることがあるので十分注意す
る必要がある。

　漢字仮名交じりの文章にどの程度漢字を使用するかについては、基本的
には書き手個人の判断と好みの問題ではある。漢語を多く用いる文章はお
のずから漢字も多くなるし、和語の多い話し言葉に近い文章や外来語を多
く用いる文章は当然のことながら漢字は少なくなる。

　一般的には「常用漢字表」（平成 22 年内閣告示第 2 号）に基づいて漢字
を使用する。常用漢字は、昭和 56 年 10 月に 1945 字が制定され、平成 22
年 11 月に 2136 字に改定（追加 196 字、削除 5 字）された。「この表は、

法令、公用文書、新聞、雑誌、放送など、一般の社会生活において、現代の国語を書き表す場合の漢字使用の目安を示すもの」で、「科学、技術、芸術その他の各種専門分野や個々人の表記にまで及ぼそうとするものではない」が、「専門分野の語であっても、一般の社会生活と密接に関連する語の表記については、この表を参考とすることが望ましい」としている。つまり、常用漢字の範囲内で漢字を使用することが基準になる。

　しかし、常用漢字の範囲内で漢字を使用するにしても、漢字で表記できる言葉は全て漢字で書くという杓子定規的な使い分けになるわけではない。例えば、「ひとりひとり」という言葉を、漢字で「一人一人」と書くか、仮名だけで「ひとりひとり」と書くか、漢字と仮名とを組み合わせて「一人ひとり」、「ひとり一人」と書くかは、書き手個人の好みの問題となる。また、漢字の使い分けという点からすると、「ひとり」には、「一人」と「独り」との二通りの漢字の表記がある。「独り合点」に「一人」は用いないし、「夜の一人歩きは危険である。」と「社会人として独り歩きするようになった。」では書き分ける場合もある。漢字仮名交じり文における漢字の使い分けには幅があり、漢字を正しく書き分けることは墨字使用者にとっても迷うことが多い難しいものであると心得てよい。

　漢字の使い分けの一つの基準としては、「公用文における漢字使用等について（平成 22 年 11 月 30 日内閣訓令第 1 号)」がある。これは、各行政機関が作成する公用文における漢字使用等について定めたものである。原則として漢字で書く代名詞や副詞・連体詞、仮名で書く接尾語や接続詞等があげられ、助詞及び助動詞は仮名で書くことも示されている。使い分けの基準となるので、指導に役立てることができる。

　なお、漢字の使い分けを自分で調べる方法としては、次の辞典が活用できる。

　　　　◎東京点字出版所「同音訓異義語辞典」（平成 11 年)

3　句読法に関する学習

　句読法における留意事項は、読点、中点の使用と表記符号の対応である。「くぎり符号の使ひ方（昭和 21 年 3 月文部省国語調査室)」が参考にできる。

　読点は、長い主語の後ろ、独立語・接続語の後ろ、修飾関係を明らかにして誤読を避ける箇所などに打たれている。しかし、点字ではマスあけを

することによって読点に代えている場合がある。例えば、「夜、空を仰ぐと」という句を点字で書く場合は、「ヨル」の後に読点を打つことはほとんどない。この句をそのまま漢字仮名交じりの文章にすると「夜空を…」となり、「よぞら…」と読まれてしまうことになる。したがって、このようにマスあけが読点の代わりをしている部分への読点の挿入は、墨字で表記する場合の留意点の一つである。

　次に留意しなければならないことは、点字の重ね数字の表記と読点、中点の使用についてである。およその数の「三、四人」や、「2・26 事件」などの数字の間の読点、中点は、点字では省略されている。これらを墨字にする場合は、やはり読点、中点を挿入することになる。

　また、「ジョージ=ワシントン」や「ケース・バイ・ケース」など、片仮名書きの外国人の人名や、外来語の複合語内部の切れ続きを示すハイフン類や中点は、点字では原則として省略しているので、墨字にする場合には注意が必要である。外来語の表記に当たっては、ハイフン類や中点を挿入するかどうかについても慎重に対応する必要がある。

　表記符号については、六つの点の組合せの限られた範囲で構成されている点字とは違い、墨字では多様な表現ができるため、適切に、しかも弾力的に使用することが大切である。例えば、点字では第1カギを使用する場合でも、墨字では「　」ではなく、〈　　〉や傍点などにすることもあるし、ゴシック体やイタリック体にすることもある。指示符類は傍線やアンダーラインにすることもあるし、段落挿入符類は囲み枠をつける形にすることもある。場合によっては、点字の表記にはない大カッコを付加することもできるので、留意する必要がある。

4　書き方の形式に関する学習

　漢字仮名交じり文における書き方の形式は、点字の書き方の形式に比べるとより自由でより幅のあるものである。例えば、詩の書き方にしても縦書きの詩も横書きの詩もある。行頭が常に一定の位置にあるとは限らない。連によって書き始めの位置が違うこともある。ある連や行、あるいはある文字だけを斜めに置く手法もある。行末をそろえる書き方さえある。しかし、こうした表現形式の自由は、どう書いてもよいということではない。基本的な事項を踏まえておくことが大切である。

　点字の書き方に行替えや行移しについての規定があるように、漢字仮名

交じりの文章にも幾つかの一般的な決まりがある。文章の書き始めや段落の最初は、点字では二マスあけにしているが、漢字仮名交じりの文章では一文字分あけることになっている。句点や読点、中点に一文字分のスペースを使えば、その後の文字は詰めて書いて差し支えない。行末は指定の字数いっぱいに詰めて書く。点字のように単語の途中で行移しをしてはいけないという規制はない。漢字仮名交じりの文章では、接頭語の一文字だけを行末に残して行移しをしても、次の行に接尾語だけが移っても差し支えないのである。ただ、句点、読点や閉じカギだけを次の行に移すということはしない。こうした行末の処理の仕方が、書き方の形式としては、点字の文章との大きな違いである。

　また、「見出し」のレイアウトの仕方については、点字では大きな見出しほど行頭からのマスあけを多くとっているが、墨字のレイアウトでは必ずしもそうではないことが多い。例えば、編、章、節などの見出しは、点字では、編より章の方が、章より節の方が、行頭からのマスあけの数が少なくなっているが、墨字では、逆に章より編の方が、節より章の方が行頭に近くなっていることが多い。こうしたレイアウトの仕方の違いを理解しておくことも大切なことである。

　漢字仮名交じりの文章で書き方の形式がある程度一定しているものとしては、公文書がある。官公庁や公共団体から出される正式の文書である。この公文書は多くは横書きで文書の発番、発行年月日、あて名、発信者の職・氏名、文書件名などを書く位置が大まかにではあるが一定している。本文は、先に述べた一般的な文章の書き方になる。本文で「下記」として日時、場所等を箇条書きにする場合の「記」は、中央よりやや左に寄った位置になる。箇条書きの部分の行頭は本文より１、２文字分下げて書くのが普通である。

　そのほか、見出しの文字の大きさや文字間・行間のあけ方、１枚の用紙にバランスよく書式をおさめるためのレイアウトなども大切なことであるが、実際に眼で確認することができないと困難な部分である。墨字文章作成の上達には、信頼できる墨字使用者に積極的に確認を依頼し、助言や指摘を聞き入れる態度や習慣を養うようにしておきたい。

第 11 章　点字使用環境の電子化に関連する指導

　近年、情報通信機器の普及と点字関連ソフトウェアの充実により、点字を電子データとして扱うことが一般的になった。その結果、点字文書や点字図書の作成・保存・携帯・送受・利用など、点字に関わる多くの場面で効率が飛躍的に向上した。また、点字の電子化に伴って墨字からの自動変換技術が開発され、精度がまだ不完全なために限定的ではあるものの、視覚障害者が点字を介して墨字の情報を独力で読む手段として一部で実用されるようになった。このように、電子化された点字使用環境は、盲児童生徒に多くの可能性をもたらすことから、点字データの読み書きなど、その利活用に習熟するための指導を、発達の段階に応じて各教科等と自立活動の指導の関連付けを図りながら適切に行う必要がある。

第 1 節　電子化の概要

　盲児童生徒が日常接している点字は、教科書をはじめ、紙に記されたものがほとんどである。また、点字初学者が自身で書く点字は、点字盤や点字タイプライターを使って紙に直接打つものである。しかしながら、今日では点字の製作・使用環境は電子化され、点字は電子データとして扱われることが多い。実際、点字図書や資料のほとんどは電子データの形態で製作され、それが紙に印刷されたり、点字ディスプレイを介して読まれたりしている。そして、点字でノートやメモなどを書く場面では、電子データとして記録し保存する方法が普及している。点字使用環境の電子化が学習や日常生活の効率化をもたらす有効なものであることを盲児童生徒が正しく理解し、それに対応できる知識や技能を積極的に身に付ける意欲へと繋がるよう、各教科にわたって実践的な指導を適切に行うことが大切である。

1　点字の電子データ化

　点字の電子データは、64 通りある 6 点式点字の字形（マス空けを含む）を電子的な符号で表したものである。各字形をどのような符号に割り振るかには幾つかの方式があり、それらの符号体系を点字キャラクターコードという。一般的には、点字の電子データは、点字キャラクターコードで表

された点字の文章に書式などの情報を付加した電子ファイルであり、点字データとも呼ばれる。点字データは、キー入力で作成されるほか、墨字データからの自動変換によっても生成できる。

　点字データには、点字キャラクターコードや付加されている情報の違いにより、複数種類の形式がある。それらは、ファイル名の拡張子で判別することができる。国内では、BES、BSE、BS、NAB、BMT、BRL などの形式が使われている（表 11-1 参照）。また、海外では、BRF 形式が多く用いられている。

表 11-1　点字データファイルの拡張子と対応点字エディター

ファイル 拡張子	主な対応点字エディター
.BES	点字編集システムとその前身ソフト、BesEditor
.BSE	BASE、ういんびー、T・エディタ
.BS	ブレイルスター
.NAB	コータクン
.BMT	点字ディスプレイ装置ブレイルメモ用エディター

＊　複数のデータ形式（拡張子）に対応している点字エディター
　　もある。

　点字関連のソフトウェアでは、対応している点字データの形式が個々に異なるので、使用に際しては十分に留意する必要がある。また、点字データの形式の変換が可能な場合もあることから、それらについての情報を収集しておくことを推奨する。

2　点字データを読み書きする手段

　点字データの読み書きは、PC（パーソナルコンピューター）又は多機能点字ディスプレイ装置で行う。PC での読み書きには、点字エディター又は点訳ソフトと総称されるソフトウェア[1]をインストールして用いる。視覚障害者の場合は点字ディスプレイ端末を接続するのが一般的である。

　多機能点字ディスプレイ装置は、点字キーボードと点字ディスプレイを一体化した電子装置である。どの機種にも、点字データの入力・編集・表

示・保存などを行うためのソフトウェアの点字エディターが標準的に組み込まれている。いずれの機種も携帯可能な大きさで充電式の電池を内蔵しており、場所を選ばずに使えるという利便性がある。

　点字関係のソフトウェアにはほかに、点字データの作成を効率化するものとして自動点訳ソフト、点字データ利用を効率化するものとして点字辞書検索ソフトなどがある。

(1) 点字データを書く
ア　キー入力
　PC でも多機能点字ディスプレイ装置でも、点字データはキー入力によって書く。使用するキーボードは、汎用の PC キーボードか点字専用キーボードである。点字専用キーボードの場合と、汎用キーボードの 6 個のキー（例えばＳ・Ｄ・Ｆ・Ｊ・Ｋ・Ｌ）を点字 6 点キーに見立てる点字キー方式の場合は、点字タイプライターと同様、キーの同時押しで点字を直接入力する。これに対して、汎用キーボードの英数字キーや仮名キーで、対応する点字、もしくはローマ字変換した点字を入力するフルキー方式もある。ほとんどの点字エディターでは、入力した点字がすぐに点字ディスプレイに表示されるので、入力の確認や読み返しができる。
イ　点字データの自動生成
　墨字の電子データから点字データを生成するツールとして自動点訳ソフトがある。変換元の墨字データは、テキストデータや文書作成ソフトのデータなど、対応可能なデータ形式でなければならない。また、墨字の印刷物を、イメージスキャナーと読み取りシステムで電子データ化し、それを自動点訳ソフトで点字データに変換することも可能である。

　これらは、点字データを効率的に作成する方法として位置付けられているが、墨字の読み取りや点字変換での誤りや書式の乱れが発生して煩雑な修正作業を行わなければならない場合があるので、使用に際しては十分に留意する必要がある。

(2) 点字データを読む
　入力した点字の確認や既存の点字データの閲覧は、触覚ならば点字ディスプレイか点字プリンター、聴覚ならば音声出力、視覚ならば画面を介し

て行う。

　ア　点字ディスプレイへの出力

　　点字ディスプレイは、点字の
点の位置に対応して配列された
触読用のピンが、電気信号にし
たがって押し上げられて点字を
表示する仕組みである。点字
ディスプレイを搭載している装
置には、PC の端末専用機と、
単体では使用でき端末にもなる
多機能機がある。これらの点字
ディスプレイ装置で、点字 10
数マスから数 10 マス分のピン
（1 マス 8 ピン、うち 2 ピンは

写真 11-1
　PC の端末として使用されてい
　る点字ディスプレイ

カーソルの位置を表すためなどに用いられる付加的なもの）が横方向 1
行に配列されている。PC 用のほとんどの点字エディターと多機能点字
ディスプレイ装置では、点字データが点字ディスプレイに表示される。
一度に表示できる字数は限られるが、ピンが瞬時に作動するので、表示
内容を迅速に切り替えながら読むことができる。点字ディスプレイのマ
スごとにあるカーソルスイッチは、円滑なカーソル操作を可能にするの
で、編集作業で極めて有用である。

　イ　用紙への印刷

　　点字データを紙の点字で読むには、点字プリンターに出力して用紙に
印刷する。

　ウ　音声出力

　　PC や多機能点字ディスプレイ装置に内蔵されている音声出力機能を
利用して、点字データを読み上げさせることができる。

　エ　墨点字での出力

　　点字の点を黒丸、点のない位置を横線で表すなどして、点字そのもの
を視覚化したものを、墨点字という。PC では、墨点字を画面に表示す
ることや、墨字プリンターで印刷することができる。

　オ　墨字での出力

　　PC では、点字データを墨字の英数字や仮名文字、記号に変換して、

画面に表示することや、墨字プリンターで印刷することができる。

3　点字データの有用性

点字データは、紙の点字での不便や困難の多くを解消する。

(1)　点字データの保存

　点字データは、キーボードでの入力や、墨字データからの自動変換で、PC や多機能点字ディスプレイ装置のメモリー上に作成される。それらは、USB メモリーや SD カードなどの電子記録媒体に保存でき、電子データとしての複製や送信、内容の更新や紙への印刷が可能である。近年の電子記録媒体は大容量でコンパクトなことから、これに保存することで、紙の点字では避けられない所蔵や携帯におけるかさの問題から解放される。また、点字データの電子ファイルは、情報通信で簡便に送受信できるので、大部の点字書を郵送することの手間も軽減される。

(2)　点字データの編集

　点字盤や点字タイプライターで紙に打つ点字では、加除修正は極めて厳しい制約を受けるが、点字データではキーボードの操作でそれを簡便に行うことができる。文字の挿入に伴う後送りや、削除に伴う前詰めは、点字エディターが行替えや行移しの規則に則って自動的に行うので、能率よく作業が進む。以下は、点字エディターが共通的に備えている編集機能である。

　ア　書式の設定

　　１ページの行数や１行のマス数などを設定できる。書式を変更すると、行移しやページ移しが自動的に行われる。

　イ　挿入・削除

　　文字・行・ページなどを単位に、箇所や範囲を指定して挿入や削除ができる。

　ウ　移動・複写

　　文字・行・ページなどを単位に、箇所や範囲を指定して移動や複写ができる。

　エ　検索・置換

　　点字文字列を指定して検索や置換ができる。

(3) 内容の検索

　紙に印刷された点字図書では、目的の箇所や内容を探し出すのが容易ではない。PCや多機能点字ディスプレイ装置の点字エディターで、点字データを文字列検索すれば、僅かなキー操作で探したい箇所が見つかる。特に、辞書のような大部の資料を紙の点字で検索するのは手間と時間がかかり、能率が悪いが、辞書の点字データと辞書検索ソフトを使えば、目的の情報が瞬時に点字ディスプレイに表示される。

(4) 点字データの閲覧

　点字データは、点字ディスプレイで直接読むことも、点字プリンターで紙に印刷して読むこともできる。点字ディスプレイでの閲覧は、印刷の手間が不要なほか、検索機能を利用できるという利点がある。しかしながら、点字ディスプレイの表示部は1行であり、マス数が少ない機種もあるため、効率的な読みができない場合がある。例えば、表や数式、楽譜などで、複数の行や行内の離れた箇所を比較・照合しなければならないときには、点字ディスプレイでは迅速・確実な読み取りがしにくい。このような場合には、紙に印刷した点字のほうが有効である。また、紙ならば表示の送りや戻しの操作が不要なので、特に長文ではその分読みに集中でき、効率が良い。

　点字データをどの方法で閲覧するかについては、それぞれの利点と難点を踏まえた上で、読みの対象や目的に応じて選択する必要がある。

第2節　点字データの読み書きに関する指導

　点字使用環境の電子化に関する指導の主たる目的は、学習場面や日常生活における点字使用の効率化と拡大である。そのためには、点字盤や点字タイプライターの代わりに、PCや多機能点字ディスプレイ装置を確実に使えるようにするための指導を十分に行う必要がある。指導の初期の段階では、PCや点字関係の機器の扱いに慣れることに主眼を置く。また、機器の利用への関心を持続・発展させる有効な工夫や取組が求められる。

　点字データの読み書き指導の導入には、簡便性から、多機能点字ディスプレイ装置の基本的な機能を用いるのが有効であるが、情報処理に関するより広い知識やスキルの習得への発展性の観点から、PCによる指導を適

宜取り入れるのが望ましい。指導の開始段階は、点字データの読み書きの基本とそれに関連する初歩的事項とし、その上で、点字データの編集、点字データの保存と整理、点字プリンターでの印刷、点字データの送受信などの高度なスキルの習得へと発展させる。実際の指導は、本節の内容を参考にしつつも、盲児童生徒の状況やニーズに即して計画することが重要である。

　なお、指導を始める前提として、対象の盲児童生徒が点字の触読に十分に習熟していることが大切である。また、指導に際しては、点字ディスプレイでの読みの操作、キーボードでの入力の操作、機器が出力する操作メニューや操作ガイドへの対応などを学習できるレディネスを、盲児童生徒が有していることの確認が必要である。

1　機器に関する指導

　指導の過程の全体を通じて、PC や点字用機器に関する知識と操作スキルを実践的に習得する機会を十分に設ける。

(1) PC

　PC は、デスクトップ型（据え置き型）とノート型に大別できる。デスクトップ型は、本体、キーボード、画面で構成され、ノート型は、それらが一体化されている。いずれの型の PC を用いる場合も、指導に際しては、全体の構造や、基本的な操作に関係する部位（電源スイッチ、USB ポート、SD カードスロットなど）の名称と位置関係について、最初に十分に説明する。

　ア　キーボード

　デスクトップ型 PC の標準キーボードとノート型 PC のキーボードでは、キーの配列が少し異なることに留意する。いずれの場合も、キーを適切にグループ分けして、各キーの名称と位置を説明する。その上で、ホームポジションを基本とするキー操作の練習に十分な時間を充てる。

　イ　記録媒体

　USB メモリーや SD カードについては、実際の使用を通じて習熟できるようにする。

　ウ　音声出力

　スピーカーやヘッドフォンを実際に使用し、音声出力が聴き取りやす

く、耳に負担のかからない方法を選定する。

エ　各種の接続

　プリンターの接続やインターネットへの接続については、入門段階では概要の理解程度に留める。

オ　大型画面や画面拡大ソフト

　ロービジョンの児童生徒には、大型画面や画面拡大ソフトの使用が有効な場合があるので、児童生徒の障害の状態に即して導入を検討する。

(2) 点字ディスプレイ装置

　点字ディスプレイ装置には、PCの端末専用機と、多機能機がある。端末専用機は、PC に接続して、点字データの出力やスクリーンリーダー（画面読み上げソフト）の点字出力に使用される。多機能点字ディスプレイ装置は、PC などの端末としての機能に加え、点字データの読み書きや計算、時計やゲームの機能を備えており、最近の機種は、音声出力やデータ通

写真 11-2

多機能点字ディスプレイ装置

信、墨字データの読み書きや録音図書の再生などの機能も搭載している。多機能点字ディスプレイ装置は単体で比較的簡便に操作できるので、点字データの読み書きの入門段階で使用するのに適している。

　点字ディスプレイ装置には、点字キーボードと点字表示部のほかに、機能キーやカーソルスイッチなどがある。電源スイッチや接続用コネクターなどとともに、それらの名称や位置関係を最初に的確に指導しておくことが大切である。また、複数のキーの同時押しによる操作が多いことに留意する。充電式電池が内蔵されている機種では、充電についての知識も必要となる。最終的には、PC との接続や各種の設定を独力で行えるようになることが望ましい。

(3) 点字プリンター

　点字プリンターは、印字の方式
や速度、動作時の騒音の大きさや
対応している用紙の種類が機種に
よって異なる。実際の印刷作業を
通じて、使用している機種の全体
構造や電源スイッチなどの配置、
動作の概要、用紙の着脱方法を理
解できるようにし、PC などとの
接続や印字動作の設定の方法を順
次指導する。

写真 11-3　高速点字プリンター

(4) 記録媒体

　USB メモリーや SD カードなどの記録媒体については、実物を使って、
着脱の方法や取り扱い上の留意点などを指導する。機器に内蔵されている
ハードディスクやメモリーも含め、各記録媒体の仕組みの概要や記録容量、
特性などの知識を有することが、点字データを扱う上で有効である。

2　ソフトウェアに関する指導

　PC や多機能点字ディスプレイ装置で点字データを読み書きするには、
点字エディターと総称される専用のソフトウェアを起動しなければならな
い。その起動までには、機器の立ち上げと基本ソフトの操作が必要である。
各点字エディターは、機能や操作方法、対応している点字データの形式な
どが個々に異なる。指導に際しては、これらのことを盲児童生徒に正しく
伝える必要がある。

(1) 基本ソフト

　点字データの読み書きに使用する PC は、基本ソフトのオペレーティン
グ・システム（以下、「OS」という。）によって作動している。多機能点
字ディスプレイ装置にはそれぞれ独自の基本ソフトが搭載されている。盲
児童生徒は、それらの基本ソフトを音声出力や点字ディスプレイを介して
操作する。

　多機能点字ディスプレイ装置では、基本ソフトが点字を想定した操作体

系や表示体系になっているので、比較的対応しやすく、安定的に操作できる。しかしながら、操作メニューに深い階層構造があり、初学者には扱いにくい側面もある。一方、PC の OS では、画面に表示される情報を音声読み上げや点字ディスプレイ出力に変換する支援ソフトのスクリーンリーダーを介して操作する。元来が視覚を介する操作を前提としている OS では、画面に同時に表示される情報の種類や量が多いために、音声読み上げや点字出力を介する操作は容易ではない。これは、聴覚や触覚に依存するアクセスには、「一度に読み取れる情報の量に限りがある」、「探索や比較に時間がかかる」、「構造や規模、位置関係の把握が容易でない」、「時間的な変化を捉えにくい」などの特性があることによる[2]。それゆえ、その指導では十分な配慮と時間を必要とする。その中で、例えば、「操作を類型化して使い分けについて明確に示す」、「ショートカットキーの利用で操作の簡略化を図って手順を記憶しやすいようにする」などの工夫が有効である。

(2) スクリーンリーダー

　PC の画面表示内容を音声や点字で出力するソフトウェアを「スクリーンリーダー」という。通常は音声による読み上げが多く用いられるが、ほとんどのスクリーンリーダーが、読み上げ内容を点字ディスプレイに出力する機能を備えている。聴覚が使用できない場合や、読み取る内容によっては、点字ディスプレイ出力が有効である。

　スクリーンリーダーがあっても、視覚を用いずにマウスを操作することは困難なため、メニュー項目の選択などの操作はキーボードで行い、その経過や結果を、スクリーンリーダーの音声出力や点字ディスプレイ出力で読み取る。スクリーンリーダーは、操作に必要な情報を適宜出力するほか、キー入力された文字や画面表示の指定された箇所などを音声や点字で出力する。

　PC を使う指導の最初の段階では、基本ソフトをキーボードで操作する方法やスクリーンリーダーの利用方法を、時間をかけて十分に説明する必要がある。

(3) 点字エディター

　点字エディターは、PC や多機能点字ディスプレイ装置上で点字データ

の入出力や編集、保存、閲覧などを行うためのソフトウェアである。各点字エディターは、機能や操作方法、画面の表示形式や点字データの形式、音声出力や点字ディスプレイへの対応の有無などで個々に異なる。指導は、点字データの読み書きに必要な基本操作から始め、順次系統的に発展させ、必要に応じて反復的に行う。点字データの形式の違いについては、各エディターが標準的な形式や他のエディターのデータ形式に対応する機能を備えているので、実用上重大な問題ではないが、複数のデータ形式の存在を踏まえておくことは必要である。

3　読み書きの基本操作に関する指導

　点字データを読み書きする基本操作の指導では、以下の事項に留意する。

(1) キー入力

　点字データのキー入力には、フルキー方式と点字キー方式があり、PC用の点字エディターのほとんどが両方に対応している。いずれの方式を使用するかの選択は、個々の状況を勘案して慎重に行う必要がある。盲児童生徒の手の大きさなどによっては、フルキー入力が適さない場合がある。

　ア　フルキー方式

　　フルキー方式には、汎用キーボードの英字、数字、仮名文字、及び記号の各キーで、対応する点字を入力する直接入力方式と、英字のキーを主に用いるローマ字入力方式がある。後者では、ローマ字についての知識が必要となる。いずれの場合も、ホームポジションや各指の受け持ちキーなど、正しい指使いを習得することが重要である。ホームポジションのFとJのキーなど、要所に触覚的な印を付けると、確実な操作の助けとなる。

　イ　点字キー方式

　　汎用キーボードの6個のキー（例えば、F、D、S、J、K、L）を使う点字キー方式では、点字キーボードと同様、点字タイプライターの要領でキーの同時押しをする。汎用キーボードでの6個のキーの選択や点の割り当てを変更できる場合もある。また、両手方式と片手方式を切り替えられる点字エディターがある。片手方式は、点字を触読しながら入力するのに便利であるとともに、片手に障害を有する児童生徒が有効に利用できる可能性がある。点字キー方式を用いる場合にも、キーボー

ド全体のキーの配置を学習しておくことが望ましい。

　入力済みの点字に点を追加する際、点字タイプライターとは異なり、その点だけを打つのではなく、マス全体を打ち直さなければならないことに留意する。

(2) 点字ディスプレイでの読み

　点字ディスプレイでは、一度に表示される字数が表示部のマス数より少ないため、表示を頻繁に切り替えなければならない。そこで、表示箇所を点字データ上で前進させながら触読する動作に習熟する必要がある。表示箇所の後退や飛び越しの操作に慣れることも重要である。同様に、点字ディスプレイとキーボードとの間で手を円滑に移動できるよう、工夫と練習をすることも有効である。

(3) 音声出力の利用

　音声出力を利用する利点は、キーボードから手を離さずに情報が得られることである。キー入力された文字や操作に必要な情報を読み上げさせると、作業の能率と確実性が向上する。音声出力を効果的に利用するために、読み上げの速度や点字の読み上げ方などを設定できることを説明する。ただし、音声出力の過度な利用は、点字学習の妨げとなるおそれがあるので、十分に留意する必要がある。

4　点字データの処理に関する指導

　点字データの処理に役立つ技術や方法を、実習を主体にして指導する。

(1) 点字データの保存と読み込み

　点字データには個別にファイル名を付け、場所を明確に指定して保存する。保存された点字データは、ファイル名と所在場所が明らかでなければ利用できない。ファイル名の付け方や保存場所の指定の仕方を含め、点字データの保存と読み込みの方法を実践的に指導する。その中で、特に、ファイル名の拡張子が、点字データの記録形式ごとに決められていることの理解は重要である。また、ファイル名の閲覧、ファイルのコピー、ファイルの削除、ファイル名の変更、フォルダ（ディレクトリ）の作成、記録媒体の初期化などを、点字エディターや基本ソフトの機能を用いて行う方

法を適宜指導し、最終的には点字データの系統的な管理ができるようになることが望ましい。

(2) 点字データの編集と閲覧

点字データの編集や閲覧を能率よく行えるようになるために、点字エディターの各種の機能について指導する。

ア　検索機能

点字データ中の目的の箇所に到達するには、点字ディスプレイや音声出力を参照しながら、方向キーなどでフォーカス（注目点）を移動させていくのが基本的な方法である。しかしながら、長い文章ではこれは能率が悪い。飛び越し機能を用いると、文頭や文末、ページの先頭や末尾など、特定の箇所に瞬時にフォーカスが移る。また、検索機能では、文字列や方向を指定して迅速に目的の箇所に到達することができる。これらの機能は極めて有用であるので、その使用法を十分に指導する。

イ　置換機能

文字列置換の機能は、検索機能と同様、大変に有用である。ただし、誤用による悪影響があるので、使用法について確実に指導する必要がある。

ウ　編集機能

挿入や削除、移動や複写などを文字・行・ページ、あるいは文節・文・段落などを単位として行う方法を指導する。

エ　書式設定機能

1ページの行数や1行のマス数、さらにページの番号などを設定する方法を指導する。

オ　データの連結・分割機能

複数の点字データを連結・併合して一つの点字データにまとめる方法と、一つの点字データを複数に分割する方法を指導する。

カ　その他の機能

異なる点字データ間での文字列の切り貼りや、頻繁に用いる文字列の登録と呼び出しなどの方法を習得すると、点字データを作成・編集する能率が一層向上する。

(3) 点字データのプリンター出力

　点字エディターには、点字データを点字プリンターに出力する機能が用意されている。この機能を用いて点字データ中の目的の範囲を必要な部数だけ用紙に打ち出す方法を、実際に体験できるようにする。それを通じて、点字エディター側とプリンター側の設定、プリンターの接続、用紙の着脱などの方法を指導する。

(4) 点字データの送受信

　電子メールには点字データを添付できるので、メールの送受信の方法を習得すれば、点字による迅速な情報の伝達や交換が可能になる。また、インターネット上の視覚障害者用電子図書館に所蔵されている点字データを利用できるようになれば、点字による情報入手の可能性が広がる。盲児童生徒が習得した点字データの読み書きのスキルを有効に活用する機会を拡大するために、電子メールや電子図書館を利用するソフトウェアの操作方法と関連知識について指導する。

第3節　点字を介しての墨字の閲覧に関する指導

　点字データの読み書きについての習熟が確認できたならば、次の段階として、墨字の電子データを点字に自動変換して読むことについて指導する。この指導の目的は、点字の用途を発展的に拡大する意欲や、墨字情報に主体的にアクセスする力を養うことである。

　墨字から点字への自動変換には、ファイル単位で行う一括変換と、墨字データの現在フォーカスされている箇所を逐次に点字変換して点字ディスプレイに表示するリアルタイム変換がある。いずれの場合も、点字変換時に漢字の読み方の誤り、分かち書きや切れ続きの誤り、記号類の用法の誤り、書式の乱れなどの発生が不可避であるが、視覚障害者が独力で墨字の情報にアクセスできるという意味で、これらは有用と言える。その有用性を盲児童生徒が享受するには、墨字の表記や自動点訳の特性に関する知識を有した上で、この方法を用いる場面や目的の適否を主体的に判断できるようになることが必要である。点字を介して墨字を読むことについては、そうした視点で指導を行う。

1　点字への一括変換

　PC 上で墨字データを点字データにファイル単位で一括変換するソフトウェアが、市販及び無償提供されており、これらは自動点訳ソフトと総称されている。また、多機能点字ディスプレイ装置の一部の機種には、同様の機能を持つソフトウェアが搭載されている。これらを使えば、テキスト形式や文書作成ソフトによる形式の墨字データを、ファイルごとに点字データに変換できる。ソフトウェアによっては変換先の点字データの形式が限られているので、使用に際しては留意が必要である。

　インターネット上に公開されている文書、電子メールで送られて来る文書、記録媒体で提供される文書などの墨字データを、視覚障害者が独力で点字に変換できれば、情報アクセスの可能性が広がる。実際、学業や職業の場面でこれが行われている事例があり、自動点訳された点字データが点字プリンターや点字ディスプレイ装置を介して活用されている。しかしながら、自動点訳ソフトでは、現在のところ、漢字の読み方や点字表記での誤り、書式の乱れが避けられない。それゆえ、自動点訳ソフトの利用では、点字を読む力に加え、墨字表記の基本や自動点訳の特性についての知識を有していることが必要である。

　自動点訳ソフトに関する指導では、その使用方法とともに、使用によってもたらされる可能性と機能的な限界の両者を的確に理解できるようにすることが大切である。そのための指導の内容として、以下のような事項が考えられる。

　　a)　実際の自動点訳結果と、それを点字エディターで正しく修正した結果との比較を、幾つかの題材に対して行う。

　　b)　自動変換の過程で発生する誤りの種類や原因、対処方法などを、整理して系統的に示す。

　　c)　変換辞書によって精度の改善を図れることを示し、その方法を指導する。

　　d)　自動点訳結果の点字データを必要に応じて点字エディターで修正・編集できることを示し、その方法を指導する。

　　e)　画像情報や映像情報は自動点訳ができないことや、自動点訳が適さない内容や書式があることを指導する。

これらによって、自動点訳ソフトを適切に利用できる力を養う。

2　点字へのリアルタイム変換

　自動点訳ソフトには、点字への変換を担う中枢として点訳エンジンという機能が組み込まれている。これは PC のスクリーンリーダーや、多機能点字ディスプレイ装置の基本ソフトに組み込まれている場合もある。点訳エンジンが搭載されている PC や多機能点字ディスプレイ装置では、墨字データの現在フォーカスがある箇所を、点字ディスプレイで読むことができる。移動キーや飛び越し機能でフォーカスを移動すると、点字表示もそれに従って瞬時に変わる。フォーカス内にある墨字を変更すると、点字も同時に連動する。これがリアルタイムな点字変換である。

　リアルタイム点字変換の対象となっている墨字データは、テキスト形式、文書作成ソフト形式のほか、HTML 形式やテキストデイジー形式などである。したがって、PC で作成された墨字文書や Web ページの表示内容、更にはテキストデイジー形式の電子書籍も、点字ディスプレイ上でリアルタイム変換によって読むことができる。

　リアルタイム点字変換の利点としては、以下のような事項を挙げることができる。

a)　授業や会議などの場面で墨字資料を共有できる。

b)　講義や周囲の発言を聴きながらの閲覧が可能である。

c)　点字ディスプレイを介して原文の墨字データに文字単位でアクセスできるので、用字や標記の確認を効率よく確実に行える。

　しかしながら、一括変換と同様、リアルタイム変換でも、漢字の読み、点字の分かち書きや切れ続き、点字記号の用法などの誤りや、書式の乱れが避けられない。それゆえ、盲児童生徒には、リアルタイム点字変換の利便性とともに限界について、実例を示してしっかりと指導する必要がある。同時に、変換辞書の整備で問題が軽減することも適切に指導する。

　このリアルタイム点字変換は、視覚障害と聴覚障害を併せ有する児童生徒のコミュニケーションや情報アクセスの改善を図る手段として、極めて有効である。今後、そのための利活用が進むことを期待したい。

＜参考資料＞

1)　「視覚障害者と ICT」、社会福祉法人日本点字図書館　長岡英司、『月刊視覚障害－その研究と情報』、No.407、pp4-10、社会福祉法人視覚障害者支援総合センター、2022 年 4 月

2)　「視覚障害のある児童・生徒と GIGA スクール」、筑波大学附属視覚特
　　別支援学校　内田智也、2022 年度　視覚障害教科教育研究会、全国高
　　等学校長協会入試点訳事業部・全国盲学校長会大学進学支援委員会・九
　　州地区盲学校長会、2022 年 7 月 26 日・27 日

第 2 編　資料

用語解説

*1　GIGA スクール構想

　　１人１台端末と、高速大容量の通信ネットワークを一体的に整備することで、特別な支援を必要とする子どもを含め、多様な子どもたちを誰一人取り残すことなく、公正に個別最適化され、資質・能力が一層確実に育成できる教育環境を実現すること。令和元年（2019年）に示され、令和５年度（2023年度）までに１人１台端末と高速通信ネットワークを整備する計画だったが、新型コロナウイルス感染症拡大を受けての緊急経済対策に伴い、令和２年（2020年）に閣議決定された補正予算により小・中学校への整備が前倒しされ、令和３年（2021年度）４月から本格運用されている。

*2　インクルーシブ教育システム

　　「障害者の権利に関する条約（障害者権利条約）」に基づき、共生社会の形成に向けて、障がいのある子どもと障がいのない子どもがともに教育を受けることを追求するとともに、個別の教育的ニーズのある幼児児童生徒に対して、自立と社会参加を見据えて、その時点で教育的ニーズに最も的確に応える指導を提供できる、多様で柔軟な仕組み。

*3　特別支援学校教諭免許状コアカリキュラム

　　「特別支援学校教諭免許状コアカリキュラム」（「特別支援教育を担う教師の養成の在り方等に関する検討会議決定）（令和４年７月）が策定された。

　　それにともない、教育職員免許法施行規則の一部を改正する省令の公布及び特別支援学校教諭免許状コアカリキュラムの策定等について改正された。

＊4　ICT

　ICT は Information and Communication Technology（情報通信技術）のことである。この点、「教育の情報化に関する手引」（令和2年6月追補版　文部科学省）では、情報通信技術の特長として、時間的・空間的制約を超える、双方向性を有する、カスタマイズを容易にする、という点が挙げられ、また、その特長を生かして教育の質の向上を目指す「教育の情報化」の重要性を示している。

　特別支援教育において、コンピュータ等の情報機器の活用により指導の効果を高める工夫をしたり、遠隔操作を可能にするなどの環境整備により学習できる機会の確保をしたりすることなどが求められていることは、特別支援学校学習指導要領に示すとおりである。

　加えて、個々の身体機能や認知機能に応じて、きめ細かな技術的支援方策（アシスティブ・テクノロジー：Assistive Technology）を講じる必要性にも及んでいるころであり、特別支援学校学習指導要領の趣旨に留意する必要がある。

＊5　重複障害児

　重複障害児（者）とは、当該学校に就学することになった障害以外に他の障害を併せ有する児童生徒であり、視覚障害、聴覚障害、知的障害、肢体不自由及び病弱について、原則的には学校教育法施行令第22条の3において規定している程度の障害を複数併せ有する者を指している。

　しかし、教育課程を編成する上で、特別支援学校学習指導要領に示す規定を適用するに当たっては、指導上の必要性から、必ずしもこれに限定される必要はなく、言語障害、自閉症、情緒障害等を併せ有する場合も含めて考えてもよい。

　なお、「重複障害者等に関する教育課程の取扱い」について特別支援学校学習指導要領総則（小学部・中学部は第1章第8節、高等部は第1章第2節第8款）における「重複障害者等に関する教育課程の取扱い」は、障害の状態等に応じた特別な教育課程の編成について規定するものであり、同学習指導要領解説（総則編）で示す各規定の適用の判断に際しての考え方についての理解を促すよう留意する必要がある。

＊6　点字の読み書きの学習

　　点字の読み書きの学習については、特別支援学校学習指導要領や特別支援学校教諭免許状コアカリキュラムにおいて明文化されている。

　①特別支援学校学習指導要領　第2章第1節第1款の1の（2）より

　（2）児童の視覚障害の状態等に応じて、<u>点字又は普通の文字の読み書きを系統的に指導し、</u>習熟させること。なお、点字を常用して学習する児童に対しても、漢字・漢語の理解を促すため、児童の発達の段階等に応じて適切な指導が行われるようにすること。

　②特別支援学校教諭免許状コアカリキュラムより

　心身に障害のある幼児、児童又は生徒の教育課程及び指導法

　（1）各教科等の配慮事項と授業設計

　　3）視覚障害の状態や特性及び心身の発達の段階等を踏まえ、<u>幼児、児童又は生徒が効率的に学習に取り組むため、使用する文字を系統的に習得することができるよう</u>指導を工夫したり、指導内容を精選したりする基本的な考え方について理解している。

＊7　触覚

　　触覚は、部分的・継時的である。触覚は聴覚と同じく、時間的特性に優れている。刺激の発生から認知までの時間が短く、いわば瞬間的といえるほどの刺激を継時的につなぎ合せてひとつのまとまった情報として読み取ることができる。

＊8　触察

　　視覚障害児の観察の中心は、触覚による観察（触察）となる。

　　触察は、触運動を基本にした探索と、指先から断片的に入ってくる情報をつなぎ合わせて頭の中に全体像を構築するというイメージの形成を連続して行うことで成り立つ。さらに、イメージは、言語として表出することで、他者に伝え記録することがでる。こうしたことから、触察には、基本的・本質的なものをじっくりと時間をかけて触わり、確実なイメージと言語化が必要となる。

＊9　教科書
①　文部科学省の検定を経た教科用図書（検定教科用図書）
②　①を使用できない場合は
(1) 文部科学省が著作の名義を有する教科用図書
ア　文部科学省著作教科書　視覚障害者用（点字版）
　　（本書では、「著作教科書」）
イ　知的障害のある児童生徒の場合
　　文部科学省著作教科書　知的障害者用（いわゆる、「星本」）
(2) 著作教科書以外の学校教育法附則9条に規定に基づく教科用図書（いわゆる、「一般図書」）
ア　著作教科書以外の点字出版所が発行する点字で編集された教科書
イ　検定教科用図書の文字、図形等を拡大して複製した教科用拡大図書
ウ　市販されている絵本など

　　以上、同一学年内では、児童生徒の障害の状態等により、検定教科用図書、著作教科書、一般図書、のいずれかを使用している。

　　特別支援学校（視覚障害）の義務教育段階である小学部・中学部の国語、社会、算数、数学、理科、英語、道徳で使用される点字版の教科書は、原典となる文部科学省検定教科用図書（以下、「原典教科書」という。）をもとに編集され、文部科学省著作の点字版の教科書（以下、「著作教科書」という。）として発行される。その他の教科や高等部の各科目で使用される点字版の教科書は、学校教育法附則第9条を根拠として発行されるものである。
　　著作教科書は、盲児童生徒の障害の状態や特性及び心身の発達の段階等を十分に考慮した上で、原典教科書の内容に変更、差し替え、追加、削除などの編集が加えられ、発行されるものである。そのため、著作教科書は、原典教科書とは内容や構成が大きく異なる部分もある。なお、この編集作業は、文部科学省から委嘱された特別支援学校（視覚障害）の教員等による点字教科書編集協力者会議において行われる。

著作教科書を墨訳した本は発行されていないが、編集の方針や具体的な編集内容を詳細に記述した「点字教科書の編集資料」を文部科学省のウェブサイトで閲覧またはダウンロードすることができる。著作教科書を用いて授業を行う際には、教師はこの「点字教科書の編集資料」を事前によく読み込み、指導に当たる必要がある。なお、原典教科書は1冊であっても、著作教科書では 10 分冊以上になることがある。各分冊の内容を予め把握するためにも、教師は事前に「点字教科書の編集資料」を参考にしながら、原典教科書と著作教科書を照らし合わせ、原典教科書に著作教科書の分冊数（例えば1－3（1年3巻）など）やページ数をメモしておくと便利である。

＊10　　触運動

　　触覚で情報を得ようとした場合、まったく手指を動かさずに事物に手指を触れさせただけでは、その事物の形状や表面の肌理などはかすかにしかとらえることができない。手指を事物に触れたままで動かす（運動する）ことによってはじめて、対象の事物をとらえることができる。

　　これが触運動知覚であり、能動的な知覚過程といえる。

＊11　　触読

　　触知によって文字を認識しながら、文章を読み進めることである。

＊12　　スライディングブロック

・方向性のある手の動きを引き出す教材
・粗大でまとまりのない動きである感覚遊びから、なめらかな目的的動きや遊びに意図的に誘発するための教材
・触運動の統制に欠かせない教材
・始点と終点の2点の空間を整理する。

＊13　触運動の統制
　　　・身体座標軸を基準として、横方向に平行にスライドする手の動き
　　　　を獲得する。
　　　・身体座標軸を基準として、点字を正確に読むために必要な左右の
　　　　方向の腕や手の動きを獲得する。

＊14　触空間
　　　触覚的な手がかりを中心として形成される触覚的世界（触空間）

＊15　身体座標軸
　　　自分を基準とした前後、左右、上下の概念である。

＊16　触読の特性
　　　触知した部分しか認識できずに継時的に、短期記憶を積み重ねなが
　　　ら読み進めなければならないことや、例えば、数符、濁音符及び拗音
　　　符が先に表記されて文字を認識したり、初めに全体の構成を示した上
　　　で、その後の文書を校正したりすることなどがある。

点字学習指導の手引

（令和 5 年 改訂版）

2023 年 10 月 23 日　　第 1 版第 1 刷発行
2024 年 1 月 6 日　　第 1 版第 2 刷発行

著作権所有　文部科学省
　　　　　　〒100 - 8959　東京都千代田区霞が関 3-2-2
発　行　人　加藤 勝博
発　行　所　株式会社ジアース教育新社
　　　　　　〒101-0054　東京都千代田区神田錦町 1-23　宗保第 2 ビル
　　　　　　TEL：03-5282-7183　FAX：03-5282-7892
　　　　　　URL：https://www.kyoikushinsha.co.jp/

表紙イラスト　森田 浩司
表紙デザイン　土屋図形株式会社
印刷・製本　三美印刷株式会社
Printed in Japan
ISBN 978-4-86371-671-1